JN225689

契約者としての高齢者

装丁・画 ca37
「生命律―慈愛」

三輪まどか

契約者としての高齢者

信　山　社

はしがき

　かつて銀行や証券会社がつぶれるはずない，と信じて疑わなかった時代があった。そして実際，銀行や証券会社がつぶれた年に，私はある企業に就職をした。就職してからずっと疑問だったことがあった。人事担当者が説明してくれた労働条件・待遇と，実際の現場のそれが，あまりにかけ離れていたため，これは契約違反なのではないかと。その疑問は日々大きくなり，我慢できなくなった私は約3年でその会社を辞めた。

　会社を辞めるとほぼ同時に，私は学問の扉をたたいた。学問こそが，自分の努力を裏切らないのではないかと思ったからである。しかし面接で，「自由とか，平等とか，そんなことを君は考えたことがあるか？」と問われ，そういえばなかったと反省し，もう一度勉強しなおした方がいいのかと思ったときに，合格通知が届いた。

　博士課程では，まさに本書で扱うテーマとの出会いがあった。私が入学した横浜国立大学大学院は，指導教員を複数付けてくださる充実した体制であり，この体制によって作られた出会いもまた，私の人生を決定づけた。入学時に契約法のなんたるか，また，研究者としての心構えや哲学を教えてくださった松尾弘先生，社会保障法との出会いと駆け出し研究者の私を学会に導いてくださった関ふ佐子先生，後見と家族という新たなテーマを与え，なかなか博士論文を書けない私にはっぱをかけてくださった奥山恭子先生，専門職のあり方という新たなテーマを与え，不十分な博士論文にも丁寧にコメントをくださった今村与一先生など，すばらしい先生方に教えていただいた。また，学外でも，福祉契約という斬新なテーマに取り組んでいらした本澤巳代子先生，また，トピック社会保障法という，毎年改訂される教科書の執筆のメンバーに加えてくださった先生方など，本当に沢山の方々に支えられた。

　2007年に「高齢者の自己決定を支える法制度——日本の介護契約とイギリス施設ケア契約との比較から——」と題する博士論文を提出して以降のおおよそ10年は，「介護」，「後見」，「契約」，「家族」が私の研究テーマとなった。その根底には，なぜ最初になした契約通りに契約が履行されないのだろ

う，なぜ契約には強い者と弱い者が存在してしまうのだろう，という社会人なりたての私の疑問がある。スタンダードな研究方法としては，博士論文で取り上げたイギリスの法制度研究に邁進すべきであったと思う。しかしながら，実社会を体験し，今まさに困っていることに対処したいという私の性分，そして，何よりも能力・時間の限界があり，イギリスの法制度研究はこれから先10年のテーマとならざるを得ない。とはいえ，「歩く法学者」としての自分らしさも失いたくないとも思っている。今後はこの両立へ向け，さらに研究を深めていきたい。

　先に述べたように，本書は私の研究生活，おおよそ10年の区切りである。10年の間に，3つの大学を経験し，家族の死も生も経験した。経験が人を育てるとはよく言ったもので，5歳になった息子を目の前に，日々奮闘中である。自分の子ども時代を振り返れば，私のような，王道を行かない，ひねくれ者の娘を育てるのは，相当苦労したことであろう。私をここまで育ててくれた母と亡き父に感謝したい。そして，本書の装丁は夫が引き受けてくれた。本書にふさわしいデザインをと日々考えるとともに，時に原稿が進まない私を励まし，育児にも積極的に参加してくれた。夫の協力なくして，この本は出版できなかったであろう。また，10年の区切りをしたいという私のわがままを聞き入れ，出版してもそれほど売れないであろう本書の出版を引き受け，折に触れ激励してくださった信山社の稲葉文子氏には，本当に感謝の2文字しかない。また，本書の刊行にあたり，南山大学学術叢書の出版助成を賜った。助成審査にあたり丁寧かつ真摯にコメントをくださった先生方にも御礼申しあげたい。

　私を育て，支えてくださった皆さん，また調査にも快く応じてくださった皆さんへ，この紙面をお借りし，感謝申し上げます。ありがとうございました。

　2019年11月

レーモンド建築を継承した
緑豊かな真新しい研究室にて

三輪まどか

初 出 一 覧

第1章

「介護契約と契約当事者──利用契約書から見る契約当事者──」新井誠＝秋元美世＝本沢巳代子編『福祉契約と利用者の権利擁護』（日本加除出版，2006 年）97-118 頁。

「よそ者にされる家族──任意後見における『本人の意思の尊重』の再考試論」古橋エツ子＝床谷文雄＝新田秀樹編著『家族法と社会保障法の交錯　本澤巳代子先生還暦記念』（信山社，2014 年）139-159 頁。

第2章

「介護サービス利用契約の実態とその問題点──消費者契約の視点から──」宮崎産業経営大学法学論集 19 巻 1 号（2009 年）159-189 頁。

「福祉契約と契約当事者（利用者側）」平成 14－16 年度厚生労働省科研費研究成果報告書『福祉契約と利用者の権利擁護に関する法学的研究』（研究代表者：本澤巳代子）2005 年 86-91 頁。

「介護サービス利用契約に関する調査結果」パンフレット（2017 年）

「高齢者の自己決定を支える法制度──日本の介護契約とイギリス施設ケア契約との比較から──」（横浜国立大学課程博士（国際経済法学博士）学位請求論文）（2007 年）1-204 頁。

第3章

「高齢者の財産管理と意思能力──任意後見をめぐる裁判〔東京地判 H18. 7. 6 判時 1965 号 75 頁〕を契機として」横浜国際経済法学 18 巻 2 号（2009 年）139-168 頁。

「高齢者の意思能力の有無・程度の判定基準──遺言能力，任意後見契約締結能力をめぐる裁判例を素材として──」横浜法学 22 巻 3 号（奥山恭子教授退官記念号：2014 年）263-285 頁。

第4章

「高齢者とその家族・親族をめぐる対立と専門職の『かかわり』──専門職に対するアンケート調査結果──」アカデミア社会科学編 11 号（2016 年）89-103 頁。

「よそ者にされる家族──任意後見における『本人の意思の尊重』の再考試論」古橋エツ子＝床谷文雄＝新田秀樹編著『家族法と社会保障法の交錯　本澤巳代子先生還暦記念』（信山社，2014 年）139-159 頁。

初出一覧

「任意後見における『専門家のかかわり』の意義：任意後見監督人のあり方を問う裁判を素材として」アカデミア社会科学編 4 号（2013 年）55-70 頁。

第 5 章

「本人の意思の尊重と"福祉的"身上監護──面会禁止をめぐる裁判（名古屋高決平成 26 年 2 月 7 日判例集未登載）を契機として」アカデミア社会科学編 14 号（2018 年）107-122 頁。

「任意後見における『専門家のかかわり』の意義：任意後見監督人のあり方を問う裁判を素材として」アカデミア社会科学編 4 号（2013 年）55-70 頁。

「後見監督責任に関する一考察──後見監督に関する 3 つの裁判例を素材として──」アカデミア社会科学編 12 号（2017 年）91-111 頁。

目　次

契約者としての高齢者

序章　高齢者と契約

第1節　高齢者の「契約」をめぐる現代的課題

1　3人に1人が高齢者となる時代

　2017年10月現在，わが国の65歳以上の高齢者は3,515万人，総人口（1億2,671万人）に占める高齢者の割合は，27.7％となった[(1)]。3人に1人が高齢者となる社会が現実のものになりつつある。一言に高齢者とは言っても，アクティブ・シニアと呼ばれる元気な高齢者もいれば，介護が必要になる高齢者もおり，その姿は多様である。2018年2月18日に閣議決定された新しい高齢社会対策大綱では，65歳以上を一律に高齢者と見るのではなく，職場や地域，社会へ寄与する高齢者を後押しする一方で，要介護高齢者や認知症高齢者に対する支援についても明記された[(2)]。なかでも，高齢者の生活，暮らしに関わる記述として，次のようなものがある。すなわち，「振り込め詐欺を始めとする特殊詐欺等の高齢者が被害に遭いやすい犯罪，認知症等によるはいかいに伴う危険，悪質商法等から高齢者を保護するため，各種施策を推進する[(3)]」というものである。

　振り込め詐欺や悪質商法については，高齢者のみならず，若者を含め，あらゆる年齢層において注意すべきものであり，種々の対策がなされている。しかしながら，一人暮らしの高齢者を狙った消費者被害が後を絶たず（図表0-1），2016年消費者契約法が改正されるに至った。本改正では，事業者が不必要なものを大量に購入させるといった過量な内容の消費者契約の取消しなどが盛り込まれている[(4)]。

---

(1)　内閣府『平成30年版高齢社会白書』（日経印刷，2018年）2頁。
(2)　内閣府・前掲注(1) 73-78頁。
(3)　内閣府・前掲注(1) 77頁。
(4)　消費者庁消費者制度課編『逐条解説消費者契約法［第3版］』（商事法務，2018年）63-66頁。

図表0－1　高齢者に関する消費生活相談数

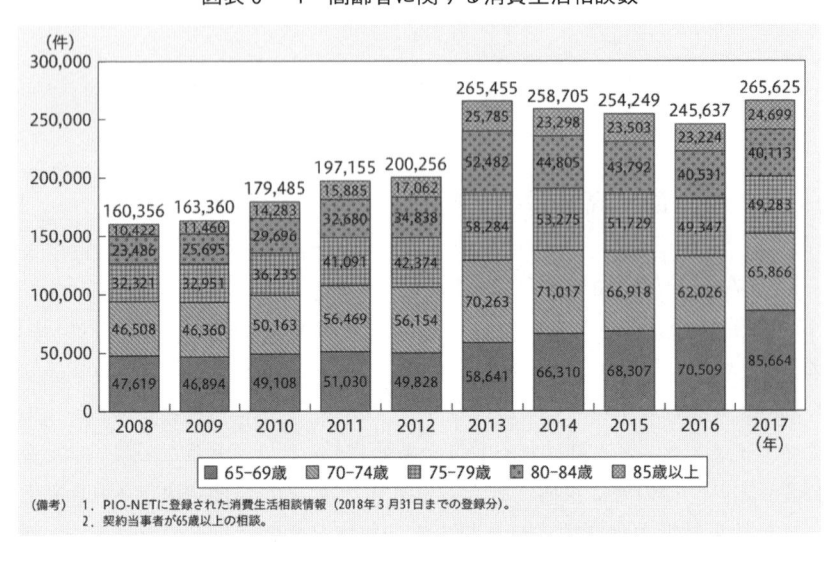

（備考）　1．PIO-NETに登録された消費生活相談情報（2018年3月31日までの登録分）。
　　　　2．契約当事者が65歳以上の相談。

資料出所：消費者庁『平成30年度版消費者白書』（勝美印刷，2018年）32頁。

　このように，高齢者，なかでも，一人暮らし高齢者を狙った悪質な商法に
対する規制が行われたものの，これらに加えて，高齢者が高齢者であるがゆ
えの被害は，振り込め詐欺や悪質商法の他にもあると思われる。その最たる
例が，高齢者の暮らし・住まいに関わる種々の契約である[5]，介護サービス
に関わる契約や日常生活の支援[6]，財産管理に関わる契約[7]，有料老人ホー

---

(5)　実践成年後見83号（2019年）では，「消費者被害・トラブルと成年後見」という
　　特集が組まれ，高齢者が遭いやすい消費者被害についての事例報告や対応策が検討
　　されている。

(6)　日常生活において病気になり，手術や入院をすることになると，多くの場合，手
　　術や入院にあたって身元保証を求められることになる。その場合，身元保証に関
　　してライフ協会事件が生じるなど，問題が多発している。内閣府消費者委員会では
　　2017年に「身元保証等高齢者サポート事業に関する消費者問題についての調査報告」
　　を公表するに至っており，現在でも，高齢者サポートサービスのあり方について議
　　論がなされている状況である（上山泰「高齢者サポートサービスの現状と課題——
　　消費者委員会『身元保証等高齢者サポート事業に関する消費者問題についての建議』
　　を踏まえて」現代消費者法37号（2017年）4-12頁，大澤慎太郎「身元保証サービ
　　スと消費者保護」現代消費者法37号（2017年）13-21頁など）。

ムやサービス付き高齢者向け住宅（サ高住）の入居契約が挙げられよう[(8)]。

2　暮らし・住まいに関わる契約と高齢者

　ここに例示した契約は，高齢者の日々の「暮らし」，生活のおおもとである「住まい」にかかわる重要な契約である。特に有料老人ホームに関する契約については，契約期間が死亡するときまで及び，かつ賃貸借と役務が混在する契約であることから，1980年代より法的な検討対象となり，その問題性が指摘されてきた[(9)]。加えて，高齢者の住まいの確保という観点から，2001年に制定された，高齢者住まい法に定める高齢者向けの3つの住宅，高齢者円滑入居賃貸住宅（高円賃），高齢者専用賃貸住宅（高専賃），高齢者向け優良賃貸住宅（高優賃）についても，床面積や設備などの登録基準や住宅の管理に関する監督官庁の指導監督はあるものの，通常の賃貸借契約あるいは利用権契約と変わらないことから，主に民法（不動産法）と交錯する領域でもあり，社会保障法学において十分な検討がなされないままである。現在，高齢者住まい法に規定された3つの住宅は，サ高住に一本化されたものの，サ高住の法的検討や問題点の指摘などは，従来行われてきた有料老人ホームの議論ほど盛んに行われているとは言えない状況である[(10)]。

---

(7)　財産管理については，ほとんどが委任契約などで行われており，契約自由の原則からその契約内容については当事者同士で自由に決めることも可能である。しかしながら，こうした財産に関する委任契約を締結するような場合，後に述べる任意後見契約とセットで行われることも多く，これに関しても多くのトラブル事例が報告されている。

(8)　無規制に近い，サ高住の入居契約に関して警鐘を鳴らし続ける本澤巳代子教授は，サ高住の選定，入居にあたって，高齢者やその家族にとってわかりやすいガイドブックである『サ高住の探し方』（信山社，2015年），『サ高住の決め方——より良い住まい契約のためのガイドブック』（信山社，2017年）を監修，刊行されている。こうしたわかりやすく，かつ実態に即したガイドブックやマニュアル本が，消費者にとっても必要であると思われる。

(9)　野澤正充「高齢化社会と消費者の保護」大村敦志責任編集『民法研究第2集第2号』（信山社，2017年）24-27頁，丸山絵美子「ホーム契約規制論と福祉契約論」岩村正彦編『福祉サービス契約の法的研究』（信山社，2007年）43-44頁。

(10)　サ高住に関しては，どのように運営するか，どのように選ぶか，といった視点からの一般雑誌の記事は大変多く，それだけ注目されているようにも見える。しかし，実際に法的に検討対象として取り上げたものは，それほど多くない（山口心平

3　本書が対象とする契約

(1)　契約の主体としての高齢者

　このような状況に目を配りつつも，本書が対象としたいのは，これらの契約をめぐる高齢者の問題ではない。というのも，財産管理や有料老人ホーム・サ高住に関わる契約を締結するのは，もちろん高齢者ではあるが，原則として［傍点筆者］「自立した」生活を送ることができる高齢者が対象となっているからである(11)。自立した生活を送ることができるからと言って，必ずしも，意思能力が万全と備わっているとは言えないが，それでもなお，本書では，自立した生活を送ることがやや難しくなっている，支援や援助を必要とする高齢者を対象としたいと考えている。

　それには2つの理由がある。1つめは，ほとんどの人が高齢にともない意思能力が低下してくることが考えられるが，そうした高齢者にはやはり，制度的な支援や援助が必要であり，そうした支援や援助が整っていることが，安心した老いにつながるからである。2つめは，意思能力が低下してきた高齢者を取り巻く人たち，主に家族・親族，そして福祉の専門職であるが，こうした人たちが支援や援助という名の元に，干渉しすぎたり，逆に自己決定という名の元に，放置したりすることが生じうる危険性があり，こうした危

　　　「サ高住におけるサブリース契約の終了とその法的課題」都市住宅学 2016 巻 93 号
　　（2016 年）74-78 頁や関口昌則「高齢者住まい法改正の背景と課題」佐久大学信州
　　短期大学部紀要 26 巻（2015 年）6-12 頁などである）。
　　　なお，サ高住の契約については，高齢者住まい法 7 条 6 号において，書面による
　　契約であること(イ)，居住部分が明示された契約であること(ロ)，敷金・家賃・前払い
　　金以外の権利金などの金銭を受領しない契約であること(ハ)などの条件が付されてい
　　るほか，誇大広告の禁止（同法 15 条），書面交付説明義務（同法 17 条），終身建物
　　賃貸借とする場合の規定（第 5 章）が置かれている。また，一般社団法人高齢者住
　　宅協会ホームページ・サービス付き高齢者向け住宅情報提供システムウェブサイト
　　「サービス付き高齢者向け住宅の参考とすべき入居契約書の概要」（https://www.
　　satsuki-jutaku.jp/doc/system_contact_00.pdf）（2019 年 8 月 13 日最終アクセス）に
　　おいて，モデル契約書と契約条項の意図が示されている。
　(11)　とはいえ，サ高住が介護福祉施設化しているのではないかという指摘は聞かれ
　　るところであり，それもまた問題である。しかしながら，本書においては，それが
　　問題だと認識しつつも，そもそもサ高住に関わる契約の前提は，あくまでも「自立
　　した高齢者」であり，そうでない状況があるのであれば，それは本書で述べる介護
　　サービスを施設もしくは在宅で利用している高齢者と同視すべきと考える。

険をできるだけ回避し，意思能力が低下してもなお，自分らしい老いとはどういったものかを考えたいということにある。特に 2 点目の問題意識について，野崎は「他者が存在する以上，そして自己決定が他者承認を前提とする以上，他者の存在は個人に対して何らかの影響力を有する。しかしそれが，自己決定の支えであるのか，自己決定を阻害し否定されるべき圧力であるのかは，事実上の価値判断となろう。いかにそれが，自己決定の前提となる他者承認であるかについては，個別具体的な検討に付される問題である[(12)]」と指摘している。そうであるならば，本書が対象としたい，高齢者の自己決定に対する家族・親族らによる干渉・決定については，「自己決定の支え」と「自己決定を阻害し否定されるべき圧力」の双方の側面を意識していきたい。

(2)　介　護　契　約

以上の 2 つの理由から，本書が対象とするのは，自立した生活を送ることがやや難しくなっている高齢者であり，かつ，家族・親族，福祉専門職などの支援を必要とする高齢者にまつわる契約である。その 1 つが，介護保険制度下における介護サービス利用契約（以下「介護契約」とする[(13)]）である。

---

(12)　野崎亜紀子「法的主体と関係性——ケアの倫理とリベラリズムの論理」仲正昌樹編『叢書アレテイア 15「法」における「主体」の問題』（御茶の水書房，2013 年）270-271 頁。

(13)　介護契約という言い方は，学会においても定着した言い方ではない。介護契約という用語自体は，介護サービス契約や介護保険契約という呼び方がなされることもある。2003 年に開催された第 44 回日本社会保障法学会では，シンポジウムのテーマとして「社会福祉と契約」が取り上げられている。なお，介護（サービス）契約，福祉契約については，岩村正彦編『福祉サービス契約の法的研究』（信山社，2007 年），新井誠 = 秋元美世 = 本澤巳代子『福祉契約と利用者の権利擁護』（日本加除出版，2006 年）ほか，長沼建一郎「介護サービス契約の法的構造——社会保険スキームとの関係を中心に——」ソシオサイエンス 12 巻（2006 年）234 頁，佐藤みゆき「介護保険サービス利用契約の法的性質——『福祉契約論』を見据えて——」法学研究科論集 7 号（2005 年）69 頁，石橋敏郎 = 田中孝明 = 河谷はるみ「介護保険実施後の最重要課題：介護サービス契約，サービスの質の保障について——熊本県の実態調査を踏まえて」アドミニストレーション 10 巻 1・2 合併号（2003 年）47 頁，笠井修「福祉契約論の課題をめぐる法的論点——サービスの『質』の確保と契約責任」森泉章編『著作権法と民法の現代的課題』（法学書院，2003 年）661 頁，烏野猛「社会福祉

この介護契約については，先に指摘したような高齢者が締結する契約であることから，制度創設当初より「契約」という考え方はなじまないという意見が数多く出されていた[14]。そもそも介護保険制度下における介護サービスの利用契約を，介護契約と称し，民法が想定するような契約の概念を適用してよいのかどうかということが，大きな問題となっていたのである。例えば山田は，市民法原理に基づく「契約」概念ではなく，社会法的なアプローチが必要であると説く[15]。仮に，介護契約に対して，次節で検討するような民法が想定する契約概念そのものを適用すれば，利用者本人の自己決定，それとは表裏一体の自己責任を持たせることとなる。そうなると，そもそも他人による介護や支援が必要な高齢者に，そのような責任を課すことの是非が問われることになるだろう。加えて，有料老人ホームやサ高住の契約と介護契約の決定的な違いは，サービスの内容が法定されており，かつ，その費用

における契約と代理について──福祉サービス契約をめぐる民法上の課題」法政論叢 38 巻 2 号（2002 年）177 頁，長沼建一郎「準市場における福祉関係と契約観──阿部志郎・土肥隆一・河幹夫著『新しい社会福祉と理念』（中央法規出版，2001 年）を手がかりとして」日本福祉大学社会福祉論集 106 号（2002 年）105 頁，本沢巳代子「利用者主体のケアを実現するための契約」老年社会科学 24 巻 1 号（2002 年）17 頁，額田洋一「福祉契約論序説」自由と正義 52 巻 7 号（2001 年）32 頁，秋元美世「福祉サービスの利用手続きをめぐって」社会保障法 15 号（2000 年）158 頁，菊池馨実「『措置から契約へ』が意味するもの～法学的アプローチから」月刊福祉 83 巻 13 号（2000 年）10 頁，品田充儀「介護保険契約の特徴と法的問題──モデル契約書を参考として」ジュリ 1174 号（2000 年）70 頁，品田充儀「介護保険契約の法的性格とその役割」神戸外大論叢 51 巻 2 号（2000 年）63 頁，高野範城「介護保険と介護サービス契約書──契約締結の問題点」ゆたかなくらし 218 号（2000 年）26 頁，倉田聡「福祉サービスの供給契約と福祉専門職の役割──介護支援専門員と成年後見人の関係をめぐって」北海学園大学法学研究 35 巻 2 号（1999 年）217 頁ほか多数。また，現代消費者法 29 号（2015 年 12 月）では「介護サービスと消費者法」，月刊福祉 2000 年 10 月号では「福祉サービスと『契約』」という特集が組まれている。

(14) とりわけ，高藤昭「福祉改革の残した軌跡・考」週刊社会保障 2105 号（2000 年）22 頁，橋本宏子『福祉行政と法──高齢者サービスの実態』（尚学社，1995 年）270 頁。

(15) 山田晋「福祉契約論についての社会法的瞥見」明治学院論叢 713 号（2004 年）67 頁。特別立法の必要性については，大曽根寛『成年後見と社会福祉法制──高齢者・障害者の権利擁護と社会的後見』（法律文化社，2000 年），岩村正彦「社会福祉サービス利用の締結過程をめぐる法的論点──社会保障法と消費者法との交錯」季刊社会保障研究 35 巻 3 号（1999 年）251 頁などでも主張されている。

の一部が介護保険から賄われるという点である。もちろん，介護保険から賄われないサービスも自由に契約することができるので，この部分については，有料老人ホームやサ高住の契約とそれほど違いがない。この意味で，介護契約をどう捉えるのか，介護契約の法的性質が問題となる。その上で，介護契約を締結するための意思能力は，どの程度必要であるか，といった問題や介護契約を締結する際の，事業者と利用者たる高齢者の対等性といった問題が生じてこよう。

(3)　任意後見契約

　本書が対象とするもう1つの契約は，任意後見契約である。そもそも任意後見制度は，2000年に介護保険制度とセットで導入された制度であり，「本人保護の事前的な方法として，私的自治の尊重の観点から，本人が自ら締結した任意代理の委任契約に対して本人保護のための必要最小限の公的な関与（家庭裁判所の選任する任意後見監督人の監督）を法制化することにより，自己決定の尊重の理念に則して，本人の意思が反映されたそれぞれの契約の趣旨に沿った本人保護の制度的な枠組みを構築する制度[16]」とされている。

　このように自己決定，私的自治が強調された制度ではあるが，任意後見契約を締結しようと考えるのは，おそらく30～50代の年齢層の者ではなく，やはり定年退職を迎え，老後の暮らしをどうしていこうかと考えるシニア，高齢者なのではないだろうか[17]。となると，介護契約で指摘した問題と同様に，高齢者自身の自己決定と家族・親族，専門職等によるかかわり・決定・干渉の問題が生じてこよう。このような危惧をするのは，第4章で取り上げるように，実際に任意後見契約をめぐって，高齢者と家族・親族，専門職がかかわる裁判が，複数生じているところにある。例えば，「高齢者の財産管理について主導権をとりたいと考える親族が高齢者を囲い込み，自分を受任者として任意後見契約を結ばせている」ケースが多く，「このような場

---

(16)　小林昭彦＝原司『平成11年民法一部改正法等の解説』（法曹会，2002年）378頁。
(17)　宮川康弘「日常生活支援を目的とした委任契約と消費者保護：任意後見契約の考慮悪発生以前の問題（特集　終活をめぐるサービスと消費者法）」現代消費者法37号（2017年）22-26頁。

合，受任者は任意後見契約の解除や遺言の書き換えを恐れて，しばしば他の親族が近づくのを妨げる。なかには他の親族を完全に遮断するために，高齢者を住み慣れた自宅から施設へ移し，居場所をだれにも教えないというケースさえある」との指摘がある[18]。こうした，高齢者に意思能力が欠如しているにもかかわらず，家族・親族ほか，高齢者に身近な者たちが任意後見契約を締結させ，相続争いに利用したり，家族・親族や第三者による高齢者の財産侵害を誘発させたりしている事例である[19]。

　高齢者が老いじたくをする場合，その自己決定によって任意後見契約を選択したとしても，要介護状態となって以降，家族・親族に頼ることも想定され[20]，家族・親族抜きに老いじたくをすることは難しい場合もあろう。一方で，家族・親族に面倒をかけたくないという本人の意思を完遂できたとしても，扶養・介護と相続が連動しないわが国において，高齢者自身が末期（死）を迎えるにあたって，家族・親族を完全に排除し自分に関わらせないようにすること，すなわち，家族・親族を「よそ者」にすることもまた難し

---

(18)　中山二基子「任意後見制度の現状と課題」老年精神医学雑誌 22 巻 4 号（2011 年）402-403 頁。

(19)　読売新聞「老いに備え任意後見」（2012 年 10 月 12 日付朝刊）によれば，任意後見契約と併せて遺言書を作成するケースが多いことや悪質な業者がひとり暮らしの高齢者に任意後見契約を迫った事例もあると報じている。また，朝日新聞「成年後見　財産守れ」（2012 年 9 月 18 日付朝刊）によれば，2010 年〜 2012 年 3 月までで，少なくとも 550 件，54 億 6,000 万円の後見人（法定後見・任意後見に限らず）による着服があったとする最高裁の調査について報じている。着服した後見人のほとんどが親族であるが，12 件が弁護士などの専門職であったとのことである。加えて，医師と元患者が任意後見契約を締結し，元患者の死亡後数億円の遺贈を受けたケースも報じられている（読売新聞「任意後見人の医師に元患者から全財産遺贈　数億円相当　倫理面で異論も」（2008 年 1 月 29 日付東京夕刊））。加えて，任意後見に限らず，成年後見制度の悪用事例をルポタージュしたものとしての，長谷川学 = 宮内康二『成年後見制度の闇』（飛鳥新社，2018 年）がある。

(20)　この点，菅は「任意後見制度において，家族は特別な地位を与えられてはいない。むしろ，『契約』という言葉は，（特に日本社会において）『家族外の者との間の』という印象すら与える。他方で，その内容は，金銭管理や日常生活を営むにあたっての時々の指示といった，従来，家族共同体の中で，行為の主体，客体（対象・範囲），権限，責任を明確にされることなく行われてきた事柄に関わっている」と述べている（菅富美枝「任意後見制度の活性化と家族のゆくえ——英国における成年後見制度改革を手がかりに——」法社会学 67 号（2007 年）59 頁）。

い[21]。このような状況を考慮すれば，任意後見契約は，高齢者の自己決定における，家族・親族，専門職といった他者のかかわりを検討するのに相応しい契約であるともいえる。

(4)　本書の対象と 3 つの目的

　以上から，本書では，自立した生活を送ることがやや難しくなっている高齢者であり，かつ，家族・親族，専門職などの支援を必要とする高齢者にまつわる契約である介護契約および任意後見契約の 2 つの契約を対象とする。そして，本書ではそれらをめぐる調査や裁判例などから法的課題や実務上の課題を浮き彫りにすることを第 1 の目的とする。

　第 2 の目的は，そうした課題を解消するための方法を考えることである。解消するための方法として，法学者としては，裁判に向けた法解釈論，政策・制度の構築に向けた立法論を展開することが望ましい。しかし，本書においては，多くの施設・事業所，専門職の方々にご協力いただいたこともあり，裁判，政策・制度にとどまらず，より具体的な運用面での課題解決策をわずかなりでも提示したいと考える。法改正や立法という長期的な視野にたった解決法と，実務での運用面での変更といった短期・中期的な視野にたった解決法を提示することで，より高齢者の老いを支えることに資すると思われるからである。

　第 3 の目的は，運用面での解決法にとどまらず，一歩踏み込んだ支援のあり方についても言及することである。とはいえ，実践者ではない筆者が具体的手法を考えることも限界があり，ここでは「かかわり」というキーワードで論じたいと考えている。契約者としての高齢者を支えることができるのは，法制度そのものだけではなく，結局のところ，それを動かしていく人間である。自分含めた人間に対するメッセージの意味も込めて，どのような支援・「かかわり」が望ましいのか，多少なりとも考えてみたい。

---

(21)　もちろん，家族・親族が任意後見人として職務に従事する場合，任意後見人たる義務を果たすことは当然と考える。この点については，成年後見人となった養親による横領は，業務上横領罪となると判断した最高裁判決（最高裁第二小法廷平成 24 年 10 月 9 日判決刑集 66 巻 10 号 981 頁，判タ 1388 号 113 頁）を強く支持する。

第2節　契約法理と高齢者

1　民法が想定する契約法理

　ここで，契約を論じる際に前提となる契約法理とその法主体について，考察しておきたい。そもそも，日本の法制度は，憲法13条に定める，個々人の人格の尊厳に最高の価値を置く，個人主義の原理に基づいて形成されている[22]。この原理から，平等主義や権利能力平等の原則が導かれ，かつ，私的自治の原則をも導かれるとされる[23]。私的自治の原則を具体化したものが，契約の自由であり，契約締結の自由，契約の相手方選択の自由，契約内容決定の自由，契約方式の自由があるとされる[24]。これらの原則を貫き，「個人の自由意思に基づく契約自由を徹底し，約束したとおりの義務と責任を負わせることは，個人の自律を促進することには寄与する[25]」一方で，情報収集能力や交渉力等は完全とは言えない個人が，契約の相手方と，これらの能力の点で格差があるような契約を行う場合，それらの力が弱い者が圧倒的に不利な契約を締結させられることが懸念される。

　加えて，契約をすることができる者に関して，現行民法では規定はないが，2020年4月施行の新民法では，意思能力に関する規定が明文化され，意思無能力者の法律行為は無効となる（新民法3条の2）。とはいえ，現行民法においてもまた，契約などの法律行為を行う場合には，意思能力があることが

---

(22)　辻村みよ子『憲法〔第6版〕』（日本評論社，2018年）138-139頁，渡辺康行＝宍戸常寿＝松本和彦＝工藤達朗『憲法Ⅰ　基本権』（日本評論社，2016年）115-116頁，松尾弘『民法の体系——市民法の基礎〔第6版〕』（慶應義塾大学出版会，2016年）31頁ほか。

(23)　潮見佳男『民法（全）〔第2版〕』（有斐閣，2019年）3-4頁，松尾・前掲注(22)31-32頁。

(24)　潮見・前掲注(23)358-359頁，渡辺ほか・前掲注(22)127-128頁，松尾・前掲注(22)32頁，我妻榮＝有泉亨＝川井健『民法2　債権法〔第2版〕』（勁草書房，2005年）208頁，法務省ウェブサイト「法制審議会民法（債権関係）部会第9回会議（平成22年5月18日開催）　部会資料11-2　民法（債権関係）の改正に関する検討事項(6)詳細版」（http://www.moj.go.jp/shingi1/shingi04900017.html）（2019年8月13日最終アクセス）1頁。

(25)　松尾・前掲注(22)33頁。

前提となっており，意思能力を欠く状態でなされた法律行為は無効となるのが判例法理となっている[26]。ただし，現行民法も，新民法も，意思能力とは何か，という明確な定義規定は置かれていない。なぜ意思能力の定義が置かれていないのか。その経緯については，第 3 章第 1 節で述べることとするが，現行民法においても，新民法においても，一般的には，意思能力とは，「自己の行為の法的な結果を認識し，判断することができる能力」と定義され，「行為能力制度に関する規定中の『事理を弁識する能力を欠く常況』という文言が，意思無能力の状態にあることを指しているとされる（民法第 7 条参照）[27]」。このように，意思能力のない者が契約をしたときには，その契約は無効となるのだが，事理を弁識する能力（事理弁識能力）がどのようなものか，また，どの程度の意思能力が備わっていればよいのかについても，現行民法においても，新民法においても定めはない。

　明確な定めはないにせよ，現行民法も新民法も，想定している契約は，事理弁識能力を含む，意思能力を有する個人が，自分自身が選んだ相手方と対等に，契約内容や形式を交渉して，締結するものとされていることは明らかである。そして，そのことに異議を唱える者も見うけられない。したがって，この契約における一連の前提を本書では「契約法理」と呼ぶこととする。

---

(26)　大審院明治 38 年 5 月 11 日判決民録 11 輯 706 頁。法務省ウェブサイト「法制審議会民法（債権関係）部会第 10 回会議（平成 22 年 6 月 8 日開催）部会資料 12 - 2　民法（債権関係）の改正に関する検討事項(7)詳細版」（http://www.moj.go.jp/shingi1/shingi04900022.html）（2019 年 8 月 13 日最終アクセス）17 頁。ここでは「私的自治の理念が，自己の意思に基づいた権利義務関係の形成の尊重にあることに照らすと，行為の意味をおよそ理解することのできない状態でされた言動に意思の表示としての価値を認めることは適当ではなく，意思能力を欠く状態で行われた法律行為の効力が否定されるべきことは，民法の基本的な法理の一つであると言われることもある」とされている。なお，2020 年に施行される民法では，民法 3 条の 2 に「法律行為の当事者が意思表示をした時に意思能力を有しなかったときは，その法律行為は，無効とする」との定めがなされる。これについて評価するものとして，石崎泰雄「法律行為・意思能力・錯誤・契約に関する基本原則・売買──法制審議会の議論から要綱仮案へ──」法学会雑誌 55 巻 2 号（2015 年）52 頁。

(27)　法務省ウェブサイト「法制審議会民法（債権関係）部会第 10 回会議（平成 22 年 6 月 8 日開催）部会資料 12 - 2　民法（債権関係）の改正に関する検討事項(7)詳細版」（http://www.moj.go.jp/shingi1/shingi04900022.html）（2019 年 8 月 13 日最終アクセス）18 頁。

2　契約法理下での高齢者

　契約法理によると，介護契約および任意後見契約における法主体は，事業者と高齢者となる[28]。したがって，圧倒的に知識や情報を有する事業者と，自分自身が享受するであろう介護サービスにはどのようなサービスがあり，どのような仕組みで提供されているのかを正確に理解しているとは，必ずしも思えない高齢者が，対等な立場で契約するということになる。しかしながら，現状，介護契約においても，任意後見契約においても，高齢者が自律的に決定できる場面というのがどれほどあるのだろうか[29]。この点で，介護契約や任意後見契約における契約当事者を検討する意義はあるだろう。さらに，仮に高齢者が契約当事者であるとしても，この検討は，いかにその契約当事者を保護していくのか，といった検討にも役立つものと思われる。

　特に介護契約は，高齢者にとっては，介護をされる側となり，家族にとっては，仮に介護をするという行為自体や介護保険により経済的負担が外部化されるとしても，扶養義務の一部としての精神的な扶養を担うという点で，介護をする側となるという現実がある。実際には，そのような介護を外部化

---

(28)　このように理解することについて，和田は，「介護保険制度の理念からみて，介護サービス提供事業者による要介護被保険者への介護サービスの提供を単なる私法上の関係であると済ますわけにはいかず，公的責任の観点から，このサービス提供がどこまで公法上の給付関係と同視できるのか，つまり，公法的色彩を認めるのかという点が問題になる」としている（和田隆夫『社会保障・福祉と民法の交錯』（法律文化社，2013年）5頁）。その上で，法定代理受領の法的評価を検討し，代理受領よりも第三者弁済（民法474条）で構成した方が妥当だとする。そして，市町村と要介護被保険者とは介護保険制度上の公法的性質を有するが，市町村と介護サービス提供事業者との間には，先の法的評価の検討により，法定代理受領の関係しかなく，これでは，要介護被保険者と介護サービス提供事業者との間の関係は，私法的な色彩を強くすると結論づけている（前掲書・14-15頁）。

(29)　この点について野崎は，育児や介護などのいわゆるケアやそれを労働として提供しているケア労働（これらをケア関係と呼ぶ）は，「自由意思が介在する一般化可能な関係とは独立の，自由意思の介在しない特定関係下に成立する」としている。そして，介護契約に基づいてケアが提供される場合であっても，「いったん当該関係が締結され，ケア関係の実践が始まり，両者の間に一定の関係性が構築され，特に長期の時間の経過を経たならば，母子関係等と同様に，そこに離脱や拒否の自由意思が介在するとは言い難く，脆弱な者を前にしてケアする者はその声に応答する責務が要請される」とする。そしてその逆もまた言いうる（野崎・前掲注(11) 264-265頁）。

できる家族は，そう多くはない(30)。そうした現実があるがゆえに，高齢者と家族・親族との関係は，両天秤のような作用を持つ。すなわち，高齢者本人は，できるだけ自分らしく日常生活を送りたいと思う一方で，家族・親族の存在を無視した生活を送ろうと考えているわけではない。また，家族・親族にとって介護契約は，当然，自らの介護負担を減少させるという意味をもつ一方で，できるだけ高齢者本人の希望を入れた生活をさせたいと考えるだろう。

　また，任意後見契約においても，同様の事態は生じうる。例えば，前掲の裁判例のように，意思能力が低下している高齢者に，高齢者自身の意に沿っているかどうか定かでない財産管理契約や遺言とともに，任意後見契約を締結させる事例は散見される。これは，家族・親族にとって，相続する財産に大きな影響を与える契約であるからであり，高齢者のためというよりはむしろ，自分たちが得られる財産が減少しないようにとの措置でもあるからである。

　このように，従来の契約法理で介護契約や任意後見契約を捉えてしまうと，特に高齢者にとって不利な契約となる可能性があると言える。加えて，いずれも利用者の自己決定や本人の意思の尊重を謳った制度であるにもかかわらず，このような事態に直面するのである。

第 3 節　本書の構成

　こうした問題は，介護保険制度および成年後見制度導入時から指摘されている。介護保険制度から見れば，介護契約の問題は，介護契約そのものの法的性質，法的な位置づけの問題であり，成年後見制度から見れば，任意後見契約の問題は，意思能力の程度の問題として議論されている。そこで，本書においては，それぞれの契約について，次の手順で検討を進める。

---

(30)　内閣府『平成 30 年度高齢社会白書』によれば，要介護者から見た介護者の続柄として最も高い者が，配偶者 25.2 ％であり，次いで子の 21.8 ％であり，事業者は 3 番目の 13.0 ％であって，依然として家族介護が前提となった制度であることがわかる（内閣府・前掲注(1) 35 頁）。

　まず，介護契約について，その法的性質と当事者を明らかにする（第1章）。次に，明らかとなった当事者（高齢者）が実際にどのような契約を締結しているのか，2003年と2016年の2つの調査結果をもとに明らかにし，法的問題について指摘する。その際，問題を指摘するにとどまらず，どのような契約であれば望ましいのかについて考察する（第2章）。

　さらに，そもそも高齢者が，どのような意思能力を有していることが求められているのかについて，検討する。その際，程度はどうであれ，意思能力を有していることが前提となっている制度である，介護契約，任意後見契約を中心に，それら周辺の法律行為（取引行為，身分行為〈養子縁組と遺言〉）と比較しながら検討する（第3章）。そして，意思能力の有無・程度が問題になるゆえんである，高齢者と家族・親族と家族・親族の「対立」に関する現状について，調査を踏まえて分析した上で，実際に，裁判で争われた事例について，特に，本人の意思の尊重が謳われ導入された任意後見制度を中心に，法は高齢者の真意をどのように見るのかについて考察する（第4章）。その上で，争いに巻き込まれる可能性のある後見人・後見監督人が，高齢者をどのように支援していけばよいのか，「かかわり」のあり方について，提案する（第5章）。

第 1 章　介護契約の法的性質と契約当事者

第 1 節　介護保険制度の導入と介護契約

1　措置から契約へ

　従来，わが国においては，行政（措置権者）が職権により，老人福祉施設への入所を決定し，高齢者に対し介護サービスを実施していた[1]。措置制度の下では，地方公共団体が施設と委託契約を結び，委託費を支払うことによって，高齢者に介護を提供した。この仕組みでは，意思表示が難しい高齢者にとっては，行政による必要な介入が得られ，適切な介護を受けられる仕組みになっているものの，いくつかの問題点があった。例えば，行政にとってみれば，財政負担が大きいため，受給を抑制し，必要な人に必要なサービスを提供できない可能性もあった。また，高齢者にとってみても，どのような条件で入所するのか，あるいは受けられる福祉サービスはいかなるものか等については，全て措置権者（市町村）が決定するため，高齢者本人の意思が反映される余地はほとんどなかった。必要なサービスを受けられない人にとっては，家族による介護を強いる結果を招いた[2]。さらに，行政による措置がなされないと決定された場合には，それは行政処分となるから，異議がある場合は行政争訟を提起することとなっていたが，高齢者にとってみれ

---

[1]　介護保険導入の経緯等については，介護保険制度史研究会編著『新装版 介護保険制度史：基本構想から法施行まで』（東洋経済新報社，2019 年）のほか厚生労働省ウェブサイト「公的介護保険制度の現状と今後の役割（平成 30 年度）厚生労働省 老健局」（http://www.mhlw.go.jp/content/0000213177.pdf）（2019 年 10 月 11 日最終アクセス）7-11 頁，社会保険旬報 2554 号（2014 年 1 月）〜 2596 号（2015 年 3 月）に掲載の，介護保険制度史研究会「介護保険制度史(1)〜(37)」を参照。

[2]　詳しくは，笹谷春美「高齢者介護をめぐる家族の位置──家族介護者視点からの介護の『社会化』分析──」家族社会学研究 16 巻 2 号（2005 年）36 頁，藤崎宏子「介護保険制度の導入と家族介護」金子勇編著『高齢化と少子社会』（ミネルヴァ書房，2002 年）191 頁ほか参照。

ば，行政争訟は簡単なものではない。こうしてみてみると，措置制度における介護は，行政の裁量によるところが大きく，介護サービスを利用する高齢者の意思や必要性，家族の状況などが考慮されることは少なかった。

このような状況のもと，1995年から老人保健福祉審議会では，介護保険制度の導入へ向けて，着々と議論を重ねていたが[3]，とりわけ措置制度については，1998年から話し合われてきた中央社会福祉審議会社会福祉構造改革分科会で，以下のように指摘された。すなわち，「措置制度では，特に，サービスの利用者は行政処分の対象者であるため，その意味でサービスの利用者と提供者の間の法的な権利義務関係が不明確である。このため，サービスの利用者と提供者との対等な関係が成り立たない」ため，「個人が自らサービスを選択し，それを提供者との契約により利用する制度を基本とし，その費用に対しては，提供されたサービスの内容に応じ，利用者に着目した公的助成を行う必要がある」とされた[4]。そして，当該分科会においては，施設の規制ならびに介護プロセスの基準，介護サービス計画に沿ったサービスの提供について，ドイツならびにイギリスの制度が検討され[5]，わが国の介護保険制度の導入に当たっては，民営化の手法のほか，ドイツにおける保険料システム，イギリスにおけるケアマネジメントを参考に，種々の改革について検討された。後に，社会福祉基礎構造改革と呼ばれるこの大改革は，自己決定の実現，福祉サービスを自ら選択できる利用者本位の仕組みの確立，公私の適切な役割分担，および民間活力の利用を目的として行われた[6]。

---

(3)　厚生省編『平成8年度版厚生白書』（厚生問題研究会，1997年）。なお，1995年からはじまった老人保健福祉審議会以前に，介護保険導入の端緒となったのは，社会保障制度審議会による，1994年9月8日に出された第2次報告である（本澤巳代子『公的介護保険——ドイツの先例に学ぶ』（日本評論社，1996年）104頁）。

(4)　厚生労働省ウェブサイト中央社会福祉審議会社会福祉構造改革分科会「社会福祉基礎構造改革について（中間まとめ）」(http://www1.mhlw.go.jp/houdou/1006/h0617-1.html)（2019年8月13日最終アクセス）参照。なお，この制度転換は，本澤によれば，「法律上は行政法から民法への大転換である」という（本澤巳代子「成年後見と介護保険」民商法雑誌122巻4・5号（2000年）98頁）。

(5)　厚生労働省ウェブサイト「中央社会福祉審議会社会福祉構造改革分科会資料（項目一覧）」(http://www1.mhlw.go.jp/shingi/s9803/s0314-1.html 現在閲覧不可)および，第8回議事要旨（http://www1.mhlw.go.jp/shingi/s9803/s0319-2.html：現在閲覧不可）参照。

2　介護保険法の成立までの介護契約にまつわる議論

　介護保険制度の導入にあたり，1995 年から老人保健福祉審議会で議論がなされていたことは先述のとおりであるが，審議会等で触れられた介護契約にまつわる議論についても確認しておきたい。

　老人保健福祉審議会開催の 1 年前，「介護保険制度の基本骨格をしっかり定めてお」くために[7]，高齢者介護・自立支援システム研究会（以下「システム研究会」）が置かれ，「①今日の社会経済状況から見た介護問題の意義，②介護・自立支援に関する現行制度の対応と課題，③介護サービスに求められる特性と基本的なあり方，④介護サービスを支える人材の確保・養成，⑤将来の介護システムに関する論点整理」について検討している[8]。1994 年12 月に出されたシステム研究会の最終報告書では，明確に「『契約方式』の導入」が謳われている[9]。その理由として，以下のように述べられている[10]。

　　　措置制度については，「高齢者は社会的にも，経済的にも自立した存在であることが望まれる。社会の中心的担い手として行動し，発言し，自己決定してきた市民が，ある一定年齢を過ぎると，制度的には行政処分の対象とされ，その反射的利益（行政処分の結果として受ける利益）を受けるに過ぎなくなるというのは，成熟社会にはふさわしい姿とは言えない」と指摘し，このため，措置制度に代わり，<u>介護サービスの提供は高齢者とサービス提供機関の間の「契約方式」によることを原則とすべき</u>とした。ただし，<u>介護放棄や虐待など高齢者の自己決定が馴染まないケースを念頭に，契約方式を補完するものとして，行政機関が緊急的に保護する仕組み（措置）を提言</u>している［下線筆者］。

　さらに当該最終報告書では，「契約方式」を補完するシステムとしてのケアマネジメントを提唱している。報告書は，「このような契約方式による

---

(6)　介護保険法の制定過程については，増田雅暢『介護保険の検証──軌跡の考察と今後の課題』（法律文化社，2016 年）3-48 頁に詳しい。

(7)　介護保険制度史研究会編著『新装版介護保険制度史　基本構想から法施行まで』（東洋経済新報社，2019 年）53 頁。

(8)　介護保険制度史研究会編著・前掲注(7) 56 頁。

(9)　介護保険制度史研究会編著・前掲注(7) 65 頁。

(10)　介護保険制度史研究会編著・前掲注(7) 65-66 頁。

サービス利用については，利用者保護の観点から，（中略）高齢者や家族に対する専門的な立場からの支援体制の整備，ニーズの発見とそれを結びつける仕組み」が必要であることを指摘している[11]。

　この最終報告書の公開を経て，1995 年 2 月より，老人保健福祉審議会において介護保険導入が審議された。第 7 回会合（1995 年 5 月 18 日）において，介護契約について検討されている。しかしながら，ここでの論点は，契約方式を補完するシステムであるケアマネジメントと社会保険における選択権との関係であった[12]。すなわち，本部事務局（厚生労働省）からは，「(ア) サービス利用は本人の申し込みによって開始すること，(イ) ケアマネジメントは『サービスの仲介』に過ぎず，本人がケアマネジメント機関にケアプラン作成を依頼するかどうかは本人の『選択』であること，(ウ) サービスの利用決定も，本人が直接またはケアマネジメント機関の仲介により，サービス提供機関との間で契約することによって行われること［下線筆者］」という資料が提出され，それに沿って検討が行われている[13]。これについて，委員の間では賛否両論であったようであるが，契約方式への疑念については特に見受けられない[14]。これ以降，契約方式の導入の是非については特に議論がなされることがなく，1996 年 1 月 31 日「新たな高齢者介護制度について（第 2 次報告）」が老人保健福祉審議会から出されている。その報告書には，すでに「契約」という文字は失われている[15]。この後 1996 年 4 月 22 日老人保健審議会最終報告においても「契約」の文字は使われておらず[16]，この報告に基づいて作られた制度試案やその後に国会に提出される法案等にも「契約」の文字は使われていない[17]。

---

(11)　介護保険制度史研究会編著・前掲注(7) 71 頁。
(12)　介護保険制度史研究会編著・前掲注(7) 114 頁。
(13)　介護保険制度史研究会編著・前掲注(7) 114 頁。
(14)　介護保険制度史研究会編著・前掲注(7) 118 頁。
(15)　介護保険制度史研究会編著・前掲注(7) 172-173 頁。介護サービスの利用方法として，基本的な考え方は，「高齢者が自らの意思に基づいて，利用するサービスを選択し，決定することを基本とし，それに対して保健・医療・福祉の専門家が連携（ケアチーム）して身近な地域で支援する仕組み（ケアマネジメント）を確立」とあるだけである（前掲書 173 頁）。
(16)　介護保険制度史研究会編著・前掲注(7) 228-237 頁。

3　介護契約の導入と契約締結能力

2000 年に導入された介護保険制度では，介護サービスの利用料を保険料と税で賄うというドイツの保険方式を導入したほか，ドイツ，イギリスに倣って介護サービスを行う事業者を国の基準に従って都道府県が指定し，その事業者によってサービスを提供するというシステムを導入した。事業者については，行政による指定を通じ，社会福祉事業者のみならず民間企業へも拡大し[18]，介護サービスの提供については，その事業者と利用者とが契約を締結するという，いわゆる福祉の市場化・民営化を図った[19]。

---

(17)　介護保険制度史研究会編著・前掲注(7) 264-283 頁，衆議院ウェブサイト「第 141 回国会　制定法律の一覧」(http://www.shugiin.go.jp/internet/itdb_housei.nsf/html/houritsu/kaiji141_l.htm)（2019 年 8 月 21 日最終アクセス）。

　　なお，この最終報告に対し，本澤は高齢者本人に判断能力や身寄りがない場合，あるいは虐待のケースの場合を想定し，ドイツの連邦世話法の示唆から，「高齢者本人の意思に反する決定が行われないようサポートする制度」や緊急保護の必要性，特に当時法制審議会民法部会で検討が開始された成年後見制度との関わりについて言及している（本澤・前掲注(3) 155 頁）。

(18)　芝田によれば，介護分野への民間企業の参入は著しく，2000 年度で約 4 兆円規模のマーケットであるのが，2025 年には 10 兆円規模のマーケットになると予測されている。芝田英昭「社会福祉法の成立と福祉市場化」立命館産業社会論集 36 巻 4 号（2001 年）14 頁。

　　また，平岡によれば，介護保険制度は，「サービス供給システムの再編という側面において，イギリスのコミュニティケア改革がモデルとされた」としている（平岡公一『イギリスの社会福祉と政策研究——イギリスモデルの持続と変化』（ミネルヴァ書房，2003 年）316 頁。)

(19)　市場化については，郡司篤晃『医療と福祉における市場の役割と限界』（聖学院大学出版会，2004 年），豊島明子「福祉行政における供給体制論」神長勲＝紙野健二＝市橋克哉編『公共性の法構造　室井力先生古稀記念論文集』（勁草書房，2004 年）577 頁，岡崎祐司「福祉の『市場化』＝準市場という規定から見えてきたこと」賃社 1357 号（2003 年）4 頁，平岡公一「社会サービスの多元化と市場化——その理念と政策をめぐる一考察」大山博編『福祉国家への視座　揺らぎから構築へ』（ミネルヴァ書房，2000 年）30 頁。

　　福祉国家との関連において，渋谷博史＝平岡公一編『福祉の市場化をみる眼——資本主義メカニズムとの整合性』（ミネルヴァ書房，2004 年），ゲスタ・エスピン・アンデルセン著／渡辺雅雄＝渡辺泰子訳『福祉国家の可能性——改革の戦略と理論的基礎』（桜井書店，2001 年），マイケル・ウォルツァー著／山口晃訳『正義の領分——多元性と平等の擁護』（而立書房，1999 年），F. A. ハイエク著／気賀健三＝古賀勝次郎訳『自由の条件』（春秋社，1987 年）を参照。

　この福祉の市場化・民営化が目指したものは，利用者による選択，事業者間の競争，情報を開示し，手続き等を明らかにするという透明性の確保によって，サービスの質が向上すること，事業者が効率的な運営を行い，その努力が報われること，利用者の選択のためのサービスの実施体制の改善およびこうした業務に携わる職員の資格を開示することなどであった[20]。そして，その市場化・民営化によって，利用者が最も影響を受けたもの一つに，要介護者と事業者との介護契約が挙げられよう[21]。

　介護保険の対象となる介護サービスを利用するためには，まず，サービス利用希望者が，保険者（市区町村）に対し，その申し込みをし，要介護認定（現在は，要介護・要支援認定）を受ける必要がある。保険者が認定した介護の内容・程度（要介護・要支援度）に応じて，介護サービスの内容が定められていく。介護サービスの内容は，ケアマネジャーが作成し，ケアプランとなる。ケアプランの内容は，ほとんどの場合，介護契約の内容となり，利用者は，ケアプランにしたがった介護サービスを提供することを承諾した事業者との間で，介護契約を締結する。そして，サービスを受けた対価（利用料）として，利用者は介護報酬を除いた一部負担金を支払う。この一連の内容が，本書が対象としている介護契約である。

　そして，この新たに導入された介護契約を締結するためには，従来の契約法理からすれば当然，意思能力が必要であった。しかしながら，この利用者はそもそも介護が必要な状態であるから，契約をするのに十分な意思能力を備えていることが常態ではないことは，容易に想像できる。そこで，この介護保険制度と当時に導入され，「車の両輪」とされた制度が，成年後見制度である。

---

(20)　厚生労働省ウェブサイト・前掲注(4)。

(21)　民営化と契約との関係については，内田貴「民営化（privatization）と契約 (1)〜(6・完)」ジュリスト1305号（2006年）118頁, 1306号（2006年）70頁, 1307号（2006年）132頁, 1308号（2006年）90頁, 1309号（2006年）46頁, 1311号（2006年）142頁を参照。

4　成年後見制度と介護契約締結能力

　成年後見制度は，2000 年，従来の禁治産・準禁治産制度を改めた民法と任意後見法の制定によって導入された。従来の禁治産・準禁治産制度では，禁治産では後見人を，準禁治産では保佐人を置き，前者には広範な代理権を，後者にはかなり限定された権限によって，禁治産・準禁治産宣告を受けた本人を保護する制度となっていた[22]。この制度のもとでは，定型的・硬直的な措置・運用しか認められず，高齢社会への対応，障害者の福祉の充実という観点から，より柔軟で弾力的な制度への転換が求められていた[23]。そのため，2000 年の法改正および法制定によって，「自己決定の尊重，残存能力の活用，ノーマライゼーション」を掲げた成年後見制度が導入された[24]。

　新しい成年後見制度では，従来の後見・保佐に加え，補助も加えた法定後見制度と，「本人が契約の締結に必要な判断能力を有している間に，自己の判断能力が不十分な状況における後見事務の内容と後見をする人（任意後見人）を，自ら事前の契約によって決め」る任意後見制度が導入された[25]。いずれの制度でも，肝となるのが，「本人の意思能力」である。法定後見制度においても，保佐と補助については，「自己決定の理念に即した柔軟かつ弾力的な制度とするため，本人の申立てまたは同意を要件としたうえで当事者が代理権等の範囲を申立てにより選択する途を広範に認めてい」るし[26]，任意後見制度においても，本人の契約締結能力を前提とした制度となっているからである。すなわち，制度を利用するかしないか，利用するとしたらどのように利用するかは，本人の意思に大きく委ねられており，かつ，それができる能力を備えていることが前提となり，「残存能力の活用」と言われているのである。加えて，法定後見制度を利用するか，任意後見制度を利用するかという選択においても，「基本的には当事者の意思に委ねられてい」るとされており[27]，制度の選択に関してもまた，本人の意思とそれをするた

(22)　小林昭彦＝大門匡＝岩井伸晃ほか『新成年後見制度の解説［改訂版］』（金融財政事情研究会，2017 年）4-5 頁。
(23)　小林＝大門＝岩井・前掲注(22) 5 頁。
(24)　小林＝大門＝岩井・前掲注(22) 5 頁。
(25)　小林＝大門＝岩井・前掲注(22) 26 頁。
(26)　小林＝大門＝岩井・前掲注(22) 25 頁。

めの能力の有無が大きくかかわってくる。

　翻って，介護サービスもまた，介護保険法1条において，要介護状態となっても，「その有する能力に応じ自立した日常生活を営むことができるよう」サービスが提供されることが謳われている。そして，介護サービスは契約によって提供されるのであるから，当然，契約を締結することができる意思能力があることが前提となっている[28]。したがって，その意思能力が低下しつつある，あるいは全くない高齢者については，法定後見の利用が前提とされている[29]。しかしながら，そもそも，どのくらいの意思能力があれば，介護契約を締結できるのか，といったことは法律上，何も触れられてないし，裁判例などでも明確な答えが出されているわけではない。

　加えて，後にみるように，介護契約の現場をみてみると，介護契約にあたり，意思能力が低下しつつある，あるいは全くない高齢者が，法定後見を利用して契約を締結するということは，成年後見制度の利用状況を考慮した場合，現在でもあまり多くない[30]。実際には，家族が介護契約書に代筆で高齢者本人の名前を署名したり，家族が高齢者本人の手に自分の手を添えて署名をしたりする，いわゆる家族による代行が行われているという指摘がある[31]。この点で，介護契約の法的性質の問題とともに，介護契約の契約当事者とは誰か，といった問題が生じてくるのである。

---

(27)　小林＝大門＝岩井・前掲注(22) 27頁。

(28)　この点，成年後見制度との関連のみならず，施設から在宅へとサービスの提供場所が変わるなか，在宅で自立する高齢者・障害者の「福祉サービスを含む財・サービスの購入，家賃等の支払い，預貯金の管理・出入金といった面での自立支援をどのように組織化・制度設計するか，という論点が浮き彫りにな」るとの指摘もある（岩村正彦「社会福祉サービス利用契約をめぐる法制度と課題」岩村正彦編『福祉サービス契約の法的研究』（信山社，2007年）9頁）。

(29)　小林＝大門＝岩井・前掲注(22) 6頁。なお，新井は，成年後見制度が介護保険契約の締結・履行を監督し，利用者の権利擁護を遂行する保護機関選任の役割を担うとしている（新井誠「介護契約と成年後見・再掲」千葉大学法学論集15巻3号（2001年）85頁）。

(30)　この指摘は，岩村・前掲注(28) 10頁でもなされている。

(31)　「家族が本人を代理して契約することについては，本人にその意思がない以上，無権代理にあたる」との指摘がある（安藤信明「高齢者を支える性値後見制度と意思決定支援」石崎雅人編『高齢者介護のコミュニケーション研究——専門家と非専

第2節　介護保険制度と「契約」

1　介護保険法と介護契約

　先述のように，介護保険制度においては，介護サービスを利用するために，利用者と事業者が介護契約を締結することが前提となっている。しかしながら，そもそも，介護保険法の中に「契約」という言葉は一度も出て来ず，介護契約に関する規定もない。なぜならば，介護保険法自体が，保険給付を行うことを目的とした法律である（介保法2条1項）からであろう。

　すなわち，介護保険法上，想定される当事者は，保険者としての市町村，被保険者としての利用者（要介護者，要支援者），介護報酬を得る者としての事業者である。介護契約に関しても，「被保険者の心身の状況，その置かれている環境等に応じて，被保険者の選択に基づき，適切な保健医療サービス及び福祉サービスが，多様な事業者又は施設から，総合的かつ効率的に提供される［下線筆者］」（介保法2条3項）いう規定があるが，被保険者が選択することによって事業者・施設からサービスが提供されることが「契約」であろうことがかろうじて推測できる。

　実際に事業者が介護サービスを提供する際，厚生労働省令の定めによる運営基準に従う（介保法86条以下）。同省令の中に存在する，契約にまつわる規定を見てみると，例えば，指定介護老人福祉施設の人員，設備及び運営に関する基準（介保省令39号：以下「運営基準」とする）4条は[32]，「指定介護福祉施設サービスの提供の開始に際しては，あらかじめ，入所申込者又はその家族に対し，第23条[33]に規定する運営規程の概要，従業者の勤務の体制

門家の協働のために』（ミネルヴァ書房，2017年）254頁）。なお，安藤は前掲論文において，「介護については，家族と本人の間で意見が異なることがある。端的な例でいうと，自分の持っているお金をすべて使ってでも手厚いサービスを受けたいと望んでいる高齢者とその相続人となることが確実な親族では，微妙にサービスの選択が違ってくる場合がある」との指摘をしている（安藤・前掲論文254-255頁）。

（32）「指定介護老人福祉施設の人員，設備及び運営に関する基準」厚生労働省令39号（平成11年3月31日）。指定居宅サービス等の事業については，厚生労働省令37号，指定居宅支援事業については，厚生労働省令38号，指定介護老人保健施設については，厚生労働省令40号に，同様の定めをおいている。

その他の入所申込者のサービスの選択に資すると認められる重要事項を記した文書を交付して説明を行い，当該提供の開始について入所申込者の同意を得なければならない」としている。

　制度創設当初に，福祉に「契約」という考え方はなじまないという意見も数多く出されていたこともあり[34]，かたくななまでに契約という文言は使われず，ここでは，重要事項説明書などの書面の交付と，説明と同意について定めている。なお，運営基準において，契約当事者は，事業者と利用申込者としているが，契約にあたってサービス内容を説明すべき対象を「入所申込者又はその家族」としている。ただし，説明をすべき家族の範囲等の定めはなく，また，運営基準は，契約書の内容や形式等について，何らの定めもおいていない[35]。

2　社会福祉法と介護契約

　事業者や利用者の権利義務を定めた法として，社会福祉法がある。社会福祉法においては，必ずしも介護サービスのみならず，児童，障害者，生活困窮者を対象とする社会福祉サービスも広く含まれる（社福法2条）。介護サービスに関しては，第1種社会福祉事業となる主に施設系介護サービスと，第2種社会福祉事業となる主に居宅系介護サービスが，社会福祉法の適用対象

---

(33)　23条で定められている事項は，①施設の目的及び運営の方針，②従業者の職種，員数及び職務の内容，③入所定員，④入所者に対する指定介護福祉施設サービスの内容及び利用料その他の費用の額，⑤施設の利用に当たっての留意事項，⑥非常災害対策，⑦その他施設の運営に関する重要事項，である。

(34)　とりわけ，高藤昭「福祉改革の残した軌跡・考」週刊社会保障2105号（2000年）22頁，橋本宏子『福祉行政と法——高齢者サービスの実態』（尚学社，1995年）270頁。さらに，山田晋「福祉契約論についての社会法的瞥見」明治学院論叢713号（2004年）67頁では，市民法原理に基づく「契約」概念ではなく，社会法的なアプローチが必要であると説く。特別立法の必要性については，大曽根寛『成年後見と社会福祉法制——高齢者・障害者の権利擁護と社会的後見』（法律文化社，2000年），岩村正彦「社会福祉サービス利用の締結過程をめぐる法的論点——社会保障法と消費者法との交錯」季刊社会保障研究35巻3号（1999年）251頁などでも主張されている。

(35)　品田充儀「介護保険契約の特徴と法的問題——モデル契約書を参考として」ジュリ1174号（2000年）70頁。

となる。

　社会福祉法 76 条において，社会福祉事業の経営者は，サービスの利用希望者に対して，「当該福祉サービスを利用するための契約の内容及びその履行に関する事項〔傍点筆者〕」を説明する義務を課している。そして，その利用契約成立時に，利用者に次の事項を記載した書面を，遅滞なく交付しなければならないと定めている（社福法 77 条）。すなわち，書面に記載すべき事項は，社会福祉事業の経営者の名称及び事務所の所在地（社福法 77 条 1 項），提供するサービスの内容（社福法 77 条 2 項），利用者が支払うべき額（社福法 77 条 3 項），その他厚生労働省令で定める事項（社福法 77 条 4 項）であり，それは，提供開始年月日および苦情処理窓口に関する事項（社福施行規則 16 条 2 項）である。さらに，社会福祉事業の経営者は，福祉サービスを利用するための契約の内容及びその履行に関する事項について説明するよう努めなければならないことが定められている（社福法 76 条）。加えて，サービスの内容や対価，事業者の実績等に関する誇大広告の禁止（社福法 79 条，施行規則 19 条）も定める。

　社会福祉法においては，契約の性質等の規定についてはないものの，契約であることは法令上明言され，契約書に記載すべき事項等についても明記されている。

3　実務と介護契約

　実務では，事業者と利用者との二者間で介護サービス利用契約書と題する書面が取り交わされている。制度導入にあたって，「福祉サービスの利用契約に際して契約書は不要ではないかという声が関係者から多く聞かれた」というように[36]，契約書の必要性については，事業者間では懐疑的であったようである。しかしながら，「福祉サービス利用契約が消費者契約に位置づけられることから，契約内容について疑義が生じた場合，原則として消費者にとって有利な解釈が優先される（消費者有利解釈の原則）ことになるため，事業者は，解釈の余地を残すような不明確な契約を避けるよう努めなければ，

---

(36)　鈴木史郎「福祉サービスにおける『モデル契約書』および『モデル重要事項説明書』について」月刊福祉 83 巻 8 号（2000 年）55 頁。

結果として自ら不利な状況を誘引すること」から，全国社会福祉施設経営者協議会（全社協）はモデル契約書を作成し，解説書を発行した(37)。このほかにも，いわゆるモデル契約書のひな形が，各地方公共団体やその他関係団体等によって，こぞって作成された。

たとえば，介護保険導入当時にウェブや書籍から入手可能であったモデル契約書の例として，日本弁護士連合会(38)，全社協(39)，㈳かながわ福祉サービス振興会(40)，東京都(41)，神戸市(42)，名古屋市(43)，熊本市・熊本弁護士会(44)，埼玉県(45)，北九州市(46)などが作成した契約書が挙げられる。2018年現在，日弁連による改訂版(47)，名古屋市による改訂版(48)，新潟県（2017

(37)　鈴木・前掲注(36)55頁。なお，全社協のモデル契約書は，「契約内容に本人の意思を極力反映できるよう，家族・親族利用者に近しい者を当事者おついて契約のあり方を検討し，……『三者契約』型のモデル契約書を作成し」ている。家族・親族も含めた契約ということもあり，「必ずしも家族間で意見の一致を得られていない場合等が想定されるため，事業者としては，契約当事者となる家族・親族が利用者本人の意思を代弁するにふさわしい者であるかどうかについて十分な注意を払う必要があり，場合によってはしかるべき援助，相談を行うことが求められる」としている（鈴木・前掲論文57頁）。

(38)　日本弁護士連合会ウェブサイト（http://www.nichibenren.or.jp/jp/hp/kaigohoken/menu.htm：現在は閲覧不可）。

(39)　全国社会福祉施設経営者協議会ウェブサイト（http://www.keieikyo.gr.jp/box_1.html：現在は閲覧不可）。

(40)　㈳かながわ福祉サービス振興会ウェブサイト（http://www.rakuraku.or.jp/rakuraku/1/download.htm：現在は閲覧不可）。

(41)　東京都福祉保健局ウェブサイト（http://www.fukushihoken.metro.tokyo.jp/press_reles/press/pr991224.htm：現在は閲覧不可）。

(42)　神戸市ウェブサイト（http://www.city.kobe.jp/cityoffice/18/carenet/keiyakusho/mokuji.htm：現在は閲覧不可）。

(43)　名古屋市ウェブサイト（http://www.kaigo-nagoya.com/Files/1/185400/html/keiyaku2.htm：現在は閲覧不可）。

(44)　熊本市ウェブサイト（http://www.city.kumamoto.kumamoto.jp/kaigo/kaigosaervishiyouzyunkeiyasyo.htm：現在は閲覧不可）。

(45)　埼玉県ウェブサイト（http://www.pref.saitama.lg.jp/ A04/BS00/book/yousiki/keiyaku06.doc，http://www.pref.saitama.jp/A04/BS00/book/yousiki/keiyaku14.doc：現在は閲覧不可）。

(46)　北九州市ウェブサイト（http://www.city.kitakyushu.jp/pcp_portal/PortalServlet;jsessionid=6900DDA87F8899B0C1D8D12A0246F591?DISPLAY_ID=DIRECT&NEXT_DISPLAY_ID=U000004&CONTENTS_ID=13784：現在は閲覧不可）。

年 4 月 1 日最終更新）⁽⁴⁹⁾などが，契約書のひな形を提示している。このほか
にも，現在においては，制度の変更や新たな制度の導入に応じて，介護予防
サービスに関する契約書や 2014 年介護保険法改正による，要支援者の介護
予防・日常生活支援総合事業（総合事業）への移行にともなうモデル契約書
が見られるようになっている⁽⁵⁰⁾。

　このように，事業者と，それを規制監督する行政においては，事業者と利
用者の二者間の契約であるとの認識があるとともに，その契約の様式をサ
ポートするのは行政や業界団体の役割だと考えられていたことが見て取れる。

第 3 節　介護契約の法的性質と法規制

1　検討にあたっての留意点

　以上のように，介護契約について明確に定めた法令は存在しないものの，
事業者の書面交付義務や説明義務，実務での運用などから，介護が契約形態
で行われることに対する異論を唱えることは難しいであろう。これらを踏ま
えた上で，介護契約が民法に定める契約法理と同じ法理で語ることができる
のかどうか，が実質的な問題となる。すなわち，契約の中でも，介護契約に
は独自性があるのか（介護契約の法的性質），そして，独自性があるのであれ
ば，それに対する規制をいかなるものにするか（法規制のあり方），が検討さ

---

(47)　日弁連ウェブサイト「介護保険サービス契約のモデル案（改訂版）」（https://
　　www.nichibenren.or.jp/contact/information/kaigohoken.html）（2019 年 8 月 14 日
　　最終アクセス）。

(48)　NAGOYA かいごネットウェブサイト「介護保険サービス標準契約書（案）」
　　（http://www.kaigo-wel.city.nagoya.jp/view/kaigo/company/shitei/kyotsu/
　　keiyaku/hoken.html）（2019 年 8 月 14 日最終アクセス）。なお，本サイトには，日
　　弁連へのリンクもある。

(49)　新潟県ウェブサイト「⑿「契約書」「重要事項説明書」　記載例」（http://www.
　　pref.niigata.lg.jp/kourei/1287435730178.html）（2019 年 8 月 14 日最終アクセス）。

(50)　たとえば，那珂市ウェブサイト「介護予防・日常生活支援総合事業に関する契約
　　書及び契約書別紙（重要事項説明書）の参考例について」（http://www.city.naka.
　　lg.jp/page/page003131.html）（2019 年 8 月 14 日最終アクセス），大阪市ウェブサイ
　　ト「介護予防・日常生活支援総合事業（2018 年 7 月 6 日）」（http://www.city.osaka.
　　lg.jp/fukushi/page/0000392348.html）（2019 年 8 月 14 日最終アクセス）などである。

れなければならない。

　そこで，以下では介護契約の法的性質および法規制のあり方についての先行研究を概観してみたいと思う。

2　介護契約をめぐる先行研究の整理

　介護契約がいかなる法的性質を有するかについては[51]，いくつかの視点があるが，大きく分けると 3 つの視点があるように思われる。1 つは，介護契約の「契約」的側面を捉えて，現行の民法の条文や契約類型，民法の特別法である消費者法等に照らし合わせて論じるものである。2 つめは，介護契約の前提となるのが，要介護認定を経た給付決定であることから，行政法的な側面から論じるものである。そして 3 つめは，民法でも，行政法でもない，その両方を併せ持つ社会保障法としての独自性を見いだし，社会保障法的側面で論じるもので，「福祉契約論」とも呼ばれている独特の理論の側面から論じるものである。

　以下では，この 3 つの側面から論じられた，介護契約の法的性質ならびに法規制のあり方を概観し，議論を整理してみたい。

(1)　民法的側面から論じるもの

①　参照される民法の契約類型

　ここで，介護契約にかかる先行研究において挙げられる，民法の契約類型について確認しておきたい。まず，民法に定める 13 種類の契約類型は，いわゆる典型契約（有名契約）と呼ばれ，委任契約（準委任契約），請負契約は典型契約にあたる。一方，民法に定めのない契約は，非典型契約（無名契約）と呼ばれる。混合契約は，典型契約をいくつか組み合わせたものである。以下では，典型契約のうち，委任契約（準委任契約），請負契約について確認しておきたい。

---

(51)　これらの研究の成果をレビューした文献として，長沼建一郎『介護事故の法政策と保険政策』（法律文化社，2011 年）41，44-46 頁があり，本書もこれらの文献レビューを参考に，先行研究のまとめをしている。なお，後者の研究について，長沼は「福祉契約論からのアプローチ」と分類している（長沼前掲書・41 頁。）

　まず，委任契約（準委任契約）は，当事者の一方が，法律行為（委任の場合）または法律行為でない行為（準委任の場合）をすることを相手方に委託し，相手方がこれを承諾することによって，その効力を生ずる（民法 643 条，656 条）。委託した側を委任者，委託を受けた側を受任者と呼んでいる。特約がなければ，無償であり（民法 648 条 1 項），受任者は，善管注意義務（民法 644 条），事務処理状況の報告義務（民法 645 条），受取物の引渡義務（民法 646 条）などが課される。また，請求権としては，特約がある場合の報酬支払請求権（民法 648 条 1 項），費用の前払請求権（民法 649 条），費用の償還請求権（民法 650 条 1 項）などがある。委任契約はいつでも解除することができ（民法 651 条 1 項），その効力は将来に向かってのみ有効である（民法 652 条）。このようにいつでも解除できる理由として，「委任が当事者間の信任関係を基礎とすることに基づく」とされる[52]。なお，解除に関する規定は，任意規定であり，それを放棄する旨の明示または黙示的合意は有効である[53]。終了事由は，委任者の死亡・破産手続開始決定，または受任者の死亡・破産手続開始決定・後見開始の審判（民法 653 条）となっている。

　次に，請負契約は，当事者の一方がある仕事を完成することを約し，相手方がその仕事の結果に対してその報酬を支払うことを約することによって，その効力を生ずる（民法 632 条）。仕事を請け負った側を請負人，その相手方を注文者と呼んでいる。請負人には，仕事完成義務（民法 632 条）があり，それが達せられない場合に，注文者は瑕疵修補請求（民法 634 条 1 項）や損害賠償請求（民法 634 条 2 項），報酬減額請求（民法 559 条，563 条 1 項）などが可能である。一方で，注文者は報酬支払義務を有する（民法 632 条）。請負人の仕事が完成しない場合には，注文者はいつでも解除することができ（民法 641 条），請負人は，注文者の破産手続開始決定によって解除することができる（民法 642 条）[54]。

---

(52)　松尾弘『民法の体系──市民法の基礎［第 6 版］』（慶應義塾大学出版会，2016 年）452 頁。同様の記述として，道垣内弘人『リーガルベイシス民法入門［第 3 版］』（日本経済新聞出版社，2019 年）204 頁，我妻榮ほか『民法 2　債権法［第 2 版］』（勁草書房，2005 年）363 頁。

(53)　潮見佳男『民法（全）［第 2 版］』（有斐閣，2019 年）456 頁，松尾・前掲注(52)453 頁。

② 介護契約の民法的位置づけ

(i) 介護保険制度導入時の議論

　介護契約の特徴ならびに法的性格について，介護保険の導入にあたり日本が先例としたドイツの連邦世話法を研究してきた本澤は，1996年の著書により，次のように述べる。すなわち，「受給者と保険給付提供機関との関係は，私法上の契約関係となるが，その内容はまったく自由というのではなく，保険者と保険給付提供機関の間の公法上の給付関係において定められた給付水準と報酬により，間接的に内容が制約されることになる。もっとも，受給者はいずれの保険給付提供機関と契約を締結するか，すなわち相手方選択の自由は有している」としている[(55)]。その上で，この自由を保障するために情報提供や説明義務の重要性について説いている。加えて，この「私法上の契約関係」については，「介護サービスという事実的行為の提供を目的とした準委任契約が中心をなすものであるが，福祉用具の貸与は賃貸借契約，住宅改修サービスは仕事の完成を目的とした請負契約，ショートステイや痴呆性老人向けグループホーム，施設サービスなどは居住空間の提供・利用（ママ）と食事や介護サービスの提供を目的とした賃貸借ないし使用貸借と準委任契約の混合契約」と結論づけている[(56)]。そして，在宅サービスでも，施設サービスでも「具体的に提供される介護サービスの内容によって，その契約の法的性質は必ずしも一様ではなく，準委任契約を中心とした混合契約」であるとし，介護は「継続的なものである」から，「当事者の事情変更による契約内容の変更や契約期間，解約原因や解約告知の時期・方法等について，特別な配慮を必要とする契約」としている[(57)]。

---

(54) なお，2020年に施行予定の新しい民法においては，請負における若干の規定の変更が行われるが，大きな変更ではなく，これまで通りの解釈でよいと思われる。また，介護契約を附合契約と考えた場合であっても，契約書のひな形の場合には，新設される定型約款の規定の適用はなく，これもそれほどの影響はないものと思われる（法務省民事局ウェブサイト「民法（債権関係）の改正に関する説明資料──主な改正事項──」(http://www.moj.go.jp/content/001259612.pdf)（2019年8月14日最終アクセス）参照）。

(55) 本澤・前掲注(17) 169頁。

(56) 本澤・前掲注(17) 172-173頁。

(57) 本澤・前掲注(17) 173頁。

　続く 2000 年の品田の論考では，従来の措置の時代から地方公共団体以外の者が介護業務の委託を受けた場合に，「具体的な介護業務を行う受任業者と介護利用者との間で介護サービス提供の請負または準委任契約が成立し」ているとし，介護保険制度が導入されても変わらないとした[58]。その上で，介護サービスの種類によって，請負か準委任契約かの区別をしている[59]。例えば，居宅介護サービスは，「入浴やリハビリテーションなどの一定の達成目標を有する介護行為であっても，請負とみなすことは難しく，基本的には全体として事業者と利用者との準委任契約であると見るべき[60]」とし，介護保険施設入所契約は，「有料老人ホーム契約とは異なり，不動産部分に関する権利や一括納入した利用料の返還といったことが問題になることはな」く，「医療機関への入院とは異なり，治療やリハビリテーションといった特定の目的の達成を内容とすることは少ない」ことから，「基本的には要介護高齢者を『善良ナル管理者ノ注意』をもって介護し，契約内容に沿ったサービスを提供するという準委任契約が成立している」としている[61]。また品田は，介護支援契約では，その法的性質を断ずることは難しいとしている[62]。介護支援契約について，品田は，要介護認定申請の代行，居宅サービス計画の作成，居宅介護サービス事業者その他の者との連絡調整という 3 つの業務について，その法的性質を論じているが，認定申請の代行については，介護給付の対象とならないこと，民生委員などによる代行も可能とされていることから，委任契約と解している[63]。続いて，居宅サービス計画の作成は，計画の完成に対して介護報酬が支払われるものであり，業務に従事したことに対する対価でないことから，請負に近いと解している。とはいえ，守秘義務等を勘案すれば，請負と断じることにも躊躇がある旨述べられ

---

(58)　品田充儀「介護保険契約の法的性格とその規制」神戸外大論叢 51 巻 2 号（2000年）70 頁。

(59)　品田・前掲注(58)　71-75 頁。

(60)　品田・前掲注(58)　71 頁。

(61)　品田・前掲注(58)　72-73 頁。同じように，高村浩弁護士は，介護契約の中でも居宅介護支援について述べた論考を寄せている（高村浩「居宅介護支援契約について」介護支援専門員 2 巻 2 号（2000 年）31-35 頁。

(62)　品田・前掲注(58)　73-74 頁。

(63)　品田・前掲注(58)　74 頁。

ている[64]。最後に，連絡調整については，定型的な業務内容がないことから，準委任契約であると解している[65]。また，介護保険「運営基準」の私法上の効力について，運営基準を契約締結の前段階，サービス提供の義務内容，契約終了後の義務内容という 3 つに分け，それぞれ契約内容になりうるとする[66]。

(ii)　制度導入 10 年経過後の議論

2012 年の石畝の論考では，「『運営基準』などの法的性格の不明確なものを用いて，民法上の原則の 1 つである『契約自由の原則』を実質的に制約していることが果たして方法的に適当かどうかという意識」のもと，介護保険契約を私法上の契約として積極的に位置づけようとする[67]。すなわち，介護保険契約は「消費者契約，役務提供契約，継続的契約，福祉契約といった性質を持つとされ，それ故に，経済的合理人を前提とした対等当事者間による交渉に基づく合意といった，民法典が予定している（取引的）契約とは異なる」とした上で，次のような特質を有するとしている[68]。すなわち，当事者間の格差，契約の継続性，役務給付契約，生活・生存の基盤，制度の一環である[69]。そして，これらを踏まえた上で，介護保険契約の法的性質について，次のように述べる。「有償双務契約であることには異論はないものの，……多くの論者は，これを準委任契約であると考えている。このような理解に異存はないが，介護保険契約においては，基本的に介護支援専門員（ケアマネジャー）作成による介護サービス計画（ケアプラン）に従って給付がなされる結果，給付内容・種類を大幅に変更できるという権限は事業者に与えられておらず，その意味で，医療契約に比べて事業者の裁量性は乏しいであろう。また，有料老人ホーム契約とは異なり，住居の提供や給食などのサービスが予定されていないため，賃貸借契約や売買契約など他の契約類

---

(64)　品田・前掲注(58) 75 頁。
(65)　品田・前掲注(58) 75 頁。
(66)　品田・前掲注(58) 65-69 頁。
(67)　石畝剛士「介護保険契約の規制枠組——序論」法政理論 44 巻 4 号（2012 年）108 頁。
(68)　石畝・前掲注(67) 113 頁。
(69)　石畝・前掲注(67) 114-115 頁。

型との複合化を考慮する必要性も少ない。更に，介護保険契約の給付内容自体，定型化の度合いが強いため，総じて請負契約的な要素が多いと思われる」としている[70]。これらを踏まえ，次に掲げる具体的な 5 つの規制枠組みが，介護保険契約のどの性質をカバーし，現在の規制がどれにあてはまるのかを詳細に検討している[71]。すなわち，(a)「契約当事者間の情報力・交渉力の格差を正面から認め，その是正を図ることで，劣位当事者の自律を確保すること（＝支援された自律）を主眼」とした，消費者契約規制モデル[72]，(b)「契約上の給付の質の客観化・標準化が困難であるという役務提供の性質に鑑み，それに起因する不都合を是正することに主眼」を置いた，役務提供契約規制モデル[73]，(c)「福祉の手段として契約が採用されているに過ぎないという側面から，私法上の問題に関しても，各種社会福祉制度の理念や各種事業運営基準と整合的な理解がなされなければならず，かかる理念を私法的に浸透させるべきとの要請が」あり，「部分的には当事者の自律に関わらない後見的な支援を規制内容として取り込む」という，福祉契約規制モデル[74]，(d)「給付提供者による給付の不提供がひいては生存権を脅かしかねない局面において，倫理的後見的見地から給付受領者の生存権を実質的に保障し，また，各人の生存権の実質的平等を確保することを目的とする」基盤契約規制モデル[75]，(e)「介護保険契約を対象としてその性質に応じた規制を施す」介護保険契約規制モデル[76]，である。なお，この論考では，どのような規制が望ましいのかの具体的な検討は行われていない。

　最も新しい論考と思われる 2013 年の和田による論考では，介護保険の徴収と給付を行う市町村と介護サービスを提供する事業者，利用者との三者関係を考慮した上で，介護サービス提供契約について「介護サービスの提供は，医療行為と違って，介護の状態の維持が重要であるため，契約の継続を望む

---

(70)　石畝・前掲注(67) 121 頁。
(71)　石畝・前掲注(67) 140-145 頁。
(72)　石畝・前掲注(67) 123-128 頁。
(73)　石畝・前掲注(67) 128-130 頁。
(74)　石畝・前掲注(67) 130-134 頁。
(75)　石畝・前掲注(67) 134-139 頁。
(76)　石畝・前掲注(67) 139-140 頁。

傾向がある。たとえば，民法651条の委任における任意解除権は，介護サービス提供契約では認められないであろう。もちろん介護サービス関係でも，当事者の信頼関係を基礎においていると考えるべきであろうが，委任のような信頼関係を基礎にするが故に信頼関係が破綻したらいつでも解除できるとは考えていないのである。また委任の場合の信頼関係は，本来は無償の上に成り立っているが，介護サービス提供契約の場合の信頼関係は，有償の上に成り立っている。この有償・無償の違いは大きい。以上から介護サービス提供契約は準委任契約ではなく，準委任契約と結合した混合契約あるいは無名契約であると考える」としている[77]。

　介護契約を非典型契約として捉え論じる執行の2010年の論考によれば，介護契約の法的性質は「個々の介護契約によって異なり，一応は，準委任，請負，売買と準委任，賃貸借，準委任ないし請負が複合しているものもあろう」とした上で，民法上のそれらとは異なり，「独自の類型の契約」とする[78]。その上で，目に見えないサービス契約であることから，説明義務，助言義務が認められ，クーリングオフも認められること，継続的契約であることから，利用者からの中途解約権が認められ，内容も柔軟に変更しうること，利用者の生命，身体，人権にかかわるサービスであり，高齢者の生活保障に関わる公共性を有することから，利用者間で公平・公正に扱われ，事業者からの契約承諾拒否，ならびに中途解約権は認められず，必要性に応じて平等に取り扱う義務を有するとしている[79]。

　介護事故に関する法政策とリスクマネジメントにおける研究のなかで長沼は，2011年の著書の中で，介護事故に対する福祉契約論のアプローチとして，「介護事故については，当事者間の契約のなかで，事故に際しては賠償を行う旨が規定され，一定の免責条項が置かれる以外は，通常は問題とならないため……，正面から福祉契約論のなかに位置づけづらい面がある。そのため福祉契約論の法理を明らかにするためのもろもろの検討内容が，介護事故の法的評価に具体的にどのように影響してくるかが必ずしも明確ではない」と

---

(77)　和田隆夫『社会保障・福祉と民法の交錯』（法律文化社，2013年）24頁。
(78)　執行秀幸「福祉契約──介護契約を中心に」NBL929号（2010年）56-62頁。
(79)　執行・前掲注(78) 59-61頁。

しつつ，介護事故と契約論が重なってくる場面として，「当事者の専門性に
かかる観点」と「債務の本旨にかかる観点」を挙げる[80]。

(iii)　ま　と　め

以上から，介護契約の法的性質は，準委任契約，請負契約，準委任契約と
結合した混合契約あるいは無名契約と解されていると言える。もっとも，こ
れらの性質が決定されることが，必ずしも重要とはいえない。というのも，
2009 年の中野の論考によれば，具体的な裁判例で介護契約の性質について
触れたものが少ないことを指摘した上で，次のように述べる。介護契約の特
徴として「提供すべき介護サービスの内容が利用者の心身の状況に応じて
日々変化しうるため，サービスの詳細を事前に定めることができない」こと
が挙げられ，それであるが故に，「介護契約では，提供するサービスの内容
とそれに対する利用者の費用負担といった権利義務関係の大枠が定めるに留
まり，債権・債務関係の詳細までは明らかにならない」。事業者や介護施設
の指定基準も行為規範に留まり，「個別具体的な場面において提供すべき介
護サービスの内容および方法は，現場でサービス提供にあたる職員の専門的
な裁量に委ねられている」がゆえに，「介護契約の法的性質を論じても，そ
のことからサービス提供者の債務内容を直接的に具体化することは難しい」
としている[81]。この点で，介護契約の法的性質を論じることの意義は，直
接に介護サービス提供の現場において，債権債務関係を確定させることでは
なく，むしろ，高齢者が望むような介護サービスの提供を，どのようにして
法制度的に担保するのか，法規制のあり方を論じることに見いだされるので
はないかと思われる。そして，法規制の検討こそが，間接的だが，高齢者に
対して波及する効果を有するのではなかろうか。

③　消費者法の適用と応用

一歩踏み込んで，民法の特別法に位置づけられる消費者法分野に着目して，
介護契約あるいは福祉契約を論じるものもある。

---

(80)　長沼・前掲注(51) 42 頁。
(81)　中野妙子「介護保険法および障害者自立支援法と契約」季刊社会保障研究 45 巻
　　 1 号（2009 年）18 頁。

　例えば，先に掲げた1996年の本澤の論考では，介護契約をめぐる問題について，「都道府県に設置された消費生活センターや国民生活センターの果たす役割が大きい」として，介護契約を消費者契約として捉え，その保護の必要性を論じている[82]。

　2007年の四ツ谷の論考では，介護契約に対する消費者契約法の適用について，消費者契約法1条を引き合いに出しながら，介護契約は消費者契約法の適用対象であるとする[83]。すなわち，消費者契約法1条に定める「『消費者』とは個人（事業として又は事業のために契約の当事者となる場合におけるものを除く）を言い，『事業者』とは，『法人その他の団体及び事業として又は事業のために契約の当事者となる場合における個人』をいう。そして消費者契約法にいう『事業者』は営利法人に限られない。これらのことを踏まえて介護保険契約について見てみると，要支援者あるいは要介護者は個人であり，かつ介護保険契約を締結する目的は事業のためではありえないから，同法にいう消費者に該当する。また他方当事者である事業者は，介護保険法上原則として法人であり，例外的に法人でない場合であっても事業として介護サービスの提供を行う者であることから，ここにいう『事業者』に該当する」とする[84]。このように解すると，介護契約が民法上いかなる契約であるかと断定することが必要な条項が，消費者契約法上出てくる。すなわち，消費者契約法10条である。消費者契約法10条は，「消費者の不作為をもって当該消費者が新たな消費者契約の申込み又はその承諾の意思表示をしたものとみなす条項その他の法令中の公の秩序に関しない規定の適用による場合に比して消費者の権利を制限し又は消費者の義務を加重する消費者契約の条項」について，消費者の利益を一方的に害する条項の無効について定める条文であるが，四ツ谷は，「問題となる契約を準委任型の契約とするのか，あるいは請負型の契約とするのかによって，判断基準とすべき『民商法上の任意規

---

(82)　本澤・前掲注(17) 174頁。なお，本沢は，契約トラブル全般を解決する仕組みとして，オンブズマン制度を想定しており，オンブズマンは，成年後見制度を補完する仕組みとなりうることも示唆している（本澤・前掲書174頁）。

(83)　四ツ谷有喜「介護保険契約の消費者契約性」法政理論39巻3号（2007年）313頁。

(84)　四ツ谷・前掲注(83) 313頁。同様の記述は，岩村・前掲注(17) 19頁にも見られる。

定』が異なるといえる。役務提供型の契約については，通常，仕事完成義務を観念しうるか否かという観点から準委任型に属するのか，あるいは請負型に属するのかという判断がなされるが，介護を目的とするサービス契約の中には，提供するサービスの性質上，仕事完成義務を観念しうる場合には部分的に，ここにいう『民商法上の任意規定』は請負契約に関する規定を指す場合もありえよう」と述べている[85]。

　2007年の岩村の論考では，消費者契約の観点から，介護サービスの利用契約締結過程の特質を論じる中で，介護契約の性質について次のように述べる。すなわち，「サービス利用契約の具体的内容が，実際には，事業者が予め作成した不動文字による書面によって定められることである。事業者が，いわゆる『約款』を作成し，それが契約内容となるのである。この点で，サービス利用契約は，附合契約の性格を持つ。事業者は，約款に定めた条件以外の個別的な条件を受け入れることは稀であるから，契約締結過程といっても，当事者間で，一つ一つの契約条項ごとに，互譲を伴う交渉が行われるわけではない。利用者が，相対している事業者を気に入って，約款で提示された契約条件全体を包括的に受け入れ，当該事業者を契約相手として選ぶかどうかだけが問題となる」と指摘している[86]。そして，「附合契約性のある利用契約」だからこそ，「重要事項開示文書や契約書の作成者である事業者が，自らに一方的に有利な条件を定めた条項を挿入する可能性がある」とする[87]。しかしながら，「介護保険や，障害者自立支援サービスでは，サービス利用契約の根幹である，サービス内容とその対価とが，事業運営基準や介護報酬基準等で定められているので，この面で不当条項が問題となることはあまり考えられない」としている[88]。

(2)　行政法的側面で論じるもの

　行政法分野からの代表的な研究として，2003年の原田の研究が挙げられる。

---

(85)　四ツ谷・前掲注(83) 324頁。

(86)　岩村・前掲注(28) 31頁。

(87)　岩村・前掲注(28) 37頁。

(88)　岩村・前掲注(28) 31頁。

原田は，福祉契約の中に，2012年子ども子育て支援法（以下「支援法」とする）導入前の保育所入所契約，介護保険サービス利用契約（介護契約），支援費方式に基づく契約（障害者福祉契約）を入れ，保育所入所契約は，「行政の現物給付原則を法律上維持し，利用者側と行政とが契約を締結するもの」であり，介護契約・障害者福祉契約は「行政の役割を費用保障に変更し，給付決定と契約関係とを完全に分離しているもの」として，行政法の視点から，介護契約・障害者福祉契約を論じている[89]。

　そして，介護契約・障害者福祉契約は，給付決定という行政行為と契約が結合したものであり，「給付の実体要件を法定することで制度の概観性を確保し，受給権を安定させることができる行政行為の利点と，利用者による選択権や給付内容形成権を確保する契約の利点とを両立させるためにとられたもの」としている[90]。その上で，介護契約や障害者福祉契約の契約内容となる，ケアプランは「個人を対象として契約締結や支援の実施などの個別行為を調整する給付計画の性格を持」ち，「利用者個人のニーズを給付内容に確実に反映させることを制度的に保障するために現行法が採用した規律技術」とする[91]。また，「福祉契約の内容形成を適切に行うため，……運営基準や報酬基準といった行政基準によるコントロールが大きな役割を果たしている（運営基準中心主義）」とした上で，この行政基準に契約に関する規制，例えば，重要事項説明や身体拘束の禁止といった，契約締結過程および契約内容に対する規制を盛り込んでいる点を指摘する[92]。加えて，この運営基準中心主義の4つの消費者保護的機能についても言及する。すなわち，(a)「運営基準の要件を満たさない不適格事業者を提供者市場から排除する」役割を持っていること，(b)「報酬基準で統一的な報酬を設定することにより，利用者の交渉力の弱さから不当な金額の対価を支払うことを防止できる」こと，(c)「社会保障審議会への諮問手続（介護保険法41条5項等，74条3項等）だけで足りる報酬基準や運営基準の方が，報酬や給付内容を行政と提供者と

---

(89)　原田大樹「福祉契約の行政法学的分析」法政研究69巻4号（2003年）771頁。
(90)　原田・前掲注(89) 780頁。
(91)　原田・前掲注(89) 784頁。
(92)　原田・前掲注(89) 788頁。

の間で個別に決定したり私法的効力を伴う福祉契約規制立法を行うよりも迅速に対応可能である」こと、(d)「サービスの総量が不足している現段階で事業者に不利な民事ルールを導入することは、事業者育成の観点から好ましくない」こと、である[93]。しかしながら、この運営基準中心主義の問題点を3つ挙げる。すなわち、(a')「行政による規制や監視が行き届いていれば利用者の利益保護は十分になされるはずである」が、実施にはそうなっていないこと、(b')「運営基準の法的性格が不明確であ」り、「福祉契約に関する民事紛争の解決に運営基準を援用することが可能なのかは不透明である」こと、(c')「運営基準により福祉契約の内容形成を一律に行うため、利用者側や提供者側の意向を反映した給付内容形成の自由度が意外なほど低い」こと、である[94]。

　これらの検討を踏まえた上で、原田は、「一般的な民事契約には見られない福祉契約の特徴」を次の3つとしている。第1に、「行政行為である給付決定がサービスの必要性の総枠を決定し、この枠内で契約関係が展開されるという構造的特色」、第2に、「利用者の選択権を保障するための行政過程が発達しつつあり、福祉契約はこうした周辺的行政制度の整備を基盤として成立している点」、第3に、「福祉契約の内容形成が適切に行われるように給付提供法による内容コントロールがなされている点」である[95]。

　また2008年の豊島の論考では、介護契約と障害福祉サービス利用契約を取り上げた上で、「介護保険法に基づく契約化」は、「措置決定という単一の行政作用によって各当事者の法律関係が直ちに形成されるわけではな」くなり、利用者の権利保障過程を変化させたとする[96]。そして、このような状況下において、行政には、指定事業者に対する指定を通じた監督・規制、措置権者としての適切な措置発動、民間によるサービス供給撤退時の利用者保護の役割があるとする[97]。

---

(93)　原田・前掲注(89) 789頁。

(94)　原田・前掲注(89) 789-790頁。

(95)　原田・前掲注(89) 804頁。

(96)　豊島明子「福祉の契約化と福祉行政の役割」名古屋大学法政論集225号（2008年）186頁。

(97)　豊島・前掲注(96) 200-208頁。

(3)　福祉契約論から論じるもの

　福祉契約論は、「社会福祉基礎構造改革以降の議論」であり[98]、その議論が始まってから 20 年ほど経過しているものの、ここ数年はあまり議論がなされず、あまり深化していない状況である。しかしながら、介護契約は、民法分野においても、行政法分野においても、その法的性質を論じることにはかなりの困難が伴う。そこで、介護契約の独自性を踏まえた法制は望まれるところであり、検討されてしかるべき議論である。本書では、ひとまず、福祉契約論の一定の到達点に確認しておきたい。

　「福祉契約」という言葉が登場したのは、2000 年の大曽根の論考や 2001 年の額田の論考であろう[99]。額田は、福祉契約の対象として、社会福祉事業に該当する事業のサービス利用契約および老人福祉法 29 条に定める有料老人ホームの利用契約を念頭におき、その特性について、利用者の生命・健康と生活を支えること、継続的であること、利用者と事業者の交渉力・情報収集力・分析力の格差、契約の手法が「借用」であること、単純な資本の論理が貫徹しないことから、「一般の商品取引契約とは異質な契約である」としている[100]。だからこそ、「古典的契約像は妥当せず、従来の契約法理は修正を余儀なくされ」、憲法 25 条・13 条から導かれる理念、社会福祉法等の目的・理念、サービスの公共性・専門性を根拠に、契約上の義務として、公正義務・透明化義務・苦情解決義務の 3 つの義務が課され、この義務が公序良俗の内容をなし、「消費者契約法上の不当条項に当たらない場合であっても、福祉契約では公正義務に反する不公正な条項は無効」とする[101]。

　額田の論考が口火となり、福祉契約論に関する論考が次々と出された[102]。

---

(98)　小西知世「福祉契約の法的関係と医療契約」社会保障法 19 号（2004 年）101 頁。

(99)　額田洋一「福祉契約論序説」自由と正義 52 巻 7 号（2001 年）14-21 頁、大曽根寛『成年後見と社会福祉法制』（法律文化社、2000 年）。

(100)　額田・前掲注(99) 14-16 頁。

(101)　額田・前掲注(99) 16-20 頁。

(102)　福祉契約、介護契約に関する論考については、第 1 章脚注(12)を参照のこと。なお、特に福祉契約と題して論じるものとしては、秋元美世「福祉契約の特質と課題をめぐって」岩田正美監修『リーディングス日本の社会福祉　第 5 巻　社会福祉の権利と思想』（日本図書センター、2010 年）404-410 頁、平田厚「福祉契約に関する理論的諸問題」国民生活研究 49 巻 1 号（2009 年）1-14 頁、小西啓文「福祉契

そして，これらの論考の中で真っ先に問われたことは，福祉契約の射程，その範囲であった[103]。その状況について，2003 年 11 月 2 日に関西大学で開催された，日本社会保障法学会第 44 回大会シンポジウム「社会福祉と契約」における小西報告では，次のように述べる[104]。

　現在の福祉契約論の議論状況からすれば，まず“福祉契約”をどのように定義づけるかが問題となろう。そして，この問題を検討するに際しては，当該定義の射程範囲をいかに設定するか，が重要な焦点となる。当該定義の射程を広くとり，給付サービスを目的とする契約を全て福祉契約とするならば，福祉契約には，社会保障と関係あるものだけではなく社会保障と無関係に成立するものまでが含まれることになろう。そして社会保障と関係のあるものには，保育所入所契約のように行政の現物給付原則が法制度上維持され，利用者と行政とが契約を締結するものと，介護契約や障害者福祉契約のように行政の役割を費用保障に限定し，給付決定と契約関係とが完全に分離されているものとが含まれることになる。

　（中略）学説が……各々想定する契約という面では，社会保障と関係のある介護契約や障害者福祉契約だけをその射程とするもの，それら 2 つの契約に加え現物給付原則を維持している保育所入所契約をも想定するもの，ひいては社会保障とさほど関係なく成立するであろう有料老人ホームの利用契約を視野に収めているものまで，かなり幅がある。

に対する内容規制と消費者団体訴訟」63 巻 2530 号（2009 年）44-49 頁，山田晋・前掲注(34) 67-121 頁，鳥野猛「社会福祉における福祉契約の課題——第三者評価事業の有効性と意義」滋賀文化短期大学研究紀要 14 号（2004 年），49-65 頁，尾里育士「福祉契約関係における福祉サービス利用者」浜松短期大学研究論集 60 号（2003 年）139-150 頁，笠井修「福祉契約におけるサービスの『質』の評価」35 号（2003 年）35-60 頁ほか。また，特集として，『賃金と社会保障』（旬報社）による 1368 号（2004 年）〜 1369 号（2004 年）がある。なお，福祉契約というと，保育サービスや障害者福祉サービスも対象となるため，前者については，山下慎一「福祉契約上の応諾義務違反における締約強制と契約自由：子ども・子育て支援法 33 条 1 項を例として」福岡大學法學論叢 63 巻 3 号（2018 年）705-742 頁や大曽根寛＝奥貫妃文「障害者をめぐる福祉契約と権利擁護の課題——行政機関・障害者施設等を対象とした調査を通して」放送大学研究年報 23 号（2005 年）1-18 頁といった論考もある。

(103)　丸山絵美子「ホーム契約規制論と福祉契約論」岩村正彦編『福祉サービス契約の法的研究』（信山社，2007 年）53 頁。

(104)　小西・前掲注(98) 101-102 頁。

　　このような議論状況から，福祉契約の論者の間には，福祉契約というものに対する普遍的なイメージあるいは確立した概念というべきものが存在していないのではないとの感を受ける。

　以上の指摘は，当時の議論の混乱の状況を言い得ており，まさに福祉契約論自体が乱立している様子をうかがい知ることができる。

　議論が一定の収束を見せつつあった2007年に，丸山は，福祉契約論の現状を整理した上で，有料老人ホームの利用契約の議論と比較して，以下のように述べる[105]。すなわち，これまでの福祉契約論の議論の状況は，(a)「消費者保護の視点とそれを上回る要素（福祉契約論の必要性）の指摘」と，福祉契約の特徴に基づく，必要な支援のあり方や支援にあたっての基本的な考え方についての議論，(b)情報処理能力や理解力が事業主よりも劣位する利用者に対する，契約締結前の十分な情報提供と説明の確保に関する議論，(c)運営基準やモデル契約書などにより，「法律による規制とは異なる形で，契約の締結や内容形成に関する自由が制限されて」おり，それらの制約とそれを克服する方法についての議論，(d)「量の確保・質の評価・苦情処理システム」に関する制度の必要性についての議論，(e)「消費者契約法に上乗せする福祉特別法」などの福祉契約法を具体的に構想する議論という5つに分類できるとする[106]。そして，福祉契約論におけるこれらの議論の意義について，次の2点を挙げている。1つは，契約的発想へのなじみのない社会福祉サービス提供の実務において，契約法理や消費者契約法，消費者保護法理を浸透させ，実務・制度・理論を検証することを要請した点，もう1つは，商取引や消費者契約一般にはみられない，社会福祉サービス契約に対する要請がある点，である[107]。特に後者について，例えば，「契約締結強制，事業廃止の制約，成年後見制度を超えた契約締結支援の必要性，給付決定システム，介護報酬の定額化・給付内容の定型化などは，当該社会福祉サービスを必要としている人に，契約方式を採用したことによって阻害されることなく，平

---

(105)　丸山・前掲注(103) 53頁。
(106)　丸山・前掲注(103) 55-61頁。
(107)　丸山・前掲注(103) 62-63頁。

等かつ迅速に一定のサービスが提供されるべきであるという視点から要請されている特徴及び手当として位置づけることができるのではなかろうか」と述べている[108]。

　以上のように，福祉契約論自体が「措置から契約へ」の流れのなかで生まれてきた新しい議論であるが故に，福祉契約論を唱える論者の中でも，その定義・射程にばらつきがみられる。しかし，丸山が指摘するように，ここで想定されている福祉契約は，「社会的に弱い立場にある者への支援に係る契約全般あるいは社会全体の幸福に資する契約といったかなり広い射程を有する福祉の定義は念頭に置かれておらず」，「社会福祉法 2 条にいう社会福祉事業に係る社会福祉サービスの利用契約」という点に共通項を見出すことができよう[109]。それでもなお，「社会福祉法 2 条にいう社会福祉事業に係る社会福祉サービスの利用契約」は，高齢者，障害者，子どもを含む社会福祉サービスを対象とするため，広範にわたり，この中から介護契約の特殊性をいかに考えるかが問題となろう。

3　先行研究からの示唆

　以上，民法（消費者契約法），行政法，福祉契約論において論じられる介護契約ないし福祉契約の法的性質に関する議論を見てきたが，民法においては，典型契約あるいは非典型契約に位置づけようとするもの，行政法においては，給付決定という行政行為と契約が結合したとするものがある。福祉契約論においては，現行法の限界を指摘しつつも，契約当事者の性質から，消費者保護法を上回るような独自の規制の必要性を主張するものや，法規制に限らず，質の保証・支援といった制度の創設を目指すものがある。

　とはいえ，どの側面から論じたとしても，介護契約は既存の契約類型ないし行政類型とは異なる面を有すること，そして，現行法上，契約と解さざるを得ないにしても，それは法技術的なものであることが[110]，3 つのアプ

---

(108)　丸山・前掲注(103) 63 頁。
(109)　丸山・前掲注(103) 61 頁。
(110)　山田の言葉を借りるならば，「外形は『契約』という容姿を採るが，……サービス供給者との間に設定するシステムである。そこでは意思の合致によって契約が成

ローチからの1つの到達点であるようにも思われる。そして，こうした従来の法律では規程できない介護契約の法的性質を踏まえ，介護契約の次の特徴から，説明義務や助言義務，ないし情報提供義務，苦情解決義務あるいは，行政による統制を規制のあり方として導いている。その特徴とはすなわち，利用者と事業者の消費者契約を上回る非対称性，利用者の生活の維持（あるいは生命・尊厳の維持）の必要性，法律や運営基準等による内容統制，措置という行政の権限から制度転換した利用者選択性である。

　これらの介護契約の特徴を考慮に入れたとき，その法的性質がいかなるものかということよりもむしろ，法的性質を踏まえた上で，その欠点を補うためにはどうしたらよいのか，あるいは，事業者等に対する規制枠組みをどのように捉え，どうあるべきかを論じることを重視する論考が多いという点に，着目すべきであろう[111]。その要因として考えられるのは，介護契約そのものの成り立ち，つまり，その契約当事者と想定されている者が，介護を必要とする高齢者であり，その高齢者に対しサービスを提供するのが事業者であるという点に帰結できよう。とすれば，当然の前提となっているこの契約当事者について，本当にそう理解してよいのか，すなわち，本当に介護契約の当事者は，高齢者本人と理解してよいのか，という検証も必要となってこよう。

第4節　介護契約の契約当事者——家族との関係から

1　先 行 研 究

(1)　介護契約にまつわるもの

　介護契約の契約当事者について考察する論考もあまり多くない[112]。その理由として考えられるのは，本章第3節で概観したように，介護契約の法的性質を決定するにあたり，自ずと契約当事者である高齢者本人と事業者を想

立し，契約内容が確定することが眼目ではない」ということになる（山田晋・前掲注(34) 117頁）。

(111)　ほとんどの論考が，介護契約そのものの性質を論じるというよりも，法規制や法主体，それから派生する問題点や解決策を論じている。

(112)　福祉契約論の視点からも，契約当事者についてはあまり言及がない。というのも，福祉契約の契約当事者については，保育サービスにおいても，障害福祉サービ

定することとなるからである。一方当事者が事業者であることは，介護保険法上ある意味当然のことである（介保法 8 条）。しかし，もう一方の契約当事者である高齢者本人は，介護契約の性質を決定するにあたり重要な役割を担っており，この本人が契約という性質上「弱者」であるから，特別な法規制ないし，保護が必要だという論調になる。したがって，必ずしも高齢者本人以外の契約当事者を想定することにはつながらないため，あえて，契約当事者について検討する必要がないように思われる。この点，新井は，介護保険の仕組み上，契約当事者はサービス提供事業者と利用者であり，利用者が介護保険契約を適切に締結するだけの能力を既に喪失している可能性があるからこそ，成年後見制度が必要とする(113)。

　しかしながら，本書で後に明らかにするように，介護サービスの契約をする現場では，家族が代わって契約をする，いわゆる代行行為が見られたり(114)，また，介護サービスの提供が，家族から介護の負担をなくす役割を果たすことから，このような状況の中で，介護契約の契約当事者をどう考え

スにおいても，制度上措置制度が長らく続き，公的な文書において「契約」である旨が明示されたのはつい最近のことだからであろう。加えて，福祉契約の中に包摂される保育サービスについては，保育サービス自体を享受するのが，子どもとその保護者であるとしても，契約当事者自体は保護者であることに異論はないであろう（七光保育所事件：松江地裁益田支部昭和 50 年 9 月 6 日決定判時 805 号 96 頁など）。仮に，契約当事者を子どもと考えるにしても，保護者は民法上の親権に基づいて，契約を締結していると説明することが可能であるので，この点で契約当事者性が議論になることは皆無であろう。

　障害福祉サービスに関しても，サービスを享受しているのが障害児である場合には，保育サービスと同じ説明をすることが可能であろう。問題は 20 歳を超えた障害者の場合である。障害者自身が 20 歳を超えることで親に権限がなくなることを指摘するものも多いが，だからこそ成年後見制度を活用すべきという論調となり，契約当事者が誰かという問題にはなりにくいと思われる。

(113)　新井誠「介護保険契約と成年後見」自由と正義 51 巻 6 号（2000 年）23，25 頁，新井・前掲注(29) 85 頁。

(114)　品田は，モデル契約書において，こうした事態を想定し，「家族・親族利用者に近しい者を契約当事者とした雛型（三者間契約）を提示するもの」の存在を指摘する。その上で，法の趣旨との整合性を保つという意味では有効だが，「三者間契約とされる場合と当事者同士の契約とされる場合との相違は，文脈の違いに留まるとともに，他のモデル契約書の場合には署名代行者（代理人）ないしは立会人を求めており，実質的な意義は小さい」としている（品田・前掲注(35) 70 頁）。

るかは，実は重要な課題であると思われる。

　この課題に正面から取り組んだ論考として，2000年の清水の論考がある[115]。清水は，契約当事者の検討にあたり，まず，介護サービスを享受するための介護保険の申請から，その当事者性を検討している。つまり，現行，介護サービスを享受するためには，要介護認定を受ける必要があり，そのためには市町村に対する申請が必要である（介保法7条）。したがって，この申請を行う者について，まずは当事者性を検討しているのである。清水は，本人申請の原則が取られているものの，「要介護者の意思とは無関係に行われて」おり，「申請窓口である市町村においては本人意思確認はノー・チェックであり，法的には無権限の家族による申請が日常化している」点を指摘し，「要介護者本人の当事者性（契約意思の不存在）が疑われる」としている[116]。次に，この申請を踏まえたケアプランの作成において，ケアマネジャーに作成を委託することが常態化している現実に着目する[117]。そして，いずれのサービス提供にあっても，「同居家族の生活と全く無関係に行われるものでない以上，契約主体が同居家族を含んだものでなければ現実的でない。同居家族と全く没交渉のまま在宅サービスの提供が行われ得ると考えることは，特殊な例外を除けば，そもそも無理」であり，そのため，「要介護者本人の主体的な意思に基づく『契約』がおこなわれるはずがない」と断じている[118]。そして，「要介護者本人の意思のみに基づいて締結可能な契約は，本人が一人暮らしの場合の訪問・通所サービスや，特定施設入所者生活介護……，そして福祉用具貸与等の程度」にすぎないとしている[119]。これ

(115)　清水幸雄「介護保険契約と当事者能力──介護保険契約の当事者は誰か──」清和法学研究7巻1号（2000年）1-24頁。

(116)　清水・前掲注(115) 5-6頁。

(117)　ケアマネジャーによる介入に関する指摘は，四ツ谷による指摘もある（四ツ谷有喜「介護保険契約をめぐる契約環境」辻谷みよ子＝河上正二＝水野紀子『ジェンダー法・政策研究叢書第12巻男女共同参画のために──政策提言』（東北大学出版会，2008年）417-418頁）。

(118)　清水・前掲注(115) 7-8頁。

(119)　清水・前掲注(115) 8頁。この後，介護保険外のサービス，いわゆる横出しサービスについても検討し，本来は契約自由の原則にあるこのサービスも，事業者やケアマネジャーによる「実質的強要」が懸念されているとしている（前掲論文・8-9

らの結果として，清水は契約主体について，次のように結論づける。すなわち，「契約締結における自己決定能力の存在の仮想は，通常契約事後の著しい心身等の変化が生じない限り，契約内容の履行の監視，および債務不履行に対する法的権利の行使能力の存在をも仮想するものであり，一般的な『権利擁護』の必要性の強調は，自己責任・自己決定の論理とは明らかに矛盾する。契約の常態が，権利擁護のための保護機関を必要とし，かつ『介護の社会化』の要請の下に介護者の負担の解消・軽減をめざすものであるとすれば，契約主体はむしろ『家族』そのものであることが望ましい」とする[120]。とはいえ，清水自身も，契約主体を家族とみたとしても，現行行われている契約等を鑑みると，「『第三者のためにする契約』以外の法理は見当たらない」としており，この場合，「家族と事業者との間で介護サービス契約が締結されたとしても，要介護者に受益の意思表示をするだけの能力が必要になることから，結局は無理にでも被成年後見人等と位置付け後見人を選任してもらうほかはない。とすれば，要介護者に『意思能力があることにする』か，裁判所で手間暇をかけるかの選択肢しかないわけで，前者を回避するとすれば成年後見人を選任する方がベターである」と述べている[121]。

　以上のように，介護契約において契約当事者性が問題となるのは，第1に，介護が家族と切っても切り離せないという現状と，第2に，介護を必要とする高齢者に，必ずしも意思能力が備わっているとは限らないという場合がある点，第3に，申請やプラン作成にあたる行政・福祉専門職の関与という3点に集約されよう。

　これらの3点が共通する，そのほかの同様の契約関係，例えば，先行する研究の蓄積が多い，医療契約ではどのように理解されているのだろうか。

頁）。

(120)　清水・前掲注(115) 12頁。

(121)　清水・前掲注(115) 13頁。このような状況を踏まえ，清水は，「成年後見人制度との組み合せによって初めて有効に機能するのであるとすれば，少なくとも認定申請を受け付ける市町村は，代理権限の裏付けがない限り認定申請書を受理するべきではなく，仮に裏付けのない認定申請を受理するとすれば，その後行政の判断と責任の下に，任意代理権の存在を認定するか，裁判所による成年後見人制度の活用を図るように取り扱いを改めるべき」とする（清水・前掲論文・16頁）。

(2)　医療契約にまつわるもの

　医療契約において法主体が問題となる状況は，患者本人が事故に遭い，何ら意思表示ができない状態で，手術が必要になった場合や，治療やリハビリにあたって，本人の方針と家族の方針とがぶつかる場合などである。そうした場合に，医療機関と医療契約を締結することとなった患者本人と家族・親族との関係をどのように捉えるかについては，以下4つの学説・裁判例がある。

　第1に，親権者や後見人が，利用者によって，明示または黙示に代理権を授与され，その法定代理権を行使して，契約を締結すると考える説（法定代理説）(122)がある。第2に，親権者や後見人が要約者，サービス提供者を諾約者，利用者本人を受益者とする第三者のためにする契約が成立すると考える説（第三者のためにする契約説）(123)がある。第3に，親権者，その他の監護義務を負う者がその義務履行として，医療機関と診療契約を締結し，医療機関はその監護義務の履行代行者として診療に従事すると考える説（不真正第三者のためにする契約説）(124)がある。第4に，法定代理人自身と医療機関

---

(122)　辻伸行「医療契約の当事者について」獨協法学31号（1990年）149頁，西井龍生「医療契約と医療過誤訴訟」遠藤浩＝林良平＝水本浩監修『現代契約法大系第7巻』（有斐閣，1984年）159頁，門脇稔『医療過誤民事責任論』（酒井書店，1979年）179頁。裁判例としては，患者本人について緊急に虫垂切除手術が必要となり，患者本人が未成年の場合に，その両親が法定代理人として診療契約を締結したとするもの（最高裁第三小法廷平成8年1月23日判決民集50巻1号1頁）がある。

(123)　岩垂正起「診療契約」根本久編『裁判実務大系第17巻医療過誤訴訟法』（青林書院，1990年）29頁。なお，ここでは，患者が行為能力を有していない場合を想定している。患者が意識不明又は保護離脱状況にある場合で，家族・親族がいる場合には，日常生活の中でその患者から与えられていた代理権に基づいて行ったと考えるとしている（前掲書・31頁）。古軸隆介「第三者のためにする契約」遠藤浩＝林良平＝水本浩監修『現代契約法大系第1巻』（有斐閣，1983年）138頁，宇都木伸「医療契約」広中俊雄＝龍田節編『契約の法律相談2』（有斐閣，1978年）115頁。裁判例としては，出産に関する医療契約を子の出生を条件として，母の安全娩出の確保等を内容とする準委任契約（第三者のためにする契約）が成立し，子の受益の意思表示は，子の出生の時点で，子の法定代理人である父母により黙示的になされたとするもの（長崎地方裁判所平成11年4月13日判決判タ1023号225頁）がある。

(124)　新美育文「診療契約論では，どのような点が未解決か」椿寿夫編『講座現代契約と現代債権の展望6・新種および特殊の契約』（日本評論社，1991年）253頁。裁判例としては，医療機関と親権者の間に，子の診療を目的とする診療契約（準委任

との間で，患者本人を受益者とする第三者のためにする契約が締結されるとともに，法定代理によって患者本人と医療機関との間に診療契約が締結されるとする説（重畳的契約説）[125]がある。

それぞれの学説については，次のような指摘がなされている。法定代理説に対しては，不真正第三者のためにする契約説の立場から，「意思能力のない患者を契約当事者として捉えることは，その者に対してなされる診療行為が患者以外の者の意思決定によって実施されているという事実をかえって隠蔽することになり，右意思決定に対する社会ないし法による監視を潜脱する口実を与えかねないし，また，診療契約のような患者の一身専属的な事柄にかかる事項について，親権者，後見人あるいは配偶者の有する法定代理権ないしそれに準ずる代理権が及びうるのか疑問であ」るというものである[126]。

第三者のためにする契約説に対しては，不真正第三者のためにする契約説の立場から，「意思表示をなすべき時点において意思能力を備えない者について，意思表示があったとすることは，それが明示的であっても，黙示的であっても，論理的に矛盾」する。あるいは，「受益の意思表示の存在を推定するという構成も考えられるが，一時的な意思無能力に陥った患者については用いることが可能であるとしても，そうでない場合には，推定の根拠を見出すことが困難である」といった指摘[127]がある。そして法定代理説の立場からは，「[受益の意思表示を不要とする特約]が有効であるとの前提をとった場合には，親権者・後見人の法定代理人が意識・意思能力のない子・被後見人のために契約を締結するのであるから，通常受益の意思表示不要の特約が黙示になされているとみることが可能であろうし，また，特約が無効であるという前提に立つとしても，受益の意思表示を一身専属権とみなければならない必要はない……問題は，親権者・後見人が第三者のためにする契約を

契約）が成立したとし，子の受益の意思表示については，何ら触れていていないもの（東京地裁八王子支部昭和 62 年 3 月 2 日判決判タ 652 号 217 頁）がある。

(125)　野田寛『医事法（中）』（青林書院，1987 年）381 頁。ただし，産婦本人についての分娩解除を目的とした通常の診療契約と新生児の診療を目的とした第三者（新生児）のためにする契約について，重畳的に締結されると解している。

(126)　新美・前掲注(124) 159 頁。

(127)　新美・前掲注(124) 253 頁。

締結する意思を有していると常にみてよいかである」という指摘[128]がなされている。

不真正第三者のためにする契約説に対しては，法定代理説の立場から，「医療を受けるか否か，また，どのような医療を受けるかは，患者本人の意思が尊重されるべきで他人の意思決定に委ねることのできる問題ではない。」とはいえ，「患者本人の意思を契約締結に係らしめえないのは，［法定代理］説と同じ」という批判[129]がなされている。

重畳的契約説については，その適用場面を新生児の出生に限定して主張されているため，医療契約全般にわたる理論かどうかについては疑いがあろう。

以上，医療契約における当事者関係の議論を整理すると，代理にせよ，受益の意思表示にせよ，あくまでも患者本人の意思を何らかの形で擬制し，家族・親族が本人の代わりに意思決定にかかわることになる。擬制することができるのは，後に患者本人の意思能力が回復する可能性があり，意思を確認することができるからであり，また，人命にかかわるという緊急性があるからであると思われる。

2　介護契約の契約当事者

(1)　先行研究からの示唆

以上の議論を踏まえ，介護契約の契約当事者について，今一度考えてみたい。仮に，契約当事者が高齢者本人以外の者とした場合の法的構成は，医療契約における議論を見てみると，法定代理説，第三者のためにする契約説，不真正第三者のためにする契約説という3つの構成が取られることになろう。

まず，法定代理説によると，他説によって指摘されていたように，高齢者本人以外の者の意思決定に基づいて契約が履行されるという事実を，隠蔽することには変わりがない。加えて，介護契約は，医療契約と異なる側面を持つ。確かに，介護サービス自体は，高齢者本人に提供されなければ，契約の意味をなさないという意味で，一身専属的な事柄である。その一方で，介護そのものは日常生活に大きくかかわるものであり，家族・親族の協力や支え

---

(128)　辻・前掲注(122) 160頁。
(129)　辻・前掲注(122) 159頁。

があってこそ実現可能であることも，否定できない事実である。そうした協力や支えによって，日常を形づくっていくという性質があることから，医療契約と異なり，おおよそ一過性のものではなく，継続的な性質を有することになる。そうした継続のなかで，高齢者本人の意思を一時的にでも，あるいは一部分でも確認することができるのではないだろうか。そうであれば，代理という構成をしてまで，契約の締結をする必要があるのかどうか，また，この協力や支えということが，そもそも「代理」になじむものなのかどうか，という疑問が生じる。

　次に，第三者のためにする契約説によると，介護契約においても同様に，高齢者本人の受益の意思の存在が問題となる。つまり，この説では，高齢者本人の受益の意思を，明示的あるいは黙示的に擬制することになる。しかし，サービスの提供，すなわち契約の履行によって利益を得るのは，本来的には高齢者本人であるものの，同時に，家族・親族は，介護（世話）負担が減少するという利益もまた生じる。ここで，高齢者本人が希望するサービスと家族・親族が必要と考えるサービスが一致しないことも十分あり得る。さらに，ケアマネジャーが必要だと考えたサービス内容と高齢者本人，あるいは家族・親族が必要だと考えたサービス内容が異なっていた場合，必ずしもそのサービスについて契約を締結しなくてもよい。つまり，受益の意思表示を必ずしも擬制できないことになり，当然，受益自体をしないという高齢者本人も存在しうることになろう。

　また，不真正第三者のためにする契約説においては，高齢者本人の受益の意思を問わないものの，他説が指摘するように，家族・親族の監護義務に基づいて契約締結を行うため，法定代理説と同様，高齢者本人以外の者の意思決定に基づいて，契約締結がなされるという事実が残る。さらに，繰り返しになるが，介護サービスが提供されると，高齢者本人のみならず，家族の介護（世話）負担が減少するという利益をもたらす。そこで，高齢者本人の意思を無視していること自体，高齢者本人と家族・親族の利益相反になる可能性を否定できず，問題が大きいと思われる。

　となると，法的構成からすれば，契約当事者を高齢者本人以外の者とすることは，かなり難しいということになるだろう。

(2)　介護契約の契約当事者

　これまでの検討からすれば，介護契約の契約当事者は，まずは高齢者本人と解されるべきであろう。もちろん，家族・親族は，介護契約を締結することで，自らの介護（世話）負担が減るという利益を享受する主体になりうる。しかしながら，次章で検討する一連の調査，とりわけ聞き取り調査において多く聞かれたのは，家族・親族は何らかの法律的な意味を持ち，家族の意思を反映しようと考えて署名をしているというよりも，あくまでも高齢者本人の代わりとして，あるいは，本人に成り代わって署名をしているという感覚を抱いているにすぎない。したがって，家族・親族が契約締結にかかわる行為自体は，本人の代わりであるという点で，本人のためにする契約であり，そのことが結果的に（反射的利益的に）家族・親族の介護負担が軽減するという点で，家族・親族のためにもなる契約でもあり，この意味では，自己と他者のためにする契約ということができよう。

　当然ながら，この結論は，こういった契約類型があるわけでもなく，現行民法上で説明するのはやはり難しい。また，高齢者の自己決定を尊重し，高齢者本人が「契約」によって介護サービスを享受することとした，介護保険制度のそもそもの趣旨を汲まない可能性がある。とはいえ，現状では，介護保険制度において語られる「自己決定」の理念と，実社会における自己決定に，ずれが生じていることは確かである。それを既成概念で説明しようとすることはかなり困難である。

　また，自己決定の理念という点からすると，家族・親族と同居している高齢者本人が，なにがしかの決定をする際には，家族・親族に対する配慮としてなされる場合にでも，遠慮としてなされる場合でも，家族・親族をまったく離れての自己決定ということはないと想定している。高齢者本人の決定を尊重するということは，決して，意思決定段階における家族に対する配慮や遠慮を排除しているのではない。ただし，筆者は，こうした結論が必ずしも望ましいと考えているのではない。それは，高齢者本人の意思が，配慮からなされたものなのか遠慮からなされたものなのかは，実際のところ本人でなければ分からないからである。

　したがって，現在の介護保険制度を考える場合，関連法令が契約当事者を

高齢者本人とした趣旨を，まず尊重すべきであると考える。その上で，介護において主要な主体である家族を，同時に契約当事者として捉えるべきかどうか，家族・親族の位置づけをより明確にした法制度の整備，ならびに運用の徹底が必要であろう。さらに，明らかに家族・親族が高齢者本人の意思を離れて契約をする，あるいは，高齢者本人と家族・親族の間に，高齢者本人の利益を害するような利益相反がある場合[130]には，介護保険法および成年後見制度が創設された趣旨から，家族・親族の関与をできるだけ退け，福祉的な観点から，市町村ならびに福祉関係者らの関与によって，契約を実現すべきであろう。こうした意味で，介護契約は，契約当事者のみではなく，第三者による関与，すなわち市町村ならびに福祉関係者の関与が望まれ，それによって成り立つ契約であるといえよう。

(3)　家族・親族の法的地位

　こう考えてみるとと，家族・親族の法的地位はいかなるものか，という疑問が生じる。現状においては，民法的な側面からみると，家族・親族による契約については，権限が与えられていない者による法律行為ということになるので，無権代理という構成にならざるを得ない。行政法的な側面からみると，家族・親族の法的位置づけを論じることは困難をともなう。

　そもそも，家族・親族による介護を法的に論じようとすることが難しい。なぜなら，家族・親族による介護を法的に根拠づけるような規定が見あたらないからである。たとえば，現在多くの家族が行っている老老介護の場合，配偶者間では，同居，協力，扶助の義務（民法752条）が課されているが，あくまでもこの義務は「夫婦間において相互に相手方に対して負う義務」であって[131]，介護の義務と定めているわけではない。したがって，法

---

(130)　裁判例では，高齢の母（70歳超）が，長女及びその夫から，約3年余りにわたって，虐待及び暴行を加えられ，その結果左目を失明するなどの傷害を負い，さらには，母が亡夫から相続した預金を無断で払い戻され，総額約8,500万円を費消された事例がある。（東京地裁平成18年4月25日判決判時1943号61頁。）この事例では，長女及びその夫の共同不法行為（民法719条）の成立を認め，損害賠償責任を認めた。

(131)　松尾・前掲注(52) 55頁。

的根拠のない介護について，家族による介護の責任も問いえないこととなる。この点裁判例では，徘徊癖のある認知症の夫（91 歳）が，JR 線路内に立ち入り，衝突事故を起こしたため（夫は事故により死亡），JR 側が列車運行に支障が出たとして，遺族に 720 万円の損害賠償を求めたことに対し，遺族側が不服として裁判を起こした事例（最高裁第三小法廷平成 28 年 3 月 1 日判決民集 70 巻 3 号 681 頁，裁時 1647 号 1 頁，判タ 1425 号 126 頁）がある。本件について最高裁は，介護をしていた妻（85 歳）について，民法 752 条から導かれる義務は，「夫婦間において相互に相手方に対して負う義務であって，第三者との関係で夫婦の一方に何らかの作為義務を課するものではなく，……責任無能力者を監督する義務を定めたものということはできず，他に夫婦の一方が相手方の法定の監督義務者であるとする実定法上の根拠は見当たらない」とし，民法 714 条 1 項に定める「責任無能力者を監督する法定の義務を負う者」に当たるとすることはできないと判断し，認知症の被介護者に対する家族介護者の法的責任を否定している[132]。

　こうなると，家族・親族が介護することについての法的な説明は，現行法上，かなり難しく，法的に説明しようとするのであれば，介護する家族・親族を法的に位置付ける方策が必要であろう。この点，第 3 章第 3 節で検討するが，介護契約の締結に関して，本人と家族が対立したケース（東京地裁平成 28 年 5 月 13 日判決（westlaw 文献番号：2016WLJPCA05138013）[133]）がある。本件は，当初後見相当とされ，後見人もついていたピック症（前頭側頭型認

---

[132]　本件に関する判例評釈は多数でている。例えば，岩村正彦「（社会保障判例研究）責任能力を欠く認知症高齢者による加害行為とその監督業務者の不法行為責任」社会保障研究 1 巻 1 号（2016 年）240-250 頁，金川めぐみ「特集 JR 認知症訴訟最高裁判決　在宅介護の視点からみた認知症高齢者鉄道事故最高裁判決の意義と課題」賃金と社会保障 1666 号（2016 年）4-10 頁，久須本かおり「判例研究　認知症の人による不法行為についての家族の民法 714 条責任［最高裁第三小法廷平成 28. 3. 1 判決］」愛知大学法学部法経論集 208 号（2016 年）189-219 頁，窪田充見「最判平成 28 年 3 月 1 日――JR 東海事件上告審判決が投げかけるわが国の制度の問題」ジュリ 1491 号（2016 年）62 頁ほか多数。

[133]　本件は，X（大正 11 年生まれの男性）が X の長女 Y に対し，Y は X の意思を無視して，X を病院や施設などに入所させた上，退所も認めず，X を監禁状態においたことにより，X の居住移転の自由，身体の自由，自己決定権を侵害したとして，不法行為に基づく損害賠償を請求した事案である。

知症の一種：人格障害が顕著）の高齢者本人が，後に保佐相当と鑑定され，介護施設から退所し，自宅（3階建ての2世帯住宅であり，1階にXと長男が，2階・3階にYら家族が居住）に帰宅することも希望していたにも拘わらず，原告の長女Yに介護施設に強制的に入所させられたとする事案である。ここでは，Xの症状に合わせた入所であり，入所当時「自らの状況を客観的かつ的確に把握した上で，……入所の要否を判断することができなかった」状況であるから，Yによる入所契約は違法なものということはできないと判断されている。本件においては，家族・親族の法的地位が曖昧なまま，介護契約が有効とされており，この点からも，介護契約における家族の明確な位置付けのための立法が必要と言えよう。

第2章　消費者の目で見る介護契約

第1節　介護契約と契約書

1　社会保障法のなかの介護契約と契約書

　前章で検討したように，介護契約に関する規定は，介護保険法にも，社会福祉法にもない。ましてや，現状では，介護契約の際，提供されている契約書自体についてもまた，両法に直接の規定がない。

　社会福祉法では，社会福祉事業の経営者は，利用契約成立時に，利用者に次の事項を記載した書面を，遅滞なく交付しなければならないと定める。書面記載事項は，社会福祉事業の経営者の名称及び事務所の所在地（社福法77条1項），提供するサービスの内容（社福法77条2項），利用者が支払うべき額（社福法77条3項），その他厚生労働省令で定める事項（社福法77条4項）であり，それは，提供開始年月日および苦情処理窓口に関する事項（社福法施行規則16条2項）である。さらに，社会福祉事業の経営者は，福祉サービスを利用するための契約の内容及びその履行に関する事項について説明するよう努めなければならないことが定められている（社福法76条）。

2　民法関連法のなかの介護契約と契約書

(1)　民　　法

　介護契約は，先に検討した契約法理にはなじまない契約だとしても[1]，介護サービスを利用し，その対価を支払うという側面では，契約と言えるので，民法の諸原則に服することとなる。したがって，介護契約の内容については

---

(1)　公的給付としての性格を有することから，木下は，「『公定価格』を設定することを通じて，具体的に一人ひとりの介護を担う介護労働者の質やその規制，あるいは労働条件が，介護サービスの現実の内容を規定」すると述べている（木下秀雄「介護サービスをめぐる法規制の現状と課題」現代消費者法29号（2015年）4-5頁）。

契約法上の一般原則，信義則や公序良俗に服し[2]，契約の不履行については，債務不履行（民法415条）や不法行為（民法709条）に基づく責任を問いうる。加えて，2020年4月施行の新民法における意思能力に関する規定（改正民法3条の2）[3]などの適用がある。

(2)　消費者契約法

　また，介護契約は，介護サービスを利用する消費者と事業者との間の契約であり，消費者契約法の適用がある[4]。消費者契約法4条，8条，9条，および10条に定める契約取消もしくは条項無効が想定される。

　より具体的には，第1に，重要事項について消費者が誤認し，それによって契約の申し込みまたは承諾の意思表示をした場合には，取り消すことができる（消契法4条1項）。また，事業者の不実告知があった場合にも，契約を取り消すことができる（消契法4条2項）。ここにいう「重要事項」とは，契約の目的となるものの質，用途その他の内容（消契法4条4項1号），対価その他の取引条件（消契法4条5項2号）であって，契約を締結するか否かの判断に「通常影響を及ぼすもの」であり，「消費者の生命，身体，財産その他重要な利益についての損害又は危険を回避するために通常必要であると判断される事情」（消契法4条5項3号）を指す。

---

(2)　不当条項規制については，大澤彩「不当条項規制の現状と課題——民法改正・消費者契約法改正を受けて——」河上正二責任編集『消費者法研究　第6号』（信山社，2019年）179-228頁，小粥太郎「不当条項規制と公序良俗理論」民商法雑誌123巻4・5号（2001年）583頁，特に公序良俗に関しては，山本敬三『公序良俗論の再構成』（有斐閣，2000年）188頁以下を参照。

(3)　法務省ウェブサイト「民法の一部を改正する法律（債権法改正）について」（http://www.moj.go.jp/MINJI/minji06_001070000.html）（2019年8月14日最終アクセス）。

(4)　消費者契約法については多くの著作があるが，長尾治助編『レクチャー消費者法〔第3版〕』（法律文化社，2006年），日本弁護士連合会編『消費者法講義』（日本評論社，2004年），滝澤孝臣編『消費者取引関係訴訟の実務』（新日本法規，2004年），大村敦志『消費者法〔第2版〕』（有斐閣，2003年），落合誠一『消費者契約法』（有斐閣，2001年）など。介護契約を消費者契約として積極的に捉えることについて，四ッ谷有喜「介護保険契約の消費者契約性」法政理論39巻3号（2007年）300-336頁，岩村正彦「社会福祉サービス利用契約の締結過程をめぐる法的論点」岩村正彦編『福祉サービス契約の法的研究』（信山社，2007年）16-41頁がある。

　第2に，2016年消費者契約法改正で追加された，過重な分量（「消費者にとっての通常の分量等を著しく超える」），回数，期間の契約についても，消費者は取り消すことができる（消契法4条4項）。ここにいう「消費者にとっての通常の分量等」とは，「消費者契約の目的となるものの内容及び取引条件並びに事業者がその締結について勧誘をする際の消費者の生活の状況及びこれについての当該消費者の認識に照らして当該消費者契約の目的となるものの分量等として通常想定される分量等[5]」とされている。そして，この分量の程度については，「『消費者契約の目的となるものの内容』，『消費者契約の目的となるもの……取引条件』，『事業者がその締結について勧誘をする際の消費者の生活の状況』及び『これについての当該消費者の認識』という要素を総合的に考慮した上で，一般的・平均的な消費者を基準として，社会通念を基に規範的に判断される[6]」とする。特筆すべきは，消費者の生活状況，すなわち，「世帯構成人数，職業，交友関係，趣味・嗜好，消費性向等の日常的な生活の状況のほか，たまたま友人や親戚が家に遊びに来るとか，お世話になった近所の知人にお礼の品を配る目的がある等の一時的な生活の状況[7]」が含まれている点であろう。コンメンタールには，契約締結の勧誘をする際に，「多くの分量等の給付を受ける理由となる生活の状況があれば，それに応じて，当該消費者にとっての通常の分量等が多くなるため，過量性が認められにくい。他方で，そのような生活の状況がなければ，当該消費者にとっての通常の分量等が少なくなるため，過量性は認められやすい。なお，ここで考慮要素となるのは『消費者の生活の状況』であり，これはあくまでも当該消費者が自らの意思で営む生活の状況を指している[8]」との解説がある。よって注意すべきは，過量かどうかの基準が消費者であり，その消費者の状況を事業者が認識していた場合に，違法性が判断されるという点であろう。

---

(5)　消費者庁消費者制度課編『逐条解説消費者契約法〔第3版〕』（商事法務，2018年）144-148頁。

(6)　消費者庁・前掲注(5) 144頁。

(7)　消費者庁・前掲注(5) 145頁。

(8)　消費者庁・前掲注(5) 145-146頁。

　第 3 に，事業者の損害賠償責任を免除する条項は無効である（消契法 8 条）。8 条によって無効とされる可能性のある規定としては，「いかなる理由があっても一切損害賠償責任を負わない」旨の規定や，「事業者は，天災等事業者の責に帰すべき事由によらない損害については賠償責任を負わない」旨の規定などである[9]。また，消費者の解除権を放棄させるような条項も無効である（消契法 8 条の 2）。例えば，解除権に関する条項がなく，「いかなる場合でも契約後のキャンセルは一切受け付けられません」といった条項のみがある場合などが挙げられる[10]。

　第 4 に，損害賠償の予定について定めた条項についても無効である（消契法 9 条）[11]。また，「法令中の公の秩序に関しない規定」（いわゆる「任意規定」）に比して，消費者の権利を制限し，消費者の義務を加重する条項で，信義則に反し消費者の利益を一方的に害する条項は無効（消契法 10 条）[12]とされている。10 条は，8 条，9 条とは異なり，やや包括的な規定となっている。任意規定の範囲については，「明文の規定のみならず，一般的な法理等も含まれると解するのが相当」と裁判所で判断されている[13]。これらの条項が，信義則に反するかどうかについては，消費者契約法の趣旨，目的に照らし，「当該条項の性質，契約が成立するに至った経緯，消費者と事業者との間に損する情報の質及び量並びに交渉力の格差その他諸般の事情を総合考慮して判断されるべきである」と解されている[14]。したがって，10 条によって無効とされる可能性のある条項の例として，「事業者からの解除・解

---

(9)　消費者庁・前掲注(5) 208-213 頁。

(10)　消費者庁・前掲注(5) 215 頁。

(11)　本条を適用した事例として，学納金返還訴訟の判決が多数ある。近年の例としては，最高裁第二小法廷平成 18 年 12 月 22 日判決裁時 1427 号 6 頁，判時 1958 号 69 頁，最高裁第二小法廷平成 18 年 11 月 27 日判決民集 60 巻 9 号 3732 頁が挙げられる。

(12)　本条を適用した事例として，大阪簡裁平成 15 年 10 月 16 日判決 2003WLJPCA 10166001（敷金の敷き引き約定），東京地裁平成 15 年 11 月 10 日判決裁時 1845 号 78 頁（進学塾の受講契約の中途解約制限ならびに受講料を返還しない旨の特約），京都地裁平成 16 年 3 月 16 日判決消費者法ニュース 59 号 90 頁（賃貸借契約における原状回復義務費用の約定）などがある。

(13)　最高裁第二小法廷平成 23 年 7 月 15 日判決民集 65 巻 5 号 2269 頁ほか。

(14)　最高裁第二小法廷平成 23 年 7 月 15 日判決（前掲注(13)）。

約の要件を緩和する条項」，例えば「特に正当な理由もなく，消費者の債務
不履行の場合に事業者が相当の期間を定めた催告なしに解除することができ
るとする条項」や，「消費者の権利行使期間を制限する条項」，例えば，「正
当な理由なく行使期間を法廷の場合よりも不当に短く設定する条項は，民
法第 566 条第 3 項（権利の行使期間は事実を知ったときから 1 年以内）に比べ，
消費者の義務を加重するもの」といったものは無効になるとされている[15]。
そして，上記に掲げた事項（消契法 8 条〜10 条）につき，消費者契約法 2 条
4 項および同法 13 条により，内閣総理大臣によって認定された適格消費者
団体が[16]，消費者裁判手続特例法により差止請求をすることができる[17]。

3　介護契約における不当な契約

　以上から，事業者が契約条項を新設し，あるいは削除するにあたり，留
意すべき 10 の事項を挙げることができよう。まず，記載すべき事項として，
①事業者の名称と所在地，②提供するサービスの内容，③利用者が支払う
べき額，④サービスの提供開始年月日，⑤サービスに係る苦情を受け付ける
ための窓口，⑥運営規程の概要，⑦訪問介護員等の勤務の体制が挙げられる。
①〜⑦が記載されていない契約書は，社会福祉法ならびに運営基準に反する。
　さらに，事業者の情報提供・説明義務として，⑧①〜⑦の情報について，
さらなる情報を入手する手段について明示する必要があろう。例えば，より
具体的なサービスの内容や，支払うべき額の内訳についてより詳しく知りた
い場合に，どのようにしてその情報にアクセスできるかについて明記すると
いうことである。また，⑨事業者の免責条項，損害賠償の予定に関する規定

---

(15)　消費者庁・前掲注(5) 239-240 頁。

(16)　2018 年現在，適格消費者団体は全国に 19 団体ある。また，訴訟などを提起でき
　　る特定適格消費者団体が 3 団体あり，特定適格消費者団体によって損害賠償請求
　　などが行われている（消費者庁ウェブサイト「適格消費者団体・特定適格消費者
　　団体とは」（https://www.caa.go.jp/policies/policy/consumer_system/collective_
　　litigation_system/about_qualified_consumer_organization/）（2019 年 8 月 14 日最終
　　アクセス）。

(17)　内閣府ウェブサイト消費者の窓「消費者団体訴訟制度について」（http://www.
　　consumer.go.jp/seisaku/cao/soken/index.html）（2019 年 8 月 14 日最終アクセス）
　　を参照。

は無効となる。⑩利用者にとって，そのサービスの利用に際し，一方的に不利になるような条項についても無効となる。

　もちろん，事業者が法に反する契約書を作成したことに対して罰則等が予定されているわけではない。しかしながら，利用者がそのような契約締結を求められた場合，取りうる手段はあり，消費者契約法上の契約条項の無効を主張し，適格消費者団体を通じた差止請求も可能である。

4　契約書を検討する意義

　契約書は，契約の内容を可視化したものである。契約内容は，誠実に履行されることが期待される。誠実に履行されない場合は，債務不履行や不法行為を問い，損害賠償を求めることも可能である。訴訟に発展しない場合であっても，契約書に記載があるのだから，その通りに契約を履行して欲しいと主張する場合の根拠にもなり得よう。したがって，両者の合意の結果が可視化されたという点で契約書の重みはある。

　しかしながら，定型的に作成されている可能性の高い契約書であればあるほど，一方当事者にとって有利な契約条項が盛り込まれていることが想定される(18)。この点で，一方当事者，主に，介護契約においては利用者たる高齢者であるが，利用者にとって不利益となるような契約の内容というのはいかなるものかを明らかにしておくことは，有用であろう。加えて，実際に締結した契約書も，契約条項が無効となる場合があり，契約条項が無効となった場合，利用者にどのような影響があるのかを検討することも，有用であろう。そして，そもそも無効となるような契約条項を明らかにすることは，不当な契約を締結させないためにも有効であろう。

　しかしながら留意しておくべきことは，利用者にとって一方的に不利となる条項があることによって，本来必要なサービスが受けられないということ

---

(18)　定型的に作成されているのであれば，1つの約款と考えることもできようが，約款は，「一方当事者が予め作成した契約条件で，多数の相手方に一律に適用されることを想定したもの」（大村敦志「生成過程から見た消費者法〈その2〉立法から立法への波及」河上正二責任編集『消費者法研究　第6号』（信山社，2019年）91頁）と捉えても，モデル契約書が多数存在し，改変も行われているため，「一律に」適用されると断定しにくいと考えられる。

自体があってはならない。なぜならば，介護サービスは，高齢者とその家族・親族の生活にかかわる，重要なサービスであるからである。

　上記の状況を踏まえ，次節では，3つの調査に基づき契約書の検討を行う。

5　重要事項説明書の位置づけ

(1)　交付義務のある重要事項説明書

　もう1つ，契約書を検討する上で，重要な書面がある。それが，いわゆる3点セットと言われる，「契約書」，「契約書別紙」，「重要事項説明書」のうちの「重要事項説明書」である。

　そもそも重要事項説明書の役割というのは，いかなるものであろうか。重要事項説明書の交付を法律上義務付けている取引として代表的なものは，不動産取引であろう。不動産取引における契約書面の交付や重要事項説明書の交付は，宅建業法34条の2，35条，37条に定めがあり，特に重要事項説明書については，35条に規定がある。宅建業法35条では，取引の相手方が取得または借りようとしている宅地・建物について，売買・交換・貸借の契約が成立するまでの間に，宅地建物取引士が次の項目について，その項目を記した書面を交付し，対面で説明することが定められている。その項目とは，大きく5つの分野に分けることができる[19]。すなわち，「物件に関する権利関係の明示（登記された権利の種類，内容等（1項1号）／私道に関する負担（1項3号）など）」，「物件に関する権利制限内容の明示（都市計画法，建築基準法等の法令に基づく制限の概要（1項2号）など）」，「物件の属性の明示（飲用水・電気・ガスの供給・排水施設の整備状況またはその見通し（1項4号）／宅地造成又は建物建築の工事完了時における形状，構造等（1項5号）など）」，「取引条件（契約上の権利義務関係）の明示（代金，交換差金以外に授受される金額及びその目的（1項7号）／契約の解除に関する事項（1項8号）／損害賠償額の予定又は違約金に関する事項（1項9号）など）」，「取引に当たって宅地建物取引業者が講じる措置（支払金又は預り金の保全措置の概要（1項11号）／金銭の貸借のあっせん（1項12号）など）」である。

---

(19)　国土交通省ウェブサイト「重要事項説明・書面交付制度の概要」(http://www.mlit.go.jp/common/001037688.pdf)（2019年8月14日最終アクセス）。

　重要事項の説明にあたり，説明義務および書面交付を課している理由として，「宅地建物の取引は，動産の取引と比べて権利関係や取引関係が極めて複雑であり，それらを十分に調査，確認しないで契約を締結すると，当初予定していた利用ができなかったり，契約条件を知らなかったことによる不測の損害を被ることとなる。そのような紛争が生ずるおそれを防止し，購入者等が十分理解して契約を締結する機会を与えるため，専門的な知識，経験，調査能力を持つ宅地建物取引業者に説明義務を課している[20]」としている。加えて，重要事項を説明する義務が課されたのは，1967年の改正によってであり，そこでの導入の目的は，取引過程における取引の公正さの確保，消費者の利益の保護であったとされる[21]。

　以上から，不動産取引における重要事項説明書の目的は，取引の公正さの確保と消費者の利益保護にあると言える。特に，事業者と消費者間の知識，経験，情報の格差がある場合，消費者が，十分理解し契約締結できるよう，対面で説明すべき事項をまとめたものであると思われる。そして，説明すべき事項は，取引される物そのものの情報や権利義務関係，取引にあたって事業者がなすべきことの3点に集約でき，それらが当初の目的を達するためにも必要な項目だと言えよう。そして，それらの項目については，必ずしも契約内容の抜粋ではなく，消費者にとって重要と思われる内容を法定し，告知することとしている。

(2)　介護契約における重要事項説明書

　翻って，介護契約における重要事項説明書については，宅建業法のように事業者に対して説明義務を課した規定はなく，どのような項目を説明しても構わない。しかしながら，特に介護福祉施設は当該施設に入居し，生活するという目的があることから，賃貸借契約に類似した点を見出すことも可能であり，とりわけ，事業者と利用者の知識・経験・情報の格差が顕著であることから，利用者にとって理解しやすく，かつ，事業者にとっても説明しやすいものであることが求められよう。

---

(20)　国土交通省ウェブサイト・前掲注(19)。
(21)　国土交通省ウェブサイト・前掲注(19)。

6　東京都モデル契約書

　本書で「東京都モデル契約書」と呼んでいる契約書等のひな形は，東京都高齢者施策推進室が事務局となり，東京都利用者保護制度検討委員会設置要綱（平成11年5月18日11高保在第95号）に基づき設置された，東京都利用者保護制度検討委員会の検討によって作成されたものである。当時，ワーキンググループのメンバーであった本澤教授によれば，栃本一三郎上智大学文学部助教授（当時）を筆頭に，数人のメンバーでたたき台を作り，東京都利用者保護制度検討委員会にて検討を経て公開されたものであるという[22]。作成当時は東京都のウェブサイトでも閲覧できたが，現在では閲覧不可となっているため，本書では，「東京都利用者保護制度検討委員会関連資料集」の15-46頁を巻末参考資料Iとして掲載している。

　なお，東京都モデル契約書については，平成11年12月24日付け東京都高齢者施策推進室発行文書「『モデル契約書』及び『相談・苦情対応マニュアル』の作成について」において，「契約書作成の特徴」として，次の点が挙げられている。

「(1)　可能な限りシンプル（条項を必要最低限にする。契約の更新・変更に柔軟に対応できる。）でわかりやすいものにして，利用者と事業者の権利・義務関係を明確にしたこと。

---

(22)　この経緯について，確認できる文献としては，本澤巳代子「成年後見と介護保険」民商法雑誌122巻4・5号（2000年）105頁に全国に先駆けて，モデルを作成したことが記載されている数行があるのみであった。そこで，本澤巳代子教授に経緯を伺うとともに，当時の貴重な資料をご提供いただいた。ご提供いただいた資料は，以下の通りである。

　東京都社会福祉協議会複製『東京都利用者保護制度検討委員会関連資料集（99・12・24）』

　東京都契約支援に関する検討会『東京都契約支援に関する検討会報告書（平成14年3月）』

　東京都福祉局『成年後見制度及び福祉サービス利用援助事業の利用の手引──判断能力が不十分な人への契約支援（平成13年4月）』

　東京都福祉局『利用者が必要とするサービスを選択できるようバックアップするしくみの構築に向けて（東京都社会福祉審議会意見具申）（平成13年4月26日）』

　東京都福祉局『成年後見制度及び福祉サービス利用援助事業の利用の手引──判断能力が不十分な人への契約支援改訂版（平成14年4月）』

　ここに記して感謝申し上げたい。

⑵　条文に，介護保険法の運営基準で規定されている身体的拘束の禁止及びその具体例を入れたこと。

⑶　契約書を工夫し，契約書と重要事項説明書の組み合わせとしたこと。

　権利・義務等基本的な事項を定める『基本契約書』と，サービス内容，料金等を定めた『契約書別紙』を契約書とした。加えてサービスの詳細な内容，サービスの相談・苦情窓口等を利用者に説明する『重要事項説明書』を一組として使用することとした[23]」としている。

　これに加え，下記の図が掲載されている[24]。

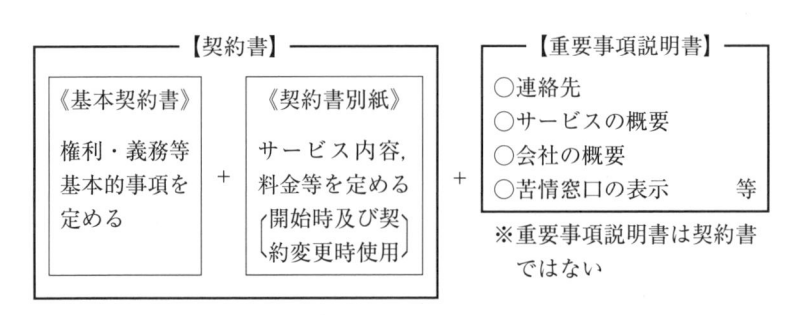

　東京都モデル契約書では，基本契約書のうち，施設契約書では15ヶ条の条文，訪問介護契約書では17ヶ条の条文を用いている[25]。前者については，「契約の目的」，「契約期間」，「施設サービス計画」，「介護老人福祉施設サービスの内容」，「要介護認定の申請に係る援助」，「サービスの提供の記録」，「料金」，「契約の終了」，「退所時の援助」，「秘密保持」，「賠償責任」，「連絡義務」，「相談・苦情対応」，「本契約に定めのない事項」，「裁判管轄」である。後者については，「契約の目的」，「契約期間」，「訪問介護計画」，「訪問介護の内容」，「サービス提供の記録」，「料金」，「サービスの中止」，「料金の変更」，「契約の終了」，「秘密保持」，「賠償責任」，「緊急時の対応」，「身分証携行義務」，「連携」，「相談・苦情対応」，「本契約に定めのない事項」，「裁判管

---

(23)　平成11年12月24日付け東京都高齢者施策推進室発行文書「『モデル契約書』及び『相談・苦情対応マニュアル』の作成について」1頁。

(24)　前掲文書（脚注23）1頁。

(25)　本書巻末資料I参照のこと。

轄」となっている。いずれも，なぜその条項を入れたのかの理由が付されており，必要最小限の事項であると思われる。また，通常の契約書とは違って，甲乙を使わず，「事業者」・「利用者」という主語を用いて，より高齢者やその家族・親族にとってなじみのある言葉を用いたり，裁判管轄を「利用者の住所地」にするなどの工夫が見られる。

　また，契約書別紙においては，より詳細なサービス内容を記したり，契約更新時や契約内容変更時に書き換えて差し替えればよいだけの，事業者にとって利便性の高い別紙となっている。

　重要事項説明書では，その他という自由記述を除く 10 項目で成り立っている。この 10 項目は，「相談窓口」，「事業所の概要」，「サービス内容」，「利用料金」，「入退所の手続き」，「サービスの特徴」，「緊急時の対応」，「非常災害時の対応」，「相談・苦情等の窓口」となっており，いずれも，利用者である高齢者が最も確認したい事項が列挙されている。

　また，このワーキンググループのメンバーは，平成 12 年から開催されている「東京都契約支援に関する検討会」のメンバーとなり，措置から契約となった福祉サービスを十分に利用できない利用者の契約支援，とりわけ，成年後見制度や地域福祉権利擁護事業（現・日常生活自立支援事業）を中心に契約支援のあり方について検討を行っている。

第 2 節　契約書に関する調査

1　調査の概要

(1)　調査の目的・方法

　本調査の目的は，実際に施設や事業所でどのような契約書が用いられているのか，明らかにすることである。その際，最も施設や事業所が多く，モデル契約書の検討が行われている東京都に限定して調査を実施する。また，契約書がどのようにして運用されているのかについても，聞きとりによって明らかにする。加えて，2003 ～ 2004 年度と 2016 年度の 2 度の調査を通じ，経年による変化の有無も明らかにする。

(2)　調査の対象

　第 1 の調査は，2003 年度末に東京都と福祉契約研究会[26]の共同で行われた，介護福祉施設（33 ヶ所）を対象とする契約書等の調査（以下「2003 年契約書調査」とする）である。なお，訪問介護事業所については，調査報告書におけるデータが不十分であるため[27]，比較可能な限りにおいて言及する。

　第 2 の調査は，2004 年度末，福祉契約研究会にて契約書調査を補う形で行われた，同事業所聞き取り調査（以下「2003 年聞き取り調査」とする）である[28]。本調査では，介護福祉施設，訪問介護事業所の双方を対象としていたが，訪問介護事業所の 14 施設については，筆者が聞き取り調査を行うことができなかったため，聞き取り調査に関しては，介護福祉施設に限っている[29]。

　第 3 の調査は，2016 年度に，筆者が研究代表者として得た日本学術振興

---

(26)　福祉契約研究会は，2003 〜 2005 年度にかけて，福祉契約の意義と利用者の権利擁護に関する研究のため，首都圏の民法・社会保障法研究者で結成された研究会である。

　　なお，契約書調査については，1999 年 3 月に国民生活センターが発行した報告書である『介護サービスと消費者契約』において，高村浩＝木間昭子「在宅介護サービスと消費者取引」（国民生活センター，1999 年）1-124 頁が，35 事業所の在宅介護サービス契約書の検討を行っている。調査の内容は，契約書の使用方法や各条項の解釈適用，それをめぐる紛争等である。加えて，2000 年 10 月に『介護契約にかかわる相談の実態』（国民生活センター，2000 年）が介護契約にまつわる相談の内容をまとめており，福祉契約研究会もこれらの調査を踏まえ，契約書調査や聞き取り調査，アンケート調査などを行ったものと推測される。

(27)　福祉契約研究会において，筆者も訪問介護事業所の契約書分析のためのデータ入力を行っているが（社会福祉研究会報告書『福祉契約と利用者の権利擁護に関する法学的研究（平成 17 年 4 月）』（2005 年）193-196 頁），全てが東京都モデル契約書との比較になっており，条文数の比較などはできない。

(28)　聞き取り調査結果については，脇野幸太郎「モデル契約書と事業者──介護保険指定事業者に対する訪問聞き取り調査の結果から──」新井誠＝秋元美世＝本沢巳代子編著『福祉契約と利用者の権利擁護』（日本加除出版，2006 年）83 頁以下を参照。なお，筆者が聞き取り調査を行ったのは，うち 3 分の 1 の 2 施設である。本書の聞き取り調査には，筆者が個別に 3 名の介護契約に携わる介護サービス従事者にお会いして行ったものも含めている。

(29)　訪問介護契約書についての検討は，本沢巳代子「訪問介護契約と利用者の権利擁護──アンケート調査から見た問題点」週刊社会保障 57 号（2256 号）（2003 年）22 頁，介護契約書についての分析は，橋爪幸代「契約書サンプリング調査の結果」新井＝秋元＝本沢・前掲注(28)書 73 頁を参照。

会科学研究費「高齢者の意思能力の程度に応じた権利擁護と福祉専門職・家族等の『かかわり』」（若手研究(B)：課題番号 26870689）を用いて行った，2003 年度と同様の調査（以下「2016 年契約書調査」とする）である。2016 年契約書調査では，2003 年と同様，東京都内に事業所・施設を有する法人のうち，できるだけ重複がないよう 2,942 ヶ所の法人へ調査票を送付し，回答を得た 249 ヶ所を対象としている（アンケート回収率：8.6 %，内訳：有料老人ホーム 15 ヶ所，介護療養型医療施設 1 ヶ所，特別養護老人ホーム 36 ヶ所，老人保健施設 2 ヶ所，訪問介護事業所 179 ヶ所，その他 16 ヶ所）。そのうち，本書では，契約書ならびに重要事項説明書，契約書別紙の 3 点が揃っていた，介護福祉施設 21 ヶ所，訪問介護事業所については，「訪問介護」もしくは「居宅介護支援」というタイトルの契約書となっており，上述 3 点が揃っている 62 ヶ所を分析の対象とする。

2　調 査 結 果

⑴　介護福祉施設契約書

①　2003 年契約書調査

条文数を比較すると，37 ヶ所中，最も条文数が少ない施設は 10 か条（2 ヶ所），最も多い施設は 43 か条（1 ヶ所）となっており，その差は，33 か条である。そもそも，東京都モデル契約書は，15 条から成っており，1 条から 15 条は以下のような項目で成り立っていた。すなわち，「契約の目的」，「契約期間」，「サービス計画」，「サービス内容」，「サービス申請援助」，「サービス提供記録」，「料金」，「契約終了」，「退所時援助」，「秘密保持」，「賠償責任」，「連絡義務」，「相談苦情対応」，「本契約に定めのない事項」，「裁判管轄」である[30]。

東京都モデル契約書より条文を増やした施設のうち，増やした条文の内容は，金銭管理が最も多く（4 ヶ所），続いて身元引受人の要求（3 ヶ所），身体拘束の禁止の明文化（3 ヶ所）となっている。そのほか，再入所受入義務の明記（2 ヶ所），代理人の要求（2 ヶ所）などがある。逆に，削除された条

---

(30)　社会福祉研究会報告書『福祉契約と利用者の権利擁護に関する法学的研究（平成 17 年 4 月)』（2005 年）197 頁参照。

文は，サービス提供記録ならびに，裁判管轄が最も多く（4ヶ所），次いで，連絡義務，相談・苦情対応（3ヶ所）であった。条文数が少ない施設の特徴としては，料金について，現在の利用料金と料金を変更した場合の条項を2つに分けて記載する（4ヶ所）ことが挙げられる。

② 2016年契約書調査

条文数を比較すると，21ヶ所中，最も条文数が少ない施設は6か条（1ヶ所）であり，最も多い介護福祉施設は27か条（1ヶ所）となっている。

条文の内容について，全ての介護福祉施設（21ヶ所）が規定していた項目は，「契約の目的」，「賠償責任」，「契約に定めのない事項（協議事項）」である。また1施設を除いて規定していた項目は，「契約期間」，「施設サービス計画」，「料金」，「秘密保持／個人情報保護」である。なお，契約期間については，「契約の変更，終了」という形で項目立てしている場合や，サービス計画，料金，個人情報保護の項目は，重要事項説明書のみで説明している施設もあった。一方で，1ヶ所のみが規定していた項目としては，「金銭管理」，「残置物の引き取り」，施設側の「免責」にかかる規定であった。また2ヶ所のみが規定していた項目としては，「再入所受け入れ義務」，「介護保険内・外サービス」，「サービス不能」，「居室の明け渡し」の規定である。また3施設のみが規定していた項目は，「契約の解約（中途解約），「代理人」，「契約者の注意義務／賠償責任」の規定であった。4から19ヶ所の規定については，図表2－1のとおりである。

2003年契約書調査と同じように，東京都モデル契約書と比較してみると，図表2－1の「定めのない事項／協議事項」から「料金の変更」までは，東京都モデル契約書に定めのある事項であり，「事故発生時の対応」から「金銭管理」までは追加された事項である。また，21に満たない項目が，削除された事項ということになり，最も削除されているのは，「料金の変更」と「連絡義務」（各11ヶ所），次いで，「要介護認定申請の援助」（9ヶ所），「退所時の援助」，「サービス提供記録」（各8ヶ所）である。

図表 2 － 1　施設・契約書条文の内容

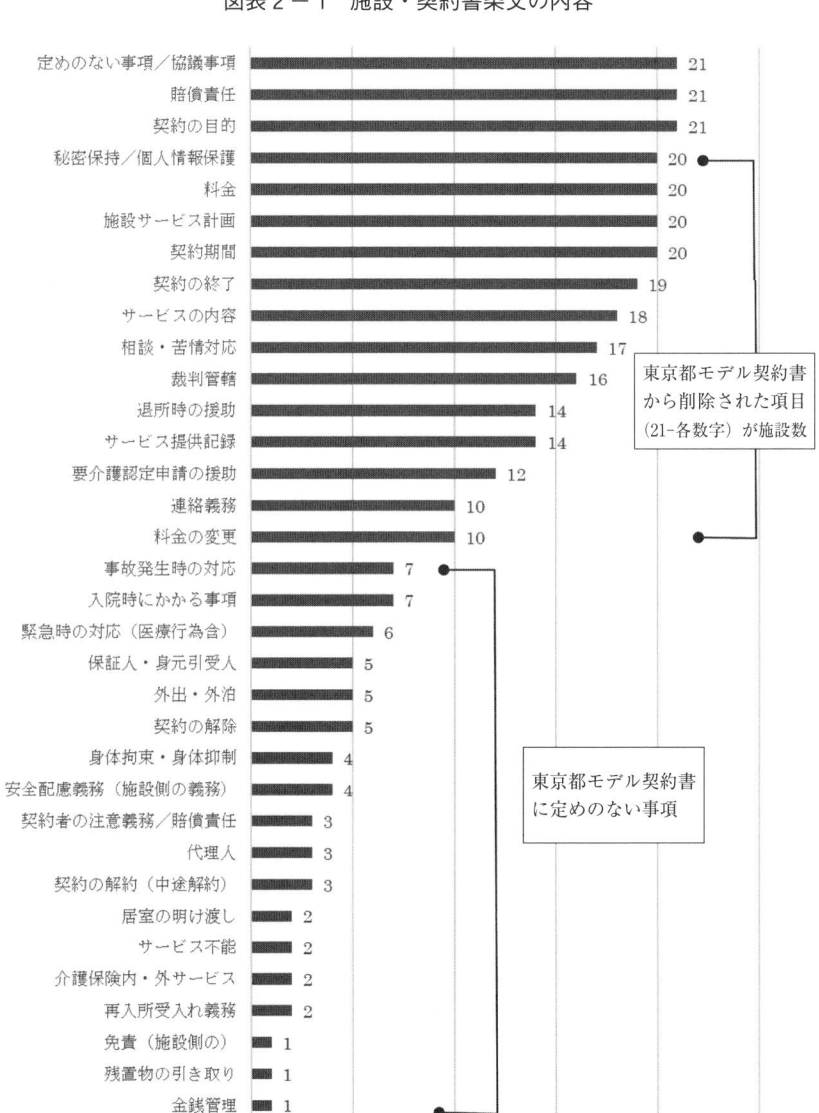

資料出所：2016 年契約書調査結果により筆者作成

③　2003年契約書調査と2016年契約書調査の比較

2003年と2016年を比較してみると，まず，全体として，東京都モデル契約書から追加あるいは削除しているケースが多くなっていることが挙げられる（図表2-2）。制度導入から20年弱経過しており，各施設の事情に合わせて変更していることが想定されよう。

次に，追加ケースについて見てみると，2003年では「金銭管理」や「身元引受人」，「身体拘束の禁止」などの，利用者にかかる項目が多い反面，2016年では「事故時の対応」や「入院時にかかる事項」（入院をした場合には，ベッドが空くため，その利用を許可するという事項），「緊急時の対応」といった，施設側にかかる項目が多いという特徴が見られる。

一方，削除ケースについて見てみると，2003年と2016年で共通した項目である，「サービス提供記録」や「連絡義務」の削除が見られる。反面，囲い込みなどが問題となりそうな「要介護認定の申請の援助」や「退所時の援助」は削除されている。

図表2-2　東京都モデル契約書と比較した場合の条文の追加・削除ケース一覧

追加ケース		削除ケース	
2003年	2016年	2003年	2016年
金銭管理（4） 身元引受人（3） 身体拘束の禁止 （3） 再入所受入義務 （2） 代理人（2）	事故時の対応（7） 入院時にかかる事項（7） 緊急時の対応（6） 保証人・身元引受人（5） 外出・外泊（5） 契約の解除（5） 身体拘束・身体抑制（4） 安全配慮義務（4）	サービス提供 記録（4） 裁判管轄（4） 連絡義務（3） 相談・苦情対 応（3）	料金の変更（11） 連絡義務（11） 要介護認定申請の 援助（9） 退所時の援助（8） サービス提供記録 （8）

資料出所：2つの調査比較により筆者作成

（2）　訪問介護事業所契約書

①　2003年契約書調査

東京都モデル契約書は，17条から成り，「契約の目的」，「契約期間」，「訪

問介護計画」,「訪問介護の内容」,「サービス提供の記録」,「料金」,「サービスの中止」,「料金の変更」,「契約の終了」,「秘密保持」,「賠償責任」,「緊急時の対応」,「身分証携行義務」,「連携」,「相談・苦情対応」,「本契約に定めのない事項」,「裁判管轄」となっていた[31]。

　若干の文言の変更や改変などはあるものの,この東京都モデル契約書通りの契約書を使用している訪問介護事業所は,27 ヶ所中 21 ヶ所であった。追加ケースとしては,「訪問介護員の禁止行為」ならびに「代理人」が 3 ヶ所,「精算」,「利用者の（協力／告知）義務」,「ケアプラン」未作成の場合に関する規定が 2 ヶ所であった。削除ケースとしては,「料金の変更」（4 ヶ所），「身分証携行義務」（4 ヶ所），「サービスの中止」（3 ヶ所）が目立った。また,サービス提供（利用）に関する契約ではなく,「介護サービス請負契約書」と題する事業所が 1 ヶ所あった。

②　2016 年契約書調査

　条文数を見てみると,最も多い訪問介護事業所で 24 か条,少ない訪問介護事業所で 12 か条となっており,施設ほどではないが,条文数だけで 2 倍の差がある。また,2005 年改正で「予防給付」が導入されて以降,同じ契約書で予防給付も対象とするものが 16 ヶ所あった。さらに,日常生活支援事業も含めた契約書を作成している事業所も 2 ヶ所あった。

　若干の文言の変更や改変などはあるものの,この東京都モデル契約書通りの契約書を使用している訪問介護事業所は,62 ヶ所中 28 ヶ所であり,半数超の訪問介護事業所が条文を追加あるいは削除していることがわかる。

　追加ケースとして多い順から,「サービス計画の変更」（16 ヶ所），「善管注意義務」,「経過観察・再評価」,「施設入所への支援」,「給付管理」,「要介護認定などの申請にかかる支援」（以上 14 ヶ所），「介護支援専門員」（13 ヶ所）である（図表 2 - 3）。一方,削除ケースについては,多い順から「料金の変更」（26 ヶ所），「連携」（19 ヶ所），「サービスの中止（キャンセル）」,「訪問介護の内容」（18 ヶ所），「緊急時の対応」（14 ヶ所）であるが,これらの条文に

---

(31)　社会福祉研究会・前掲注(30) 193 頁。

図表2－3　訪問介護事業所・契約書条文の内容

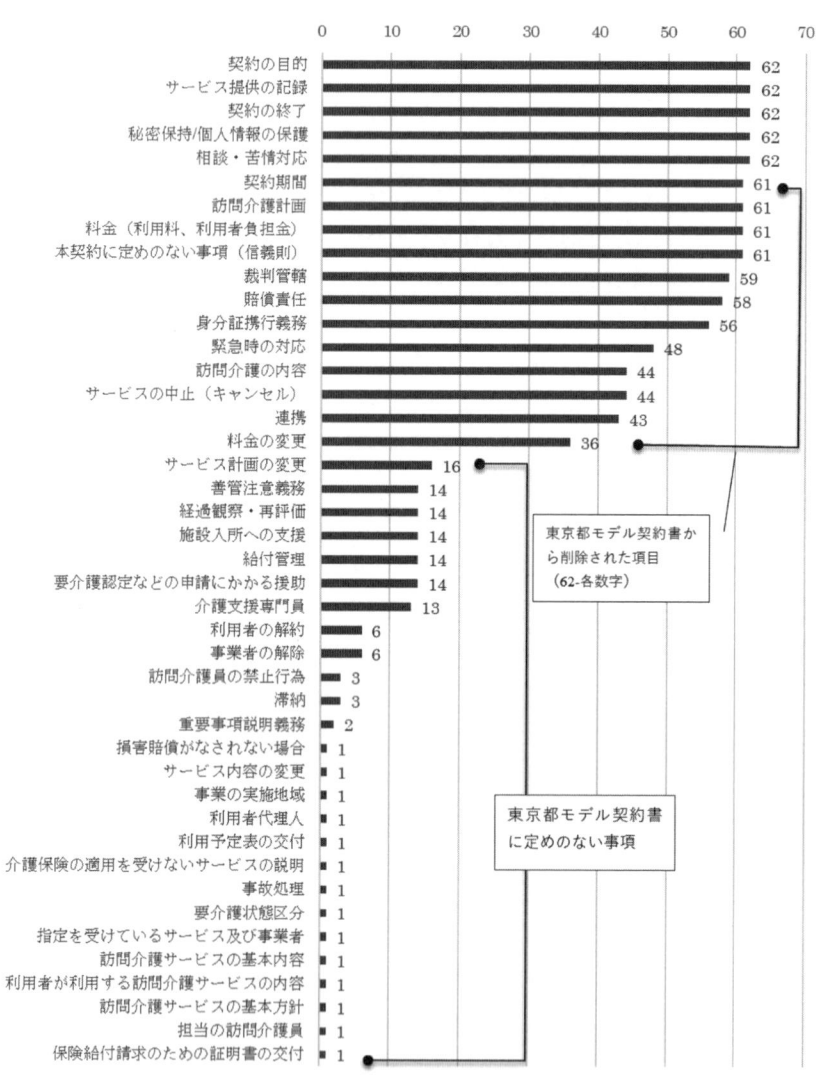

資料出所：2016年契約書調査結果により筆者作成

ついては，別の条文にまとめたり（例えば，料金の変更は「料金」としてまとめていることが考えられる），他の条文に変更されていたり（例えば，「連携」は，「施設入所への支援」などに類似の趣旨の条文が置かれる）するケースとなっている。したがって，単なる削除というよりは，置き換え，言い換えによって削除されているものと考えられる。

③　2003 年契約書調査と 2016 年契約書調査との比較

2003 年と 2016 年を比較してみると，介護福祉施設と同様，全体として，東京都モデル契約書をそのまま使用している訪問介護事業所は，大きく減少していることがわかる。

次に，各条文の追加・削除ケースについて見てみると，追加・削除に関して共通した項目はほぼなく，削除ケースの「料金の変更」と「サービスの中止」のみであった。2016 年の追加ケースに見られるように，利用者のそのときの状況に応じたサービスの提供に関する項目（「サービス計画の変更」，「経過観察・再評価」，「施設入所への支援」，「給付管理」，「要介護認定などの申請にかかる支援」）が散見されるようになり，より利用者に寄り添った条文が盛り込まれているように思われる。

図表 2 - 4　東京都モデル契約書と比較した場合の条文の追加・削除ケース一覧

追加ケース		削除ケース	
2003 年	2016 年	2003 年	2016 年
訪問介護員の禁止行為（3） 代理人（3） 精算（2） 利用者の（協力／告知）義務（2） ケアプラン未作成の場合に関する規定（2）	サービス計画の変更（16） 善管注意義務（14） 経過観察・再評価(14) 施設入所への支援(14) 給付管理（14） 要介護認定などの申請にかかる支援（14） 介護支援専門員（13）	料金の変更（4） 身分証携行義務（4） サービスの中止（3）	料金の変更（26） 連携（19） サービスの中止（キャンセル）（18） 訪問介護の内容（18） 緊急時の対応(14)

資料出所：2 つの調査比較により筆者作成

(3)　重要事項説明書

①　2003 年契約書調査（介護福祉施設のみ）

東京都モデル契約書にならった施設は，27 ヶ所中 8 ヶ所（自由記述も含めて全く同じものは 1 ヶ所）であり，それぞれの介護福祉施設が何らかの変更を加えていた。

介護福祉施設側の変更は，東京都のモデルで掲げられた項目を細分化，あるいは集約化したものが非常に多くみられた。よって，重要事項説明書の項目数が増加した施設は項目を細分化し，項目数が減っている施設は項目を集約して記載したということになる（図表 2 - 5）。結果として，同じことを説明していることになるが，細分化と集約化とでは，説明にかかる時間，説明の量が違ってくると思われる。どちらを選択するのかは，やはり施設の方針や考え方によるであろう。

図表 2 - 5　重要事項説明書の細分化・集約化の例

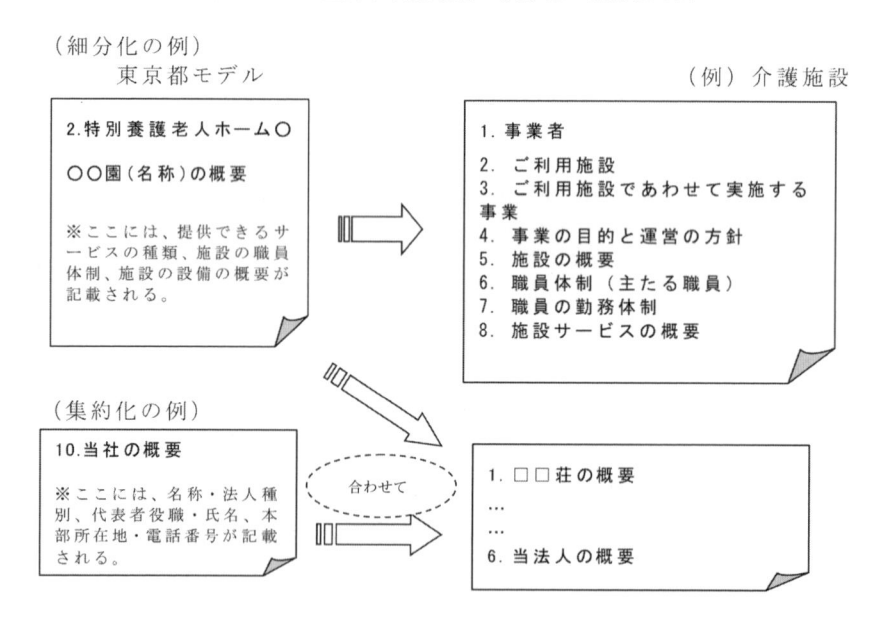

（細分化の例）
　　東京都モデル　　　　　　　　　　　　　　　　（例）介護施設

　2.特別養護老人ホーム〇
　〇〇園（名称）の概要
　※ここには、提供できるサービスの種類、施設の職員体制、施設の設備の概要が記載される。

　1. 事業者
　2. ご利用施設
　3. ご利用施設であわせて実施する事業
　4. 事業の目的と運営の方針
　5. 施設の概要
　6. 職員体制（主たる職員）
　7. 職員の勤務体制
　8. 施設サービスの概要

（集約化の例）

　10.当社の概要
　※ここには、名称・法人種別、代表者役職・氏名、本部所在地・電話番号が記載される。

合わせて

　1. □□荘の概要
　…
　…
　6. 当法人の概要

3　2016年契約書調査

(1)　介護福祉施設

　東京都モデル契約書にならった介護福祉施設は，22ヶ所中3ヶ所と激減しており，何らかの変更を加えている介護福祉施設が多かった。最も多い改変は，事業所の概要のほかに，法人自体の概要を入れているところ10ヶ所あり，それだけを加えた介護福祉施設が4ヶ所である。東京都モデル契約書に1つの条項を加えただけで，それ以外は東京都モデル契約書に倣っている介護福祉施設が7ヶ所，このほかに，個人情報の取扱いについて2項目を加えた施設も2ヶ所あり，実質的に9ヶ所がほぼ，東京都モデル契約書に，経営の実情と個人情報保護に関する法改正に対応した項目を付け加えた重要事項説明書を利用している。

　最も条項数の多い施設は21条項（1ヶ所）であり，次いで20条項（1ヶ所），19条項（2ヶ所）である。2003年の時に見られた細分化する施設もあるが，一方で，独自の条項を設ける介護福祉施設も散見される。前者の例としては，東京都モデル契約書における「サービス内容」を「介護に関するサービス内容」，「食事に関するサービス内容」，「入浴に関するサービス内容」，「機能訓練に関するサービス内容」，「健康管理に関するサービス内容」，「その他のサービス内容」とする例や，「サービス内容」を提供できるサービスと提供できないサービスに分ける例などである。後者の例としては，「看取り介護」や「研修・実習，見学や調査・研究等への協力依頼」，「物品・用品の準備と費用負担について」，「職員体制」，「主な職員の勤務体制」，「配置職員の職種」，「身元保証人」などである。

(2)　訪問介護事業所

　訪問介護事業所が交付する重要事項説明書の条項の中央値は8（17ヶ所），平均値は9.11であった。最少条項数は5（1ヶ所）であり，最大条項数は26（1ヶ所）であった。

　一般的な項目としては，「相談窓口」，「事業所の概要」，「サービス内容」，「利用料金」，「サービスの利用方法」，「当事業所の訪問介護サービスの特徴」，「緊急時の対応方法」，「苦情窓口」であり，これに，「個人情報の保護」や

「事故発生時の対応」などを追加する事業所が多く見られた。なお，最も条項数の多い事業所は，一般的な項目を細分化する例，例えば，「サービスの内容」について，「身体介護サービス」，「生活援助サービス」，「介護保険で利用できないサービス」としたり，「料金」も「水道代・ガス代」，「電話代」，「コピー代」，「キャンセル料」としたりしていた。加えて独自の条項も追加し，例えば，「要介護認定の申請前や申請後で要介護認定前にサービスを利用した場合」や「日常的金銭管理・財産管理・権利擁護等への対応」，「プライバシーについて」，「介護職員処遇加算」などの条項を加えたりしていた。最も条項数の少ない事業所は，「事業所の概要」，「サービス利用方法」，「サービスに関する苦情」，「当事業所連絡窓口」，「利用料金」のみの記載であった。

　なお，契約書との関係でみると，最も条項数の多い事業所の契約書の条文数は 16 か条，最も条項数の少ない事業所の契約書の条文数は 17 か条であり，特に後者の場合，重要事項説明書で不足する説明を契約書で補っているという状況は見られなかった。

4　2003 年聞き取り調査結果

　まず，どの施設も，契約の締結の際には，利用者のみならず家族に対して，契約書等に沿って，説明をしていた。また，高齢者本人が理解できない場合，成年後見制度を勧める施設も 1 ヶ所あった。しかし，手続きが煩雑になるため，それほど活用されていないようである。説明の時間は，すべてを説明しようとすると，1 時間程度かかってしまうため，利用者自身の体調等を考えて，その説明を短くしてしまうことがあった。説明の重点項目は，料金であり（2 ヶ所），そのほかに退去についての説明を詳細に行うということであった。これは，胃ろうやインシュリン注射などの当該施設で対応できない事態が生じてしまった場合，対応できる施設へ移る必要があることを予め知らせる目的がある。契約書の署名は，ほとんどの施設で（1 ヶ所を除いて），本人の署名と家族の署名を求めるという運用をおこなっていた。

　東京都モデル契約書の有用性については，このようなひな形を参考にしなければ，そもそも契約書を作成できるようなスタッフがいないという声を多

数聞いた。福祉の分野では，契約や法律に詳しいスタッフがそれほど多いわけでもなく，運営基準の中にもそうしたスタッフを置くような定めがないため，契約書を作成することの難しさを指摘する声もあった。

最後に，契約書に望む内容としては，法律用語が難しく説明するのに苦慮するということがあった。そのほか，介護保険法改正ごとにモデル契約書を更新して欲しいといった意見も聞かれた。契約書以外には，介護事故に関する調査，あるいはマニュアルなどの発行を地方公共団体に望む声が聞かれた。

5　2003年契約書調査と2016年契約書調査の比較

介護福祉施設については，時の経過に従い，東京都モデル契約書からの改変が多く見られた。その要因は，個人情報保護の強化という法制度上の要因や，経営状況の変化といった環境要因などに対応することにある。加えて，後にみるように，高齢者本人・家族への説明には，重要事項説明書が用いられることが多いことから，説明がしやすいよう，ここ12〜13年ほどで，わかりやすい説明のために，自身が必要だと思う項目を追加しているケースが見られた。その項目のパターンとしては，より詳細に内容を説明するものと，独自のもの，例えば，「看取り介護」や「研修・実習，見学や調査・研究等への協力依頼」，「物品・用品の準備と費用負担について」，「職員体制」，「主な職員の勤務体制」，「配置職員の職種」，「身元保証人」などが挙げられた。

訪問介護事業所については，2003年のデータがないため，年次による比較ができないが，介護福祉施設と同様，細分化や集約化の例が見られた。加えて，平均的な条項数に「個人情報の保護」が加わるなど，介護福祉施設と同様，各事業所において，個人情報保護法制化の流れに沿った対応をしていると思われる。

第3節　契約書の利用に関する調査結果

1　調査の概要

契約書調査と合わせて，2003年と2016年のいずれも，契約書の利用状況について，アンケート調査を実施した[32]。回答者については，2003年は

訪問事業所，2016年は介護施設，訪問事業所双方と異なっている。ただし，いずれも契約書を利用しているという点では共通しており，また，後に見るように，結果に関して大きな差は出ていない。

2　2016年アンケート調査結果

(1)　契約内容説明の対象者

誰に対して，介護契約の内容の説明をするかを尋ねた項目では，「利用者本人に必ず説明をしているが理解できない利用者が多いので，家族などに立ち会ってもらっている」とした回答と，「原則として利用者本人に説明しているが理解できない利用者については，例外的に家族などに説明をしている」とした回答が，それぞれ3割超となっており，この2つで6割強を占める結果となった（図表2－6）。

図表2－6　説明の対象者

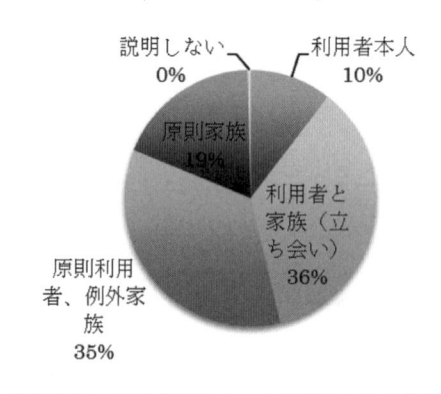

資料出所：2016年アンケート調査をもとに筆者作成

---

(32)　2016年度のアンケート調査は，JSPS科研費JP26870689の支援を受けて実施している。また，本アンケート調査の実施・集計にあたっては，筑波大学名誉教授本澤巳代子先生のご指導ならびに，南山大学総合政策研究科客員研究員（財政学）・澁谷英樹氏，橋本恭代氏のご支援・ご協力を賜った。ここに記して，感謝申し上げます。

(2)　契約締結時の説明内容

契約締結の際，利用者から聞かれることが多い事柄について尋ねたところ（複数回答可），料金，サービスの内容が拮抗し，次いでキャンセルとなった。一方，事業所・施設が利用者に対して重点的に説明をしている事柄について尋ねたところ，サービスの内容，料金，キャンセルが主だった項目となっている（図表2－7）。

契約内容の変更や解約については，利用者から聞かれることはそれほどないものの，回答者数の4分の1の事業所・施設が重点的に説明している項目として挙げている。そのほか，重点的に説明する項目として，「個人情報保護」や「守秘義務」，「苦情処理」，「緊急連絡先」が挙げられた。

より詳しく見てみると，重点的に説明をしている事柄について，まずサービスの内容では，介護保険内のサービスと保険外のサービスの違いやヘルパーができること（家政婦ではない，生活支援ではないこと）という回答が目立った。また，料金では，加算や自己負担分の料金について説明しているという回答が目立った。キャンセルについては，キャンセルをした場合の料金発生のタイミングについての説明が，目立った回答となった。

図表2－7　契約締結時の説明内容

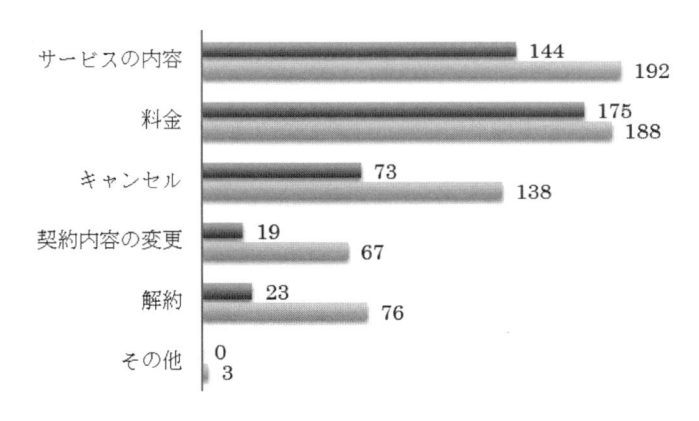

資料出所：2016年アンケート調査をもとに筆者作成

(3)　契約内容を説明する際に役立つもの

　契約内容を説明する際に，特に役立っているものについて尋ねた項目（複数回答可）については，重要事項説明書と契約書が多く挙げられた（図表2-8）。その他，「料金表」や「保険者や市が作成しているパンフレット」，「契約書別紙」などが挙げられた。

図表2-8　契約内容を説明する際に役立つもの

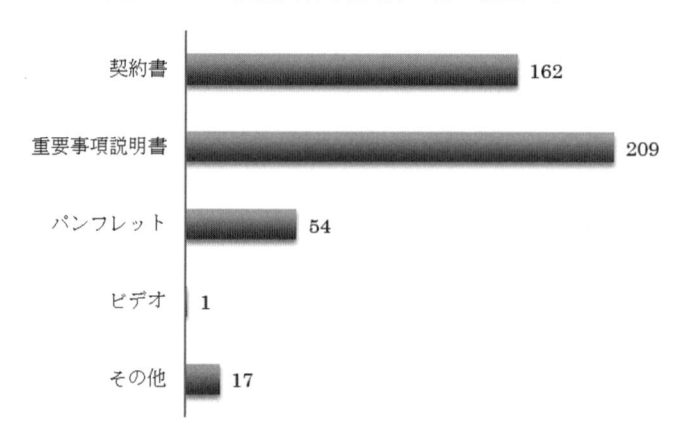

資料出所：2016年アンケート調査をもとに筆者作成

(4)　契約締結で困っていること

　契約締結にあたり，困っていることは何かを尋ねた項目（複数回答可）で，利用者側の心身機能の低下により，締結内容を忘れてしまうこと（124件）や契約内容が難しく理解に時間がかかること（105件）が挙げられた（図表2-9）。家族を含めた利用者側が，理解ができないことがないよう，配慮しつつも，主に利用者側の理由で，契約に対する理解が難しい現状が浮き彫りになっている。その一方で，困っていることがないとする事業所・施設も一定数（47件）存在している。

図表2－9　契約締結にあたり，困っていること

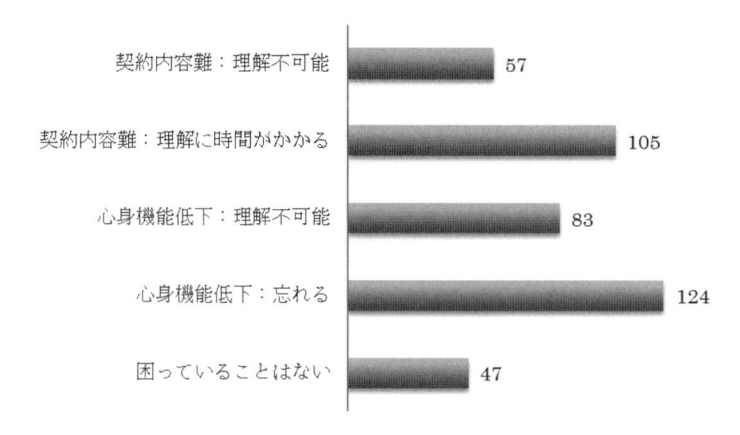

資料出所：2016年アンケート調査をもとに筆者作成

(5)　サービス内容をめぐる問題

　サービス内容をめぐって問題が生じたことがある事業所・施設は134ヶ所，ないという事業所・施設は109ヶ所となった。あると答えた事業所・施設のうち，その内容について尋ねた項目では，「介護保険対象サービスの範囲について」が最も多く（134ヶ所中106），その他の項目は，拮抗している（図表2－10）。(2)の回答にも見られたように，介護保険内のサービスと保険外のサービスの違いについて説明をしている事業所・施設もあるものの，この点に関する問題が多く発生していると言えよう。

　その他に関する記述を見てみると，「家族の無理解」や「担当ヘルパー」，「施設の体制」という記述が散見された。

図表 2 － 10　サービス内容をめぐって生じた問題の内容

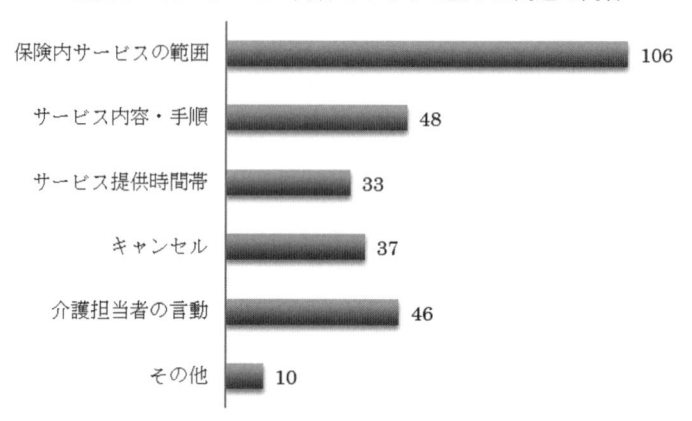

資料出所：2016 年アンケート調査をもとに筆者作成

(6)　問題への対応と契約内容

　(5)の問題に対して，契約内容との整合性を保っているのかどうかを問うた項目（複数回答可）では，契約書どおりに行動することが圧倒的に多く，その中でも，利用者の要望に応えるべく行動していることが明らかとなった（図表 2 － 11）。

図表 2 － 11　問題への対応と契約内容

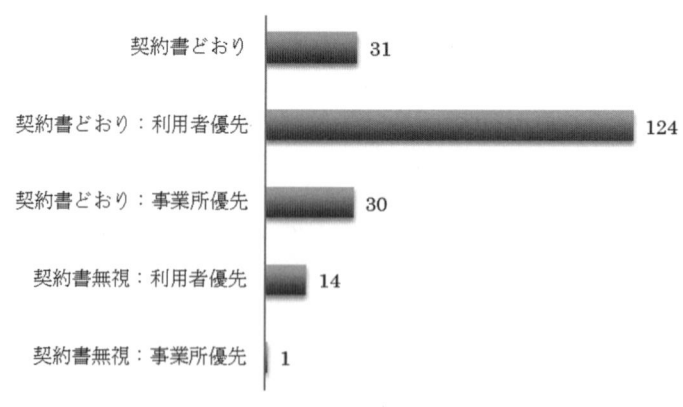

資料出所：2016 年アンケート調査をもとに筆者作成

3　2016 年アンケート調査と 2003 年アンケート調査との比較

(1)　2003 年調査の概要

　2003 年調査では，訪問介護事業所のみを対象に，本アンケート調査を実施した。東京都内にある 1,801 事業所へアンケート調査票を送付し，757 通の回答が寄せられた。

(2)　契約内容説明の対象者の選定とその理由

　2003 年アンケート調査では，2016 年アンケート調査と同様，家族に対して説明するケースが多数を占めたが，「利用者本人に必ず説明をしているが理解できない利用者が多いので，家族などに立ち会ってもらっている」とした回答は 48.4 %，「原則として利用者本人に説明しているが理解できない利用者については，例外的に家族などに説明をしている」とした回答は 37.8 %と，2016 年の方が 2003 年に比べて，家族に説明する割合が若干低く，できるだけ利用者に対して説明しようという，事業所・施設の姿勢が見られる。

　家族に対して説明する理由としては，事業者が利用者との契約締結にあたって困っていることに現れていると言えよう。2016 年アンケート調査では，利用者側の心身機能の低下により，締結内容を忘れてしまうこと（49.7 %）や契約内容が難しく理解に時間がかかること（42.1 %）が挙げられているが，2003 年でも同様，契約内容を理解してもらえないこと（事業所の 6 割），契約内容をすぐに忘れてしまうこと（事業所の 5 割以上）が挙げられている。このことからわかるように，2016 年の方が 2003 年に比べて若干割合が減少しているものの，困っていることの内容について，あまり変化がないことから，利用者の状況を配慮し，家族にも契約内容を理解してもらいたいという意識が働いていることが推定される。

　2016 年アンケート調査では，契約書書面への署名を誰が行なっているのかについては調査項目に挙げていなかったが，2003 年アンケート調査では項目として挙げられおり，家族による代行署名が一定数あったことが明らかとなっている。当時，代理権授与行為がない場合の家族の署名の違法性が指摘されていたが[33]，依然として，家族の立会いのもと利用者に説明する

ことや，例外的な場合の家族への説明が存在していることから，この問題について，必ずしも解決に至っているとは言えないのではないかと推察される。引き続き，成年後見制度の利用や日常生活自立支援事業の活用のほか，根本的な解決策が求められる事柄なのではないだろうか。

(3)　契約内容に関する説明とその問題

　契約締結時に利用者に質問されることの多い項目は，2016年アンケート調査でも，2003年アンケート調査でもサービス内容と料金が挙げられた。一方で，事業所・施設が重点的に説明する項目は，サービス内容，料金，キャンセルであり，2016年アンケート調査と2003年アンケート調査の差異は認められなかった。また，契約内容の説明に特に役立っているものも，2003年アンケート調査では事業所の約8割が重要事項説明書と契約書を挙げており，2016年アンケート調査と変わらない結果となった。これらの点からすると，事業所・施設にとっても，利用者にとっても，わかりやすい（説明しやすい・理解しやすい）契約書や重要事項説明書が求められるということができよう。介護保険制度導入時に積極的に行われてきた，行政や研究者等による，より使いやすい契約書や重要事項説明書の開発・提示については，現在，それほど積極的になされているとは言えない状況であるが，実際には随時，それらを行うことが求められていると言えよう。

(4)　契約締結後のトラブル

　契約締結後のトラブルとして，2003年アンケート調査では，「介護保険対象サービスの範囲」が4分の3と圧倒的に多く，「サービスの具体的内容や手順」も4割以上となっていたが，2016年アンケート調査では，「介護保険対象サービスの範囲」は圧倒的に多かったものの，そのほかの項目では4割を超えたものはなかった。トラブルになっているにもかかわらず，自社でパンフレットなどを作成し，それを活用して説明をしている事業所・施設は，2016年アンケート調査でもあまり見受けられなかった。この点で，介

(33)　清水幸雄「介護保険契約と当事者能力——介護保険契約の当事者は誰か——」清和法学研究7巻1号（2000年）12-13頁。

護保険内・外のサービスに関するわかりやすい，あるいは説明しやすいパンフレットの作成は，早急に求められている課題として，受け止められるべきことと考えられる。

　また，問題への対応について，2016 年アンケート調査でも，2003 年アンケート調査でも，いずれも契約書どおりの対応をするものの，利用者の要望を優先させる事業所・施設が多く，利用者の特性を踏まえた，サービス業としての柔軟な対応をしている様子がうかがえる。ただし，料金等に関するトラブルについて，2003 年アンケート調査では「利用者が料金を支払うことを忘れたり，料金を支払ったと思い込んでしまうケース」や「請求書・領収証を紛失してトラブルになったケース」など，利用者側の問題が指摘されており，こうした状況は恐らく変わっていないものと推測される。利用者側に変化のない状況であるからこそ，現在のように事業所による柔軟な対応が必要だと思われるが，この柔軟な対応はどこまで求められるのか，この柔軟な対応に対して事業者や利用者に不都合がないよう，何らかの規制が必要なのか，といった問題が将来的に生じてくることが想像できよう。

第 4 節　契約書調査における不当条項

1　2003 年契約書調査

　2003 年契約書調査では，7 割近くの施設・事業所が東京都モデル契約書と同様の条文であった。まず，東京都モデル契約書を見てみると，①～⑩に明らかに反するような条項は特に見あたらない。そこで，モデル契約書に追加，削除した条項，すなわち，(a)サービスの提供記録に関する規定の削除，(b)相談・苦情対応規定の削除，(c)身元保証人の規定の追加，(d)居室の原状回復，(e)天変地異時ならびに施設内の事故における利用者の責に帰すべき事由の場合の免責，(f)残置物の引取り，(g)金銭管理，(h)身体拘束の禁止，(i)再入所受入義務の 9 つについて検討する。

　すると，⑧「情報を入手する手段の明示」に該当する可能性があるのは(a)(b)，⑨「事業者の免責条項あるいは損害賠償の予定」に該当する可能性があるのは，⑩「利用者にとって一方的に不利になるような条項」に該当する可

能性があるのは(c)であろう。なお，(f)(g)については，利用者にとって利益となり，また，宣言的な意味合いをもつものと思われ，消費者に不利になるような条項ではないだろう。したがって，(a)〜(e)の5つの条項の問題点を指摘していく。

まず，情報を入手する手段の明示に反すると思われるのは，サービス提供の記録を行うこと，ならびにそれらを閲覧し，複写することに関する規定を削除したことである。どのようなサービスを行ったかにつき，記録をし，それらを利用者に提供することについては，運営基準19条，91条，105条等に定めがある。運営基準に定められた内容を契約書に記す必要があるかどうかについては，さまざまな説があろう。しかし，文書の作成等について運営基準によっている以上，運営基準の内容を契約書に記すことが違法と解されることはないだろう。むしろ，利用者がいかなる基準に則ってサービスの提供がなされているかを知り，施設側にとっても，運営基準を満たすことで運営が成り立つことを考慮すれば，利用者に対してなすことについて定めた基準を契約書に記すことを，積極的に評価すべきであろう。契約書に定めていなくても，運営基準を満たすことは可能であろうが，契約書に記すことによって，積極的に利用者にその権利を知らしめ，情報提供を推し進めることが，より基準を満たそうとする意識につながるとも言える。したがって，こうした規定を削除したことは，望ましいことではない[34]。

また，相談・苦情窓口についての条項を削除したことについて，そもそも相談・苦情処理は，運営基準36条，91条，105条等に定める内容である。実際に相談・苦情処理を行わなければ，運営基準違反となろうが，制度の趣旨として利用者が相談・苦情処理制度知り，それを用いなければ意味がない規定でもあろう。したがって，本規定もサービス提供記録の規定と同様，契約書に記載され，利用者の権利が示されることが望ましい[35]。

---

(34) 運営基準に反する契約条項について，消費者契約法に抵触するようなものは除き，即時無効になるものではないとするものとして，岩村正彦「社会福祉サービス利用契約の締結課程をめぐる法的論点──社会保障法と消費者法との交錯──」季刊社会保障研究35巻3号（1999年）256頁。

(35) 北海道の調査によっても，こうした紛争解決のための機能が軽視されていると報告されている。（佐藤みゆき「介護保険サービス契約の実態と課題──北海道内の介

　次に，事業者の免責条項にかかると思われる規定が，天変地異時ならびに施設内の事故について利用者の責に帰すべき事由に基づく場合の免責と，金銭管理である。天変地異に関しては，民法の原則に立ち返ったとしても，事業者の損害賠償責任は免れうるものと思われる。問題であるのは，利用者の責に帰すべき事由の場合の免責の範囲である。利用者が負う責任の範囲を見定めることは，翻って事業者が負う責任の範囲はどの程度かという問題にもなろう。

　また，金銭管理は，判断能力が不十分である高齢者であっても，施設内の行事や外出先等で金銭が必要になる場面もあるだろう。したがって，一概に金銭管理自体を否定する趣旨ではない。しかし，その金銭管理について，例えば，事業者の管理体制が甘くなり，金銭管理自体が行き届かず，その結果，利用者が不利益を被る場合に，事業者自体は何らの規定もおかず，もしくは「管理について事業者は責任を負いません」，といった趣旨の規定を置くことが，ここで言う免責条項に該当するものと思われる。

　次に，居室の原状回復は，施設が利用者の生活の場となっていることから，賃貸借類似の関係となり，居室の原状回復規定を設けること自体に違法性を問えない，ということもできよう。特に，契約書調査に見られたように，居室を利用者が好むように造作することを認めている施設もあれば，造作を全く許さない施設もあるため，原状をどのように捉え，どの程度の回復まで課しているのかによって，不当とも妥当とも言える状況になろう。なお，賃貸借契約の原状回復特約に関する裁判例（大阪高裁平成12年8月22日判決判タ1067号209頁）によれば，貸室の賃貸借契約条項中の「契約時の原状に復旧」という文言について，そもそも原状回復の限度を「(1)賃借人が付加した造作は，賃借人が取り除かなければならないし，(2)賃借人は，通常の使用の限度を超える方法により賃貸物の価値を減耗させたとき（例えば，畳をナイフで切った場合）は，その復旧の費用を負担する必要がある。しかし，(3)賃借期間中に年月が過ぎたために，強度が劣化し，日焼けが生じた場合の減価分は，賃貸人が負担すべきものではないし，(4)賃貸借契約で予定されている通常

護老人福祉施設の調査結果から——」社会事業研究（日本社会事業大学社会福祉学会）45号（2006年）67頁。）

の利用により賃借物の価値が低下した場合（例えば賃貸建物に付けられていた冷暖房機が使用により価値が低くなったときや，住宅の畳が居住によりすり切れたとき）の減価分は，賃貸借の本来の対価というべきものであって，その減価を賃借人に負担させることはできない」と判断している。その上で，「契約時の原状に復旧させ」という契約上の文言について，「契約終了時の賃借人の一般的な現状回復義務を規定したものと読むことはできない。右契約条項には，賃借人が通常の使用による減価も負担する旨は規定していないから，そのような条項と考えることはできない」としている⁽³⁶⁾。通常の賃貸借でも上記のような解釈であることから，施設における居室の原状回復は，通常の賃貸借と類似の解釈が成り立ちうるであろう。

　最後に，利用者に一方的に不利となるような条項であるが，先に検討したように，事業者と利用者のバランスを欠くような状態になる条項の例として，身元保証人の規定が挙げられよう⁽³⁷⁾。身元保証人が確保できなければ，入居できないような趣旨の規定になっている場合には，本人にとって必要な介護サービスが受けられない状況となり，介護保険法本来の趣旨に照らして妥当ではない。したがって，身元保証人の規定が不当条項になる可能性があろう。

2　2016年契約書調査

　一方で，2016年契約書調査においては，先に指摘したように，実態に沿って必要な条項が収斂されてきていると言える。2016年契約書調査では聞きとりを行っていないため，運用の実情については不明であるが，運用していくにあたって契約書上必要のないもの，例えばサービスのキャンセルの規定やサービス提供記録の規定などについては削除されている。しかしながら，

(36)　従来の裁判例としては，「小修理は賃借人の負担において行う。賃借人は，故意過失を問わず，本件建物に毀損・滅失・汚染その他の損害を与えた場合は，賃貸人に対し賠償義務を負う」との条項は，「通常の使用による損耗・汚染の損害を賃借人が賠償または負担することを定めたものではない」と判断するものがある（名古屋地裁平成2年10月19日判決判時1375号117頁）。

(37)　身元保証に関しては，福祉施設に限らず，例えば，入院時の同意書などに現在でも用いられており，その必要性について議論のあるところである。

キャンセルやサービス提供記録については，日常的に行われ，サービス提供の履行（不履行）を証明するものでもあり，高齢者やその家族にとっても気になる点であることから，それらの規定を削除することは，利用者にとっても，事業者にとってもマイナスなのではないだろうか。他方，時代の流れや法の制定等もあり，個人情報保護にセンシティブになっていることもあって，秘密保持や個人情報保護については条文上強化されているようにも思われる。加えて，支援に関する項目，例えば訪問介護事業所における施設入所や要介護認定の申請，ケアプランの作成支援などについては，細かく書かれる傾向にある。一見，利用者にとってもメリットがあるように思える項目ではあるが，他方で，囲い込みとも思われかねない項目でもあり，不当とは言えないまでも事業者にとってはリスクマネジメントの点から，消費者にとっては選択権確保という点から，必ずしもよいとは言えない条文であるようにも思われる。

　加えて，2003年契約書調査と変化のない点としては，相変わらず施設契約において，保証人や身元引受人の条項が置かれたままである点を指摘できる。

第5節　消費者契約としての介護契約の問題と展望

1　現在の法規制における問題点

　以上の検討を経て，現在の法規制について，2つの大きな問題を挙げることができよう。1つは，現在の法制で利用者が活用しうるのは，消費者契約法であるが，とりわけ10条に定める利用者の"一方的に不利に"の規定が包括的すぎて，うまく利用されていないという点である。確かに，免責条項，損害賠償の予定のほか，消費者にとって一方的に不利な条項の排除として包括的，一般的な規定を置く必要は当然あったと思われる。しかし，その後の政策，裁判例の動向を見ても，どういった条項が10条にいう条項にあたるのかについて，明確にはなっていない。また，根本的な問題として，介護契約の契約当事者が，完全なる消費者かといえるかという問題である。先にも述べたように，介護契約は，介護保険制度の中で行われる契約であり，利

用者自身の判断能力もまちまちである契約であること，また，医療契約のように緊急性を要するわけではなく，代替可能性もあるが，日常生活に密接に関連したサービスで，介護契約の誠実な履行が，生活の質をコントロールするといっても過言ではない，という特殊な契約である[38]。確かに，事業者と消費者という二者間の契約であり，情報や交渉力の格差がある契約であるが，本当にそうした保護のみでよいのか，という点については，更に検討を要する問題であるともいえる。行政機関が不当条項のリストを示すことのほか，介護契約に対する新たな規制を検討すべきであろう。

　もう1つは，契約の不当性を判断し，提訴する手段が極めて限られている，という点である。つまり，不当だと思った場合には，裁判所に提訴し，裁判所による判断を待たなくてはいけない。2007年には消費者契約法の改正によって，適格消費者団体にも提訴が認められた[39]。現在まで，介護契約について裁判内外で争った事例は見受けられないが，例えば，有料老人ホーム入居契約における不当条項に関しては，消費者庁のウェブサイトによれば，裁判外において差し止め請求を行った事例が3件報告されている[40]。その中には，入居申込金の不返還条項や入居一時金の償却条項など，有料老人ホーム独自の条項もあるが，事業者の責任を一部免責する条項[41]や事業者からの契約解除権条項については，それぞれ消費者契約法8条1項2号・4号および同法10条違反として差し止め請求を行い，免責条項については削除，契約解除権条項については改定という結果となっている[42]。

---

(38)　介護契約の性質と契約当事者については，三輪まどか「介護契約と契約当事者──利用契約書から見る契約当事者──」新井＝秋元＝本沢・前掲注(28)書97頁を参照。

(39)　消費者団体訴訟については，小西啓文「福祉契約に対する内容規制と消費者団体訴訟」週刊社会保障63号（2530号）（2009年）44頁以下を参照。

(40)　消費者庁ウェブサイト「消費者団体訴訟制度『差止請求事例集』」(https://www.caa.go.jp/policies/policy/consumer_system/collective_litigation_system/about_system/case_examples_of_injunction/)（2019年8月15日最終アクセス）。

(41)　ここでは，「その他介護中における甲の責による怪我等の損害賠償は，ホーム加入の損害賠償保険の範囲内にて行う」とするものであった（消費者庁ウェブサイト・前掲注(40)80頁）。

(42)　ここでは，「その他介護中における甲の責による怪我等の損害賠償は，ホーム加入の損害賠償保険の範囲内にて行う」とするものであった（消費者庁ウェブサイト・

いずれにしても，特異な契約形態である介護契約が，現在の法の枠組みの中では，利用者にとって有用な規制手段を持たない点に疑問が残る。介護保険制度施行 20 年を迎え，介護契約に対する規制のあり方を再検討すべき時期に来ているのかもしれない[43]。

2　望ましい契約書のかたち

最後に，これまでの検討を踏まえ，望ましい契約書のかたちについて考えておきたい。

まず，契約書，契約書別紙，重要事項説明書がそれぞれどのような役割を果たすのかを明確にしておきたい。というのも，不動産取引などの現場でもそうであるが，契約書は法的な権利義務関係を設定する役割を持つものであるから，どうしても法律用語などを用いて，権利義務関係を明確にしようとする。難しい用語が書かれているものを前提に説明をするのは，法律の専門家はもとより，そうでない人には難しい。したがって，契約書は権利義務関係を明確にするもの，契約書別紙は個別に対応するもの，重要事項説明書は説明をするためのもの，といった役割分担を明確にして作成することが望ましいだろう。

次に，契約書の条項であるが，これについては，身元保証や事業者からの中途解約，身体拘束など，消費者にとって不利になるような条項を入れないことはもちろんであるが，事業者，利用者が誰であり，それぞれの権利義務をきちんと説明できるような条項を入れることが望ましいであろう。そして，特にトラブルになりがちな，債務の本旨であるサービス内容の履行やその中断（キャンセル），料金については明確に定めておく必要があるだろう。利用

前掲注(40) 82 頁）。

(43)　なお，新聞報道によると，消費者庁は有料老人ホームのパンフレットに，入居者終身入居できるかのような表示をしているが，実際には認知症の進行などにより入居契約を解除できるとしている HITOWA ケアサービスに対し，景品表示法違反で再発防止を求める措置命令を出している（読売新聞 2018 年 7 月 4 日朝刊）。社会福祉法上も，社会福祉サービスを提供する事業者に対しては，誇大広告の禁止（社福79 条）を規定しており，高齢者を誤認させるような情報提供，広告についてもまた，厳しく対処していく必要があろう。

者にとって不利な条項は削り，より必要な，明確にしておくことが望ましい。条項に絞りこんで契約書に記すことで，契約書に条文数も限られ，この点で，大部にわたる契約書でなくてもよいと言えるのではないだろうか。とすると，東京都のモデル契約書の条文数などは望ましいかたちに近かったのではないかと思われる。

　権利義務関係を明確に設定した上で，最も注意しなければならないのは，契約内容の説明であろう。利用者に対して，どのようなサービスが提供され，どのくらいの料金が発生し，その履行に問題があるときはどうしたらよいのか，という説明は，社会福祉法に定めるように，明確に説明する必要があるだろう。説明の際に，どのくらいの濃淡・強弱をつけて説明をしているのか，聞き取り調査では明らかにできなかったが，サービス提供主体である事業者については，事前に事業者自身が情報開示するだけではなく，第三者評価制度を用いたり，ケアプランを作成するケアマネジャーからの情報提供をするなどの工夫をした上で，利用者に納得し，選択するという方式をとれれば，事業者側からの説明の負担は軽減されるかもしれない。現在では，ICT 化が進み，アクセスしやすい機器の登場で，年をおうごとに，デジタルデバイドも解消しつつある。この点からすれば，ウェブサイトなどの公表によって事業者情報にアクセスすることや FAQ などを作成して，利用者の疑問に事前に答える仕組みを導入してもよい。さらに進んで，利用者の趣味嗜好に応じた AI による適所診断などが開発されてもよいように思われる。また，トラブルになりがちである料金などの仕組み，特に保険内・保険外の料金については，事業者の責任において説明するというよりは，制度上の問題であり，介護保険申請時やケアプラン作成時に，行政や福祉専門職が責任を持って説明するなど，事業者だけの工夫ではない仕組み作りが必要となろう。

　このようにして，誰がどのような情報をどの程度提供するかを分担し，全て事業者任せではなく，かつ，利用者任せではない方策をとることで，それぞれの負担を軽減し，利用者の利用しやすい環境を整備することができるのではないだろうか。そしてそのような環境を創出することが，事業者にとってのリスクマネジメントになりうる時代なのではないだろうか。

第 3 章　意思能力に対する「法」の見方

第 1 節　契約行為と意思能力

　契約法理の前提となるのは，契約自由の原則と意思能力の存在であった。介護契約が契約自由の原則通りにいかないことは前章で検討したが，介護契約における意思能力の問題については，まだ検討が残っている。問題の第 1 は，そもそも意思能力とは何か，そして，事理弁識能力と何が異なるのかということである。第 2 に，加齢とともに認知機能，注意・感覚機能が低下し，これらの機能低下が高齢者自身の意思決定に大きな影響を及ぼすことは，医学的に指摘されているが[1]，介護契約や任意後見契約において必要な意思能力はどういったものなのかということである。そして，第 3 に，それら意思能力が備わっていることをどのように立証すればよいのか，ということである。

1　意思能力の定義

　第 1 の問題について，約 120 年間行われなかった民法改正にあたって審議を行った，法制審議会民法（債権関係）部会第 30 回会議のまとめによれば[2]，以下の 3 つ（甲案，乙案，丙案）が考えられる[3]。すなわち，意思能力とは，

---

(1)　齋藤正彦「高齢者の精神機能，責任能力，意思能力」司法精神医学 6 巻 2 号（2011年）37 頁。

(2)　法務省ウェブサイト「法制審議会民法（債権関係）部会第 30 回会議（平成 23年 7 月 26 日開催）部会資料 27 民法（債権関係）の改正に関する論点の検討(1)」（http://www.moj.go.jp/content/000077664.pdf）（2019 年 8 月 16 日最終アクセス）15-17 頁。

(3)　なお，これらの審議経過について，丁寧にまとめた論文として，村田彰「『意思能力』を考える：『意思能力』を定義する場合の留意点を中心として」名城法学 66 巻3 号（2016 年）183-227 頁があり，本書もこのまとめにしたがって，審議の経過を抜粋している。

「自分の行為の法的な意味を理解し，その結果を認識することのできる能力であり，行為の種類・内容によって異なる」。そして，この考え方により，意思能力を「当該法律行為をすることの意味を弁識する能力」と捉え，定義する（甲案）[4]。しかし，このように捉えると，過去の審議（第10回会議[5]）において，「個別具体的な法律行為ごと表意者がその意味を理解して意思表示をしたかどうかは意思能力の問題ではなく，適合性の原則などによって処理すべきであるとの意見もあった。適合性の原則は，特に金融商品の取引において，顧客の知識，経験，財産の状況，取引の目的等に照らして不適当と認められる勧誘を行ってはならないという原則であり，法律行為の意味を理解する能力以外の状況をも考慮に入れる点で意思能力に関する規律よりも広がりを有するものであるが，意思能力を甲案のように捉えると。適合性原則の適用が問題となる場面と意思能力が問題になる場面が重複する可能性は否定できない（例えば，顧客の知的能力のみに照らして勧誘が違法となるような場合）」との指摘がある[6]。

　第2案である乙案では，意思能力と事理弁識能力を同一のものとするという考え方による。つまり，「平成11年民法改正の立案担当者によれば，意思能力は，法律行為を行った結果（法律行為に基づく権利義務の変動）を理解するに足る精神能力を指すものであるのに対し，意思能力があることを前提に，十分に自己の利害得失を認識して経済合理性に則った意思決定をするに足る能力が事理弁識能力であるとされている[7]」という点に着目している。乙案のように解すると，「例えば日常生活のための食料品の購入であるか不動産への抵当権の設定であるかによって，意思能力に区別を設けることはしないから，最も低い能力を基準として一律に判断されることになると考えられる（逆に，この低い能力を超える能力を有する場合には一律に意思能力が肯定されることになると考えられる。）。このような考え方によると，食料品を購入す

---

(4)　法務省ウェブサイト・前掲注(2) 16頁。

(5)　法務省ウェブサイト「法制審議会民法（債権関係）部会第10回会議（平成22年6月8日開催）」（http://www.moj.go.jp/shingi1/shingi04900022.html：現在は閲覧不可）。

(6)　法務省ウェブサイト・前掲注(2) 16頁。

(7)　法務省ウェブサイト・前掲注(2) 16-17頁。

る意味を理解する能力はあるが不動産に抵当権を設定する意味を理解する能力を有しない者が，不動産に抵当権を設定した場合に，この取引の効力は意思能力の欠如を理由としては否定することができないことになる。この場合は，暴利行為などの法律行為の内容の不当性を規律する準則や，行為能力制度がカバーすることになる」との指摘がある[8]。丙案は，意思能力の定義規定を設けず，その意義も解釈に委ねるというものである[9]。

　上記議論に加えて，第 64 回会議では，意思能力の意義について，以下のように述べられている。すなわち，「意思能力の有無の判断に当たって法律行為の性質，難易が考慮されるとしても，意思能力の程度は一般に 7 歳か10 歳程度の理解力を意味するとされており，取引の仕組みなどを理解した上で，その取引した結果について自己の利害得失を認識して経済合理性に則った判断をする能力までは不要であると考えられる[10]」。この後，99 回にわたる会議を経て，現在の規定に落ち着き，2020 年に施行されることになった。

　以上のように，審議過程で明らかとなった意思能力の捉え方は，従来の考え方を維持し，意思能力は自分の行為の法的な意味を理解し，その結果を認識することのできる能力であり，その程度は一般に 7 歳か 10 歳程度の理解力を指すこと，そして，必要な意思能力は，法律行為の種類・内容によって異なるということである。

2　意思能力の程度とその立証

　必要な意思能力が，法律行為の種類・内容によって異なるとなると，第 2，第 3 の問題点，すなわち，介護契約・任意後見契約に意思能力はどのようなものか，意思能力の有無・程度に関する判断基準はいかなるものかが大変重要になってくる。

(8)　法務省ウェブサイト・前掲注(2) 16-17 頁。

(9)　法務省ウェブサイト・前掲注(2) 17 頁。

(10)　「法制審議会民法（債権関係）部会第 64 回会議（平成 24 年 12 月 4 日開催）部会資料 53　民法（債権関係）の改正に関する中間試案のたたき台(1)（概要付き）」商事法務編『民法（債権関係）部会資料集第 2 集〈第 10 巻〉──第 64 回〜第 67 回議事録と部会資料』（商事法務，2015 年）5 頁。

　しかしながら，なされた法律行為の，まさにその時点で，意思能力があったのかなかったのか，どの程度あったのか，それが，その法律行為に必要な程度であったのかどうか，ということを立証することは，かなり難しい。というのも，法律行為の相手方は，個人であれ，法人であれ，意思能力の専門家というわけではなく，かつ，法律行為をするにあたってのコミュニケーションのなかで，高齢者本人の様子を窺うほかないからである(11)。また，各種取引行為において，高齢者の意思能力の存在を確認するような取り組みを，業界内で行っている場合もあるが(12)，それでもなお，取引行為をはじめ，各種法律行為時における意思能力の有無を問う訴訟が起こっていることからしても，その確認の難しさを痛感せざるを得ない。

　もちろん，序章で述べたように，意思能力の有無・程度を争う裁判においては，家族・親族の相続争いが発端であることもある。しかしながら，意思能力がないことに全く気づかずに契約をしてしまった事業者もあれば，悪質な取引を行っている事業者もあり，その態様は様々である。とはいえ，事業者も商売であり，取引の安全が確保された方が民法の趣旨にもかなうし，また，高齢者だからといって取引ができないということになってしまっては高齢者本人が不利益を被ることもある。

　そこで，本章では，これまで出された裁判例を参考に，法律行為ごとに，当該法律行為において，どの程度の意思能力が求められているのかについて考察してみたいと思う。その上で，介護契約，任意後見契約の性質を考慮し

---

(11)　この点については，筆者が行った各種業界団体における講演においても，受講された方々からよく聞かれる意見である。

(12)　高齢者の取引についての業界の取り組みについて，金融庁がまとめたところによれば，全国銀行協会では認知症サポーター養成講座の実施，生命保険協会では高齢者の特性に配慮した取組事例の共有，損害保険協会では高齢者向けパンフレットの作成などが行われている（金融庁ウェブサイト「高齢者対策に関する取組状況について（平成25年9月26日）」〈https://www.mhlw.go.jp/file/05-Shingikai-12301000-Roukenkyoku-Soumuka/0000031340.pdf〉（2019年8月16日最終アクセス）2頁）。なお，筆者が損害保険協会で講演した折にも，高齢者との契約行為や保険金の受取行為等について，担当者が非常に留意して行っていること，またその方法についての情報共有が行われていた（2017年3月8日講演「『老い』を支える──法制度・裁判の現状」）。

つつ，他の法律行為との比較から，本書の対象である介護契約，および任意
後見契約に必要な意思能力の程度について，明らかにしてみたいと思う。

その手法として，これまでの拙稿での検討に加え[13]，2017 年 3 月までの
裁判例を抽出，検討する。裁判例を検討する理由と意義は 2 つある。1 つは，
従来，民法における法理は，判例によって形成されてきたこと，もう 1 つは，
上記審議過程においても，意思能力の意義を解釈に委ねるとされたことであ
る。

抽出にあたっては，各種裁判例データベースを利用し，「高齢者」，「意思
能力」と入力したのち，各法律行為の名称を組み合わせて検索し，その中で
も意思能力の有無・程度について言及された裁判例について取り上げる。法
律行為は，比較の対象となり得て，かつ，高齢者が関わることが多く，先行
研究がある[14]，取引行為，身分行為，遺言，介護契約，任意後見契約の 5
つを取り上げる。

そして，裁判例および先行研究の状況から，まずは取引行為，身分行為，
遺言の 3 つに必要な意思能力とその判断基準・要素について検討する（第 2
節）。その上で，任意後見契約ならびに介護契約にあたって必要な意思能力
の程度と判断基準・要素（第 3 節）について考察する。

---

(13)　三輪まどか「高齢者の財産管理と意思能力——任意後見をめぐる裁判［東京地判
　　　H 18. 7. 6 判時 1965 号 75 頁］を契機として」横浜国際経済法学 18 巻 2 号（2009 年）
　　　148-153 頁，三輪まどか「高齢者の意思能力の有無・程度の判断基準——遺言能力，
　　　任意後見契約締結能力をめぐる裁判例を素材として——」横浜法学 22 巻 3 号（奥山
　　　恭子教授退官記念号：2014 年）263-285 頁。

(14)　岩本尚禧「認知症に罹患した高齢者の養子縁組時における意思能力が肯定された
　　　例」商学討究 67 巻 1 号（2016 年）327-347 頁，山川敦子「痴呆性高齢者の遺言能
　　　力——司法判断を中心に」藤女子大学福祉研究所年報 1 巻 1 号（2006 年）45 頁，斎
　　　藤正彦「高齢者における民事精神鑑定に関する諸問題——遺言の有効性をめぐる裁
　　　判における民事鑑定において——」老年精神医学雑誌 13 巻 10 号（2002 年）1165 頁，
　　　村田彰「高齢者の遺言——遺言に必要な意思能力を中心として」新井誠ほか編『高
　　　齢者の権利擁護システム』（勁草書房，1998 年）77 頁，鹿野菜穂子「高齢者の遺言
　　　能力」立命館法學 249 号（1996 年）1043 頁などがある。

第 2 節 法律行為別の意思能力の程度と判断基準 (1)
——取引行為・身分行為・遺言

1 取 引 行 為

高齢者の取引行為に関しては，先物取引，株式売買，連帯保証契約，根抵当権設定契約，不動産売買契約，保険金の受け取り，銀行の払戻しに関する裁判例が存在する。このうち，先物取引や株式売買といった，専門的知識が必要な取引行為に関しては，高齢者でなくとも消費者保護は必要であり，また，証券取引法や金融先物取引法などによって法規制も行われているところである。そこで本書では，上記の中で最も件数の多い不動産売買契約に関する裁判例について[15]，契約締結に必要な意思能力とその有無の判断基準についてみていきたいと思う。

⑴ 不動産売買契約

東京地裁平成 8 年 11 月 27 日判決では[16]，高齢者 A の検査結果，リハビリの状況，臨床経過を総合的に検討し，「常時判断能力が失われているというわけではなく，……自身の生年月日や所在場所……は正確に答えていること，リハビリに対しては……意欲を持って参加していることもあること，また，全体に無気力な反応が窺われるが，その原因としては右脳梗塞ばかりで

---

[15] 2009 年までに調べた裁判例は 1 例のみであるが，今回は，過去 3 年分（2014 年 1 月〜 2017 年 3 月）について調べた。裁判例データベース（LEXDB）にて「高齢者」「不動産売買」「意思能力」と入力して得られた結果，過去 3 年分については，7 件抽出できており，当該 7 件は以下の裁判例である。なお，裁判例は便宜上，判決日時の古い順に並べ，「取—㊟」といった形で表記する。

  取—① 東京地裁平成 26 年 2 月 25 日判決判時 2227 号 54 頁
  取—② 東京地裁平成 26 年 6 月 13 日判決 LEXDB25520083
  取—③ 東京地裁平成 26 年 10 月 29 日判決 LEXDB25522268
  取—④ 東京地裁平成 26 年 12 月 3 日判決 LEXDB25523350
  取—⑤ 東京地裁平成 26 年 12 月 11 日判決 LEXDB25523039
  取—⑥ 東京地裁平成 27 年 1 月 14 日判決 LEXDB25524395
  取—⑦ 東京地裁平成 27 年 12 月 9 日判決 LEXDB25533235

[16] 判時 1608 号 120 頁。

はなく，夫の死亡（平成2年2月9日）による精神的な落胆に加え，Aの財産を巡る実弟や実妹の争いに起因する精神的疲労の蓄積が多大の影響を与えていることが窺われること」のほか，看護記録を検討し，「多発性脳梗塞のために痴呆症状を呈するようになってはいたものの，常時判断能力を喪失していたものと断ずるには躊躇を覚えるといわざるを得ない」とした。そして，代理権委任時の状況を検討し，弁護士である補助参加人Bが面談をした際に判断能力に疑問を感じなかったこと，AがBを弁護士であると認識し，借入金債務の清算のために土地建物を売却することを依頼したこと，その依頼に基づき委任状をBが起案し，委任事項を土地建物の売却ならびに売買代金の受領および債務の弁済等の清算手続として記載し，Aに逐一説明し，Aはこれを納得したこと，「本件委任状のコピーに必死になって署名を試みたが，手が激しく震えて横長になり上手く書けず，コピー全部を失敗したこと，そのため，Bの指示に従い，残った原本に被告Yが手を添えて署名し，左手で指印を押したこと，そして，Bが翻意の機会を与える意味もあって右委任状に印鑑を押して送付するように指示したところ，右指示どおり指印の横に印鑑を押捺した本件委任状がBに郵送されていたこと，右委任状に基づき，同年12月10日，西日本銀行新宿支店において本件売買契約が締結されたこと」という事実を認めた上で，これら事実を見れば「Aは本件売買契約の趣旨，目的を理解し，本件委任状の委任事項も理解し，それ故に不自由極まりない手で，何とか自力で委任状に署名をしようと試みたものと理解するのが合理的である」として，代理権授与を有効とし，代理権に基づき締結された売買契約も有効と判断した。

　近年の裁判例では，従来の裁判例と同様[17]，総合的な視点から，意思能力の有無の判断している。例えば，不動産売買契約当時，93歳と高齢であること，契約締結7ヶ月前に要介護3の認定がなされ金銭管理ができない状態となっていること，売買契約書が6ページにも及ぶ複雑な内容であること，売買代金2,500万円に比し売りに出された金額が1億8,500円と高額となっていること（売買代金が低額であること），当該高齢者の生活が当該不動産の

---

(17)　三輪・前掲注(13)（2009年）148-153頁。

賃料収入に大きく依っていたため，通常人であればそのような不利な契約を締結しないこと等を総合的に検討した裁判例（取―③）[18]や，複数の医師による診断，遺産処理用診断書，裁判所が依頼した鑑定結果が競合する場合について，本人の状況や周りの状況，契約の合理性を詳しく検討した上で，裁判所自ら依頼した鑑定を「十分検討されていない」として証拠として採用せず，複数の医師による診断を優先して意思能力の有無の判定をした裁判例（取―①）もある。介護認定における審査会資料等や 1 年に何回も出された主治医意見書を詳細に検討し，「初診以前の原告の状況に関する情報が全くない中で，初診時の所見のみに基づいて」後見相当であったと推認した主治医の意見書について，「客観的な事実経過を踏まえない」回答書の「『推認』そのまま採用することはできない」としている裁判例（取―②）もある[19]。

　一方で，契約締結当時 88 歳女性の意思能力について医師の診断書，契約締結 3 ヶ月後の後見開始の審判等の事情を考慮し，「不動産取引に関し，自己の行為の効果や結果を正しく認識し，合理的な判断をする能力が著しく限定されていた」と推認して意思能力を明確に否定しないまでも，契約の合理性および契約締結過程を検討した上で，前述のような能力であったために容易に被告に「操られて，不合理な内容の本件売買契約を締結し……たものと認められるから，本件売買契約……は，原告の意思無能力により無効」と判断した裁判例（取―⑤）がある。また，医師の診断，介護認定等から意思能力がなかったとは言えないが，「不動産取引は，通常，日常的な売買などとは異なり慎重に行われる」と不動産取引の性質に言及した上で，初対面で専属専任媒介契約を締結し，その後，査定書を提示されたことから，当該専属専任媒介契約を解除して，不動産売買契約書に署名押印しているケースについて，「不動産の取引に通じておらず，不動産価格についての知識も乏しかったのに，被告［筆者注：不動産業を営む会社の取締役］の言うままに，同

---

(18)　本件では意思能力がないとされた。また，取引相手が事業者であったことから，事業者が，最大の注意を払って意思能力および売却意思の確認に努めたと主張していたが，その確認方法が証拠上明らかではなく，契約内容からすれば，契約内容を丁寧に説明することが必要であったとして，事業者側の主張を退けている。

(19)　東京地裁平成 26 年 6 月 13 日判決（前掲注(15) 取―②）。

被告の勧める代金額が相当であろうと思い，本件物件を売却したものであり，理解力，判断能力が欠けていた」とした裁判例（取—④）もある。加えて，認知症の診断を受けている大正 14 年生まれの女性との不動産売買契約について，意思能力についてはその症状だけでは明らかにできないとしつつ，契約の内容が「原告が他の居住場所を探すのには相当の困難を伴うものと推測されるから，このような不利益は極めて大きく，原告にとって，本件売買契約はリスクの大きいものである」ことから，「売買契約を締結する意思がなかったとまでは認められないものの，本件売買契約が原告にとって不利なものであったことを正確には理解してなかった」こと，また，「判断能力の低下していた原告に対して，不確実な見通しに基づいた説明をし……，詐欺的とも言える言辞を用いた上で上記のような内容の契約を締結させた」として，公序良俗に反し，当該契約は無効された裁判例（取—⑥）もある。

(2)　取引行為における意思能力の程度・判断基準

　不動産という，比較的高齢者が保有していることが多く，かつ高価な物の取引行為に必要な意思能力の程度を，明確に定義した裁判例はなかった。しかしながら，全体として少なくとも日常的な金銭管理の能力は必要とされており，かつ，「日常的な売買などとは異なり慎重に行われる」とともに，当該不動産取引について，「自己の行為の効果や結果を正しく認識し，合理的な判断をする能力」は必要とされているように思われる。つまりは，日常的な金銭管理能力以上の管理能力や認識力，売買した結果，自分自身の生活や将来の生活の見通しといったことが必要とされると言ってよいであろう。

　そして，その意思能力の判断方法は，もっぱら，介護認定や臨床経過，主治医の診断書，裁判所による鑑定医による鑑定など，医学的・福祉的な観点である。ただし，鑑定医の判断については，主治医の意見書と競合した場合，検討が不十分として採用しない事例もあった。また，意思能力の有無の判断基準の中に含めるか，あるいは含めないとしても，取引の性質上考慮される要素として，以下の 2 つの点が挙げられる。1 つは，契約内容が単純か・複雑かといった契約内容の単純性の検討と，契約内容が通常人であればどのように判断されるものであったか，という通常人との比較という点である。特

に，通常人との比較は，意思能力あるいは契約意思の有無の双方で検討される事項である。もう1つは，他方の契約当事者の状況である。これは，意思能力というよりはむしろ，契約意思の問題と捉えられるが，その契約意思の形成過程に錯誤や詐欺・強迫といったものがなかったかどうか，ということが検討されている。そして，他方の契約当事者が事業者などの取引経験者であれば，一方当事者である高齢者の意思能力が仮にあったとしても，相応の注意を払うことを求め，かつ，それらが不足していたり，あるいは，一方当事者である高齢者の意思能力の有無について，しっかり調査していないなどの事情がある場合には，契約を無効としている。

2　身分行為

　身分行為における意思能力が争われた裁判例としては，養子縁組の有効性について争われた裁判例のほか，婚姻・離婚に関する裁判例も多数存在する。しかしながら，高齢者がかかわる身分行為としては，圧倒的に養子縁組が多く，一人暮らし高齢者の財産が狙われ，相続との関連から養子縁組をされていたり，あるいは，会社経営をする高齢者が，その経営権争いから養子縁組がなされているといった事例が散見される。

　そこで本書では，養子縁組のみ検討の対象とし，かつ，養子縁組における意思能力に関する先行研究を参考とする[20]。養子縁組を行った高齢者の意思能力が争われた裁判例は，先行研究によれば12件である[21]。

　通常，養子縁組を行うには，縁組意思が存在しなければならず，その意思表示のため，縁組能力がなければならないとされる[22]。そして，縁組能力は意思能力で足りるとされている。本書では，先の12例を意思能力そのものが争われた事案と，縁組意思の存在について争われた事案に分けて，検討する。

---

(20)　岩本・前掲注(14) 327-347頁。
(21)　岩本・前掲注(14) 333-341頁。
(22)　岡部喜代子＝三谷忠之著『実務　家族法講義』（民事法研究会，2006年）171頁。

(1)　主に意思能力が争われた事案

　古くは，長男がもっぱら自分の相続分を増すために養子縁組を計画し，父に意思能力の衰弱が見られるのに後日の紛争防止のための配慮をした形跡が見られない場合，長男の一方的意思に基づいてなしたもので，父が縁組の趣旨を正確に理解したものと判断することができないから，縁組意思がないとして，養子縁組の無効が認められた裁判例がある[23]。また，縁組能力の程度について言及した裁判例として，「養子縁組をなすについて求められる意思能力ないし精神機能の程度は，格別高度な内容である必要はなく，親子という親族機能を任意的に設定することの意義を極く常識的に理解しうる程度であれば足りる」としたものがある[24]。

　近年の裁判例としては，意思能力もしくは縁組意思を肯定した裁判例として，高齢のため，財産を誰に遺贈するか明確に答えられないほど判断能力が相当弱っていたとしても，周囲への発言の内容から縁組意思ありとした裁判例がある[25]。意思能力もしくは縁組意思を否定した裁判例としては，大動脈弁狭窄症（中等症）の老人性認知症と判断された高齢者が，相手方から提示された縁組届を受け取り，積極的な意思表示をすることなく，ほとんど黙った状態で，氏名，住所，本籍を記入した場合，縁組意思はなく養子縁組は無効とした裁判例のほか[26]，86 歳と高齢の A が，弁識力や判断力等にかなりの衰えがあり，その場の状況次第では，真意の如何とは別に，たやすく身近な人の言いなりになる精神状態にあることに加え，A の養子を望む三組の夫婦が示し合わせたように A の戸籍に入ることなく，それぞれ姓を変えないように離婚・婚姻を繰り返した上，相次いで縁組を行っているなど縁組の運びがはなはだ異常であることから，縁組意思を否定した裁判例がある[27]。

---

(23)　東京高裁昭和 57 年 2 月 22 日判決家月 35 巻 5 号 98 頁・判タ 469 号 227 頁。

(24)　東京高裁昭和 60 年 5 月 31 日判決判時 1160 号 91 頁。

(25)　東京地裁平成 5 年 5 月 25 日判決判時 1490 号 107 頁・判タ 849 号 230 頁。

(26)　岡山地裁倉敷支部平成 14 年 11 月 12 日判決判例集未登載（判例体系 ID28080764）。

(27)　東京高裁平成 2 年 5 月 31 日判決判時 1352 号 72 頁。

(2)　縁組意思が争われた事案

　一方，自らの長男の子（孫にあたる）について財産相続を目的として行った養子縁組について，「親子としての精神的なつながりをつくる意思」を認め，「遺産に対する二男の相続分を排して孫の被上告人らにこれを取得せしめる意思が……あると同時に，……真実養親子関係を成立せしめる意思も亦十分にあったとする原審判決の判断は，これを是認しうる」として，養子縁組を有効とした最高裁判例がある[28]。また，この後出された裁判例も[29]，前述最高裁判例を踏襲し，「養子縁組をした主な目的が，自分の資産と営業とを養子に一括して相続させることにあったことは，前認定のとおりである。しかし，相続も養親子関係の一つの効果であるから，それを受けることを主たる目的としたこと自体によって，養子縁組が無効となるものではない。そのうえ，……従前から親しみのあった甥を養子として選んでいること，適当な時期に控訴人［前述甥：筆者注］を引取って一緒に住み，大学にも行かせたいと考えていたこと，控訴人に自分が営み，愛着を持っていたと思われる○○の営業を引継がせたいと考えていたこと，死亡の直前においても，真面目な良い子を貰ったと喜び，控訴人においても○○を引継ぐと答えていること，などを考慮すると，……養親子としての精神的なつながりを作る意思があり，控訴人やその両親の側にもこれに応じる意思があったものと認められる」とし，「当事者間には真実に養親子関係を成立させる意思」があったとして，養子縁組を有効としている。

(3)　養子縁組における意思能力

　以上の裁判例からすれば，本人の発言や行動などから，縁組意思を推定し，その能力の判断にあたっても，遺贈の相手方を明確に答えられなくてもかまわず，親子という親族機能を任意的に設定することの意義を常識的に理解しうる程度が求められており，先述の取引行為ほど高度な能力の程度を求めていないということができよう。ただし，縁組自体の運びという点が考慮され，その異常さも判断の一要素になっていることが特徴的であろう。この理由と

---

(28)　最高裁第二小法廷昭和38年12月20日判決家月16巻4号117頁。
(29)　大阪高裁昭和59年3月30日判決判タ528号287頁。

しては，上記の裁判例をみても明らかなように，養子縁組が相続や遺贈など
を通じて，高齢者の財産を分配する機能を果たす結果となることが挙げら
れよう。また，縁組意思に関しては，もっぱら相続を目的とする養子縁組で
あっても，「真実に養親子関係を成立させる意思」がわずかでもあれば，養
子縁組が認められている。したがって，自署でなくても，状況等から「真実
に養親子関係を成立させる意思」を認めることができればそれで足りるとす
る点には，留意しておく必要があろう。

3　遺　　言

　遺言については，実務における蓄積が多く，大部にわたる裁判例が出てお
り[30]，さらに遺言能力に関する優れた先行研究があるため[31]，まずは先行
研究にしたがい，遺言能力について考察してみたい。

(1)　法 的 見 地

　遺言能力に関して，まず法的な見地から見てみると，民法961条では，15
歳に達した者は，遺言をすることができると定め，民法973条により，成年
被後見人についても「事理を弁識する能力を一時回復した時において」一定
の要件のもと，遺言を認めている。ただし，法文上，必要な遺言能力につい
て定めているわけではない。教科書等では，遺言に必要な能力は，意思能力
で足りるとされている[32]。その理由は，「①人の最終意思をできるだけ尊重
すべきであり，遺言による財産処分の場合は，死者の遺志を実現させてやっ
た方が，遺族や近親にとって満足に思えることが多いこと，②最終意思には，
欺罔，策謀・貪欲などの忌まわしいものが少ないこと，③行為能力なき者の
最終意思を尊重しても弊害は少ないこと，④遺言はもともと財産処分ではな
く相続人指定のためのものであって，財産行為ではなく身分行為と観念され
てきたこと，などに求められ」るからだとされている[33]。

---

(30)　高齢者の遺言能力に関する裁判例は，過去3年を概観しても，40例を超える。
(31)　山川・前掲注(注14) 45頁，斎藤・前掲注(1) 1165頁，村田・前掲注(14) 77頁，
　　鹿野・前掲注(14) 1043頁などがある。
(32)　中川善之助＝泉久雄『相続法〔第3版〕』（有斐閣，1988年）451頁ほか。
(33)　鹿野・前掲注(14) 1049頁。

しかしながら，「比較的早い時期には，『自己の行為の結果を弁識しうる精神的能力』，『事理弁識能力』という，意思能力一般で用いられてきた抽象的な定義を持ち出して容易に遺言能力を肯定するものが見られたが，最近の裁判例の中には，『通常の思考作用』『通常人としての正常な判断力・理解力・表現力』という表現も見られる[34]」ことを指摘し，従来の学説に疑問を呈する学説もある。さらに，遺言をめぐる裁判例の分析を通じて遺言能力を定義した学説によれば，「遺言の内容と効果（結果）を理解して真に意欲したことを（真意ないし最終意思）を表示するのに必要な最小限の精神能力を遺言時に有しなければならず，そうして，この精神能力の程度は，利害得失を合理的に判断（計算）しうる精神能力にまで達する必要がないとしても，真に意欲したこと（真意・最終意思）を遺言の方式に従って明示（「自署」ないし「口授」）するのに必要な精神能力にまで達する必要がある」とするものもある[35]。

(2)　医学的な見地

次に，医学的な見地から見てみると，遺言能力について精神鑑定の自験から，次のような定義が得られるとしているものがある[36]。すなわち，①自己の意思を第三者に伝えるだけの言語能力，判断能力，事理弁識能力，②自らの遺言書を作成する能力，③自らの行為の結果を判別，判断するに足るだけの精神能力，④正常な判断能力のもとに，自筆証書証言に記載されている事項の内容の意味，および結果を弁別・判断するに足るだけの精神能力，⑤自筆証書証言の書面を，自らの意思で，作成しうる能力，⑥自らの重要な財

---

(34)　鹿野・前掲注(14) 1054 頁

(35)　村田・前掲注(14) 96 頁。

(36)　松下正明「精神鑑定からみた遺言能力」司法精神法学 7 巻 1 号（2012 年）105 頁。その他，精神鑑定の立場から論じた論文として，辻丸秀策「遺言者死亡後に行われた意思能力をめぐる精神鑑定――遺言無効確認請求控訴事件――」比較文化年報 20 号（2011 年）1-39 頁。なお，松下は遺言能力鑑定の特異性として，「①多くの場合対象者は高齢者であること，②遺言が作成された時点は多くの場合高齢期であることから，高齢者における遺言能力が問われること，③精神鑑定の対象者である被鑑定人はすでに死亡しており『死亡後の精神鑑定』，つまり，『対象者の診察が不可能な精神鑑定』であること」を指摘している（松下・前掲論文 103 頁）。

産を処分することを理解できる程度の能力，⑦自筆にて，遺言を作成できる
だけの読み書きの能力，である。

2　遺言能力の判定基準に関する学説

⑴　法的見地

　裁判例を分析した村田によれば，まず自筆証書遺言について，「字形，誤
字・脱字・理解不能な字の有無，文字の配列などは，識字能力の有無を判断
するうえで参考となり，しかも，高齢者の場合，かつて獲得した識字能力は
加齢や病気に伴って減退する，というのが通常であろうから，識字能力の減
退は同時に遺言能力の減退をも示すことがある……これに対して，方式を具
備し，内容が一義的かつ明確な自筆証書遺言は，公正証書遺言に比べて遺言
能力を有することの高い蓋然性を推測させる[37]」としている。また，公正
証書遺言については，民法969条に基づいた方式から，「その真に意欲した
遺言の内容・効果を公証人に「口授」する（言語機能障害者の場合には，通訳
人の通訳（手話通訳など）による申述または「自筆」（筆談）により遺言の趣旨を
伝える）のに必要な精神能力を遺言時に有していなければならない[38]」と
する。そして，「遺言に厳格な方式を要求するのは遺言者の真意（最終意思）
を確保して後に紛争が生じるのを予防するためであるが，遺言が表示どおり
に効力を生じるには，方式に合致するだけでは不十分であり，さらに，遺言
者の真意（最終意思）を伴った遺言でなければならない[39]」と結論づける。

　なお，公正証書遺言に関して，幾度となく遺言能力にかかわる精神鑑定を
行っている松下によれば，「公正証書遺言を覆すことはよほどのエビデンス
がないかぎり不可能であると思われる。公正証書遺言にかかわる裁判は非常
に増えていると言われているが，それが裁判で否定されるのはごくまれ[40]」
との指摘をしている。しかしながら，この指摘に対して，1982年から2013
年までの裁判例を取り上げた分析によれば[41]，この期間における公正証書

---

　(37)　村田彰「法律家からみた遺言能力」司法精神医学7巻1号（2012年）121頁。

　(38)　村田・前掲注(37) 121頁。

　(39)　村田・前掲注(37) 121頁。

　(40)　松下・前掲注(36) 106頁。

遺言の意思能力をめぐる紛争は38例，うち，意思能力が肯定された事例は19例，否定された事例は19例と半々である。また，過去に検討した事例（1967年）から2007年までの裁判例を取り上げ，主に「公正証書遺言作成時に遺言者に遺言能力があるか否かについて，とくに公証人がどのような点に配慮や注意などをすればよいかを視点として，裁判例を分析し」た千藤によれば[42]，遺言能力が問題とされた裁判例は43例であり，肯定されたのは22例，否定されたのは21例であった[43]。加えて，筆者が過去5年（2014年〜2018年）の公正証書遺言に関わる無効確認訴訟を管見したところ，66の裁判例があった。そして，意思能力が肯定された事例は47件，否定された事例は18件であり，肯定された事例が多くなっている。否定された理由としては，公証人の証言の信用性にかかわるものや方式違背，意思能力の有無の確認方法などが挙げられた[44]。これらの分析からすると，公正証書遺言であるからといって，意思能力が有ったことの証明に必ずしもならず，また，万全な老いじたくとも言えないことが明らかであろう。

(2)　医学的見地

遺言にまつわる精神鑑定を行っている松下の報告によれば，遺言能力鑑定において検討・考察の対象となるのは，認知症であることが指摘されている[45]。そこで，認知症と遺言能力との関連を見るに，Alzheimer型認知症の特性，すなわち，「ごく初期の段階から記憶障害，意欲障害が目立ってくる」こと，「病気の経過とともに，記憶障害は徐々に強まり，さらには，時間や場所，人物がわからなくなる見当識障害，言語障害，判断障害，認識障害などが加速度的に出現進行」することを踏まえた上で，「Alzheimer型認

(41)　蕪山嚴＝吉井直昭＝小川昭二郎＝田中永司＝横山長『遺言法体系Ⅰ　補訂版』（慈学社出版，2015年）21-24頁。

(42)　千藤洋三「近時の遺言能力をめぐる公正証書遺言の裁判例について」公証制度研究班『現代公証制度の理論と実務（関西大学法学研究所研究叢書第39冊）』（関西大学法学研究所，2008年）87頁。

(43)　千藤・前掲注(42) 86頁。

(44)　三輪まどか「遺言無効確認訴訟における公証の役割——公証でなす遺言の意義をめぐって」アカデミア社会科学編17号（2019年）203-222頁。

(45)　松下・前掲注(36) 108頁。

知症としては軽度であっても，記憶障害が中等度〜高度の場合があり，その場合は，遺言能力は著しい障害を受けているとみなし，記憶障害が軽ければ，遺言能力の障害は軽度として判断すべきであ」り，「Alzheimer 型認知症が中等度〜高度であれば，記憶障害もまた中等度〜高度であることが一般なので，遺言能力には著しい障害がある，あるいは遺言能力は欠如しているとみなすべきである」としている[46]。

　また，書字・識字能力に関しては，必ずしも認知症の程度と並行せず，「書字機能は，認知症が中程度になっても，保持されることが少なくな」く，「認知症が高度になれば，言語機能の障害と並行して，書字機能も侵されることはいうまでもない」とされている。「一方，読字機能は，認知症が比較的高度になっても，その文章の意味を理解しているかどうかは別にして，保たれることが多い」とされる[47]。

(3)　裁判における遺言能力の判定基準
①　遺言能力の相対性

　遺言能力については，先に見たように，法文上，完全・完璧なる意思能力が求められているわけではない。遺言能力には相対性，すなわち，遺言の程度によって必要とされる能力が異なることが示されている（京都地判平成25年4月11日，東京地判平成23年12月12日）。また，多くの裁判例において，この相対性について明示しなくとも，検討している。総じて，単に認知症であるからといって，遺言能力を否定するものではなく，法律上の15歳を意識したものと思われる小学校高学年程度の意思能力であっても，遺言がもたらす結果（遺言の文言そのものの問題ではない）が，比較的簡単・単純なものであれば，遺言能力があるとして，判断するものが散見される。

---

(46)　松下・前掲注(36) 108 頁。Alzheimer 型認知症の中等度（中期）における，遺言能力ないし包括的判断能力の障害に関する見解として，五十嵐も同じ立場をとる（五十嵐禎人「遺言能力と精神医学からみた判定のあり方」司法精神医学 7 巻 1 号（2012 年）110 頁）。
(47)　松下・前掲注(36) 108 頁。

② 対象裁判例

本書では，裁判における遺言能力の判定基準を，一定の条件の，一定期間の裁判例を分析することによって明らかにしたい。分析対象となる裁判例の抽出にあたっては，2009〜2013年までの裁判例を検討した拙稿のうち[48]，任意後見契約と同様の「公証」によって遺言が行われた10の裁判例と，その後フォローした2017月3月までの23の裁判例を加えて（図表3－1）[49]，裁判において遺言能力をどのように判定しているのかについて検討してみたい。なお，図表3－1に示す裁判例を文中に示す場合，便宜上，「遺―①」等と表記する。

図表3－1　遺言能力の有無・程度に関する裁判例一覧

裁判例	意思能力	本人性質	周囲の状況	遺言内容	運筆	診断・鑑定	公証の状況	医看介護記録	介保申請認定	他
①東京地裁平成20年10月9日判決判タ1289号227頁	有	●失語		●			●	●		
②東京地裁平成20年11月13日判決判時2032号87頁	無	●病床					●口授なし	●		
③東京高裁平成22年7月15日判決判タ1336号241頁	無					●	●	●	●	
④東京地裁平成23年12月12日判決25490747	有		●		●					
⑤東京地裁平成23年12月21日判決25490285	有	●学歴	●	●						
⑥高知地裁平成24年3月29日判決判タ1385号225頁	無							●		
⑦東京地裁平成25年1月15日判決25510531	無		●	●		●				

---

(48)　三輪・前掲注(13)（2009年：脚注13）268-269頁。

(49)　2014年1月1日以降の裁判例については，大部にわたる件数となるため，WestlawJapanを用い，「遺言能力」かつ「公正遺言証書」と検索して抽出された裁判例のうち，直接的に遺言の効力について争っている遺言無効確認訴訟で，遺言能力について争っている事例を検討の対象とした。

	有無									備考
⑧東京地裁平成25年1月30日判決25510163	有					●			●	
⑨東京高裁平成25年3月6日判決判時2193号12頁	無					●	●	●		
⑩東京地裁平成25年6月20日判決25513678	有				●文字	●		●		
⑪東京地裁平成26年1月22日判決2014WLJPCA01228020	無			●						
⑫東京地裁平成26年2月14日判決2014WLJPCA02148001	有	●保佐		●		●	●	●	●	
⑬神戸地裁尼崎支部平成26年3月7日判決2014WLJPCA03076005	有				●手帳の文字	●	●感覚的で採用不可	●		
⑭東京地裁平成26年3月24日判決2014WLJPCA03258005	有	●株に精通	●			●				
⑮福岡地裁平成26年4月30日判決2014WLJPCA04306001	有	●Vサインの意思				●	●			方式違背
⑯東京地裁平成26年6月6日判決2014WLJPCA06068002	有	●健康状態					●			
⑰東京地裁平成26年7月10日判決2014WLJPCA07108001	有			●			●		●	
⑱東京地裁平成26年9月9日判決2014WLJPCA09098001	無			●		●		●	●	運転免許講習
⑲東京地判平成26年10月24日判決2014WLJPCA10248001	有	●手術	●暴力	●簡単			●役場に出向く			
⑳東京地裁平成26年11月6日判決2014WLJPCA11068001	無						●記憶無し	●		
㉑大阪高裁平成26年11月28日判決判タ1411号92頁	無			●複雑			●	●		
㉒東京地裁平成26年12月18日判決2014WLJPCA12188013	有			●	●字形	●		●		
㉓東京地裁平成27年1月16日判時2352号67頁	無					●	●口授なし		●	方式違背
㉔東京地裁平成27年2月19日判決2015WLJPCA02198001	有	●議員(信託)		●一貫			●作成経緯	●	●	

裁判例	有無									備考
㉕東京地裁平成27年4月27日 判決2015WLJPCA04278010	有		●	●				●	●	
㉖東京地裁平成27年9月10日 判決2015WLJPCA09108004	有			●		●	●作成 経緯	●	●	
㉗東京地裁平成27年11月25日 判決2015WLJPCA11258006	有	●不当 な威圧 ・誘導	●			●		●	●	運転免許講 習
㉘東京地裁平成27年12月25日 判決判時2361号61頁	有	●会社 社長				●	●作成 経緯	●		
㉙東京地裁平成28年1月29日 判決2016WLJPCA01296008	有		●	● 簡単		●	●やり とり	●	●	
㉚東京地裁平成28年2月24日 判決2016WLJPCA02248005	有			●	● 筆跡	●	●			
㉛東京地裁平成28年3月4日 判決2016WLJPCA03048003	無	●鍵の 交換	●					●		
㉜東京地裁平成28年3月25日 判決2016WLJPCA03258015	無			●			●やり とり			日常生活か ら認知症 (受診歴なし)
㉝東京地裁平成28年3月29日 判決2016WLJPCA03298019	有			●						意思能力減 退証拠なし

③　有無・程度の判断基準

　図表3－1に掲げた裁判例を分析してみると，大まかに次の3つの要素で判断されていることがわかる。第1に，ほとんどの高齢者が認知症の傾向があり，病院に受診するか，あるいは介護保険の利用のために介護保険の利用を申請しているため，医学的・福祉的見地（診断書／鑑定，医療／看護記録，介護保険申請における要介護認定／介護記録）ということが挙げられる。第2に，争いとなっているのが遺族であることが大半であることから，遺言の内容，形式（運筆，財産額，公証人による証言や公証の運び）が挙げられる。第3に，第2の点とも関係するが，本人の状況と周りの者との関係（本人の性質，生前の意思，周りの状況／介護の利用）が挙げられる。そして，それらを総合的に判断し，意思能力の有無について判断しているものが大半である。

　i）　医学的・福祉的見地

　最も多く検討されているのは，この医学的・福祉的見地である。しかしな

がら，医学的・福祉的見地のみで遺言能力を判断している裁判例は皆無である。少なくとも，医学的・福祉的見地に加え，遺言内容や本人の状況，あるいは公証人の証言などを組み合わせて判断しているといえる。

　近年では，医療・看護記録と診断書が競合するようなケースや，家族内で争いが激化し，何通も診断書が出るといったようなケースも散見される。その場合の優劣について，数年前までは，最も身近であり，何度も高齢者本人を診ている高齢者本人の主治医の意見書が優先される傾向にあった（遺―⑤，遺―⑥，遺―⑦）。しかしながら，近年では，看護・介護記録が主治医の意見書に優先したケース（遺―㉒）や，介護認定取得用の意見書なのか，専門医による認知症診断なのかを考慮するケース（遺―⑰）も出てきており，認知症状に波があるという，症状の特性を考慮し，できるだけ調子の良いときを見極め，その時点での高齢者の意思を尊重しようという姿勢も見られる。

　遺言能力があるとされる程度については，認知機能の程度が中等度までは，遺言能力ありと判断するものが多い。

ⅱ）遺言の内容・形式

　まず，遺言の内容について，遺言能力の相対性と大きく関わるため，遺言の内容が比較的簡単・単純であるかどうかを検討する裁判例がほとんどである。比較的簡単・単純とは，「○○に全額相続させる」といったような内容（遺―⑲）や，作成過程を検討した上で，「第1条から第7条まで，それぞれの財産を特定の者に相続させる，ないし遺贈する旨の単純な記載であるほか，第8条は祭祀承継規定，第9条は遺言執行者の指定に関する記載」であるもの（遺―⑰），全体で3か条しかない遺言公正証書（遺―㉒）などが挙げられる。一方，比較的複雑とされているのは，物件目録記載の不動産を2分の1ずつの割合で相続させ，第三者に賃貸しているもの及び使用貸借させているものについては，各貸主たる地位についても2分の1ずつ相続させるという趣旨の遺言である（遺―⑱）。

　また，公正証書遺言の場合，遺言の内容について，遺言の合理性（日常の面倒をみてくれていた家族を考慮すること，多額の借金をしていること，子どもに障害があることなど）が検討されたり（遺―⑰），遺言書作成当時の状況を立会人や公証人，医師に尋ねたりして（遺―⑯），本人の意思がどこにあっ

たのか，という点が主に検討される傾向にある。

　また，本書が対象としている公正証書遺言については，公証人の証言が検討されることが多い。単に公証人が作成に関わったというだけでは遺言能力があったことを示すことにはならないが（遺―⑥），そもそも「公証人法は，公証人について，公正証書の作成等をその職責と定め，その資格や懲戒等について規定するほか，法令に違反した事項や無効の法律行為等について公正証書を作成することを禁止しているから，このような地位にある公証人が作成した公正証書は，特段の事情がない限り，法律の定める方式に従って作成されたと推認することができる」（遺―⑯）ことから，公正証書遺言の作成時，公証人が感じ取った印象や手順などが検討される。

　最後に形式については，運筆や文字の記載そのものが，意思能力の有無・程度を必ずしも示すものではないことが示されているが（遺―④），字形の乱れがないことで，意識が清明であったとするもの（遺―㉒）がある。

ⅲ）本人の状況と周りの者との関係

　遺言の内容が本人の意思であるのかどうかを推測するための基準としては，本人の性格や学歴・経歴，障害といった性質，介護の担い手の存在（遺―①ほか），遺産を構成する個々の財産やその財産的価値，受遺者やその他身近な人たちとの従前の関係（遺―⑥），遺言作成の動機や専門家や家族への事前の相談（遺―㉖）が挙げられる。とりわけ，こうした本人と周りの者との関係は，遺言能力の判断基準となるのみならず，遺言そのものの合理性を判断するための要素となっている（遺―⑰）。

　また，本人の性質については，意思能力の有無に大きく影響するものではないが，例えば株に精通していること（遺―⑭），議員を務めていたこと（遺―㉔），会社社長であったこと（遺―㉘）といった内容は，遺言の内容の形成に影響するため，それらが考慮されている。

　本人の状況に関しては，医学的・福祉的見地の検討のほか，事前に専門家や家族等に相談しているのであれば，その内容を陳述書から検討されるとともに，公証証書遺言の場合には，公証人の証言が検討されている。

4　取引行為・身分行為・遺言の比較

　以上を概観すると，高齢者が当事者となりうる法律行為における意思能力の有無の判断基準について，以下の2点を指摘することができよう。第1に，いずれの法律行為であれ，意思能力の有無の判断にあたっては，病状の経過，医師の診察（鑑定結果や診断書），看護記録や介護記録，介護保険の要介護認定等，医学的・福祉的な視点から判断している点である。

　第2に，意思能力あるいは契約（縁組）意思の有無の判断にあたって，法律行為によって考慮する要素が異なっている点である。取引行為では，取引行為自体の合理性や社会的・法律的意味の理解，他方当事者による関与，契約締結過程，売買契約が実現したことによって招く高齢者の状況等を考慮している。身分行為と遺言では，病状の経過，医師の診察のほか，自分自身が周囲に発言した内容，発言に至った経緯，動機などを検証し，意思能力と契約（縁組）意思の有無を判断している。また，身分行為の中には，高齢者の財産をめぐって身内での駆け引きの場になっているような裁判例もあり，そこでは縁組の運びといった，一般常識に照らしたより客観的な視点が含まれている。また，遺言については，主に公正証書遺言について検討したこともあり，公証制度のメリット，つまり公証人による証言や公証役場に出向いて手続きをしたのかどうか，また，公証の運びや公証人とのやりとり，それらについての証拠の有無も大きな要素といえる。このほか，遺言に関しては，介護保険の利用申請にあたり，要介護認定が行われることもあり，こうした介護にまつわる公的な記録も重要視されている。

　このような判断基準の相違点は，法律行為における必要な意思能力の程度の違いを示すものでもあり，それぞれの法律行為の性質から決定づけられるとも言うことができる。意思能力そのものの有無については，医学的・福祉的な見地から決定づけられるとはいえ，意思無能力と決定づけられないとすれば，それぞれの法律行為の性質が，その必要な程度を決定づけることになろう。すなわち，取引行為であれば，日常的な金銭管理能力以上の管理能力が必要であり，かつ，その取引によって生じる自らへの不利益を認識できるかどうか，将来を見通せるかどうかといった，取引行為自体の合理性が基準となっている。養子縁組（身分行為）であれば，縁組意思，つまり，親子と

なるということがどういうことを意味するのか理解できるということであり，それらを本人の発言や行動，意思表示，無理な誘導などがないかどうかという点が基準となっている。遺言については，公証に限ってはいるものの，遺言の内容が単純であれば，周りの影響も比較的少ないと考えられ，意思能力があると判断しているものが多いのに対して，複雑であれば，本人の性質や状況が検討され，周りの状況なども詳細に検討されている。

　となると，多くの裁判例では明確には意識されていないが（意識しているものもあるが），それぞれの法律行為をなすに至った経緯，契約意思形成過程が，それぞれの法律行為をなす意思能力があったかどうかに，大きく影響しているのではないかと思われる。本来的には，意思能力の有無が検討され，契約意思の有無が検討されるというパターンが明確でわかりやすいのではあろうが，それらを分離することも難しいため，それらの要素が混在して，現在のようにこれらの要素を総合的に判断する傾向にあるように思われる。

図表 3 － 2　意思能力の有無・程度の判断比較表

	方式	対象	必要な意思能力	意思能力・契約意思の判断
取引行為	自由	財産日常生活	日常的な金銭管理能力以上の管理能力や認識力，将来を見通す能力（直接触れた裁判例はなし）	・臨床経過，医師による供述・鑑定 ・看護・介護記録 ・日常生活の様子 ・契約締結の有益性・価値 ・取引行為自体の合理性 ・取引行為の社会的・法律的意味の理解 ・取引行為に対する積極的関与 ・将来へ向かっての予測や判断
身分行為	自由	日常生活	親子という親族機能を任意的に設定することの意義を極く常識的に理解しうる程度（東京高判昭 60.5.31）	・臨床経過，医師による供述・鑑定 ・本人の発言や行動 ・積極的な意思表示 ・縁組の運び ・縁組の目的よりも，縁組意思を重視

遺言	自由公証	死後財産	遺言者が遺言事項を具体的に決定し，その法律効果を弁識するのに必要な判断能力（東京地判平 16.7.7）	・臨床経過，医師による供述・鑑定 ・内容，症状，痴呆の程度，遺言に至った経緯

資料出所：裁判例や先行研究をもとに筆者作成

第3節　法律行為別の意思能力の程度・判断基準 (2)
——介護契約・任意後見契約

1　介 護 契 約

(1)　学説・裁判例

　介護契約に必要な意思能力について論じた論文は，管見した限り見当たらない。先に検討したとおり，介護契約の法的性質については大きな議論になっても，契約当事者や契約当事者の契約締結能力に関しては，民法による，あるいはそれらを補うための成年後見制度という認識があったからかもしれない。

　介護契約における意思能力について触れた裁判例としては，2例ある。東京地裁平成 24 年 5 月 29 日判決では[50]，介護契約締結に関して，「本件入居契約は，入居者が終身にわたり本件施設で生活することを内容とし，多額の入居一時金等の支払を要する契約であるところ，本件入居契約に関する重要事項の説明は，被告Bに対して行われており……，これらの事情に加え，原告としても，多額の経費の支払を要する本件入居契約を理解するには，相当の判断能力を有すると考えられるところ，原告の判断能力が低下していた

---

(50)　LEXDB25494391。本件は，被告Bと被告会社が原告（うつ病，アルツハイマー型老年認知症と医師が診断）の承諾を得ることなく，要介護認定申請を行った上，介護施設への入所契約書を署名代行し，原告の意思に反して介護施設への入居契約を締結して原告を入居させ，さらに施設内にて拘束を継続したことが，被告らの共同不法行為に該当するとして，損害賠償を請求し，さらに，介護施設への入居にあたって，原告の預貯金から支払われた入居費用等（入居費用は 609 万 7,745 円）の返還を求めた事例である。

ことにかんがみれば，本件入居契約締結の時点で，原告が，本件入居契約の内容の十分な説明を受け，本件施設内でのサービスの内容や，本件入居契約締結の時点で，その契約内容を理解していたかについては疑問がないではない……。しかしながら，原告は，本件施設に入居した後，約8か月にわたって本件施設で生活している上，その間，要介護1の認定を受けるなど，原告の状態が改善しているのであるから，本件施設で提供された介護サービスは，原告の症状に照らして適切なものであったということができる」として，原告（高齢者本人）の損失や介護施設の不当利得はないと判断している。

　また，東京地裁平成28年5月13日判決（再掲）は[51]，Xの症状に合わせた入所であり，入所当時「自らの状況を客観的かつ的確に把握した上で，……入所の要否を判断することができなかった」状況であるから，Yによる入所契約は違法なものということはできないとしている。また，Xは，後見人となっていたYの身上配慮義務違反も主張しているが，「Xの当時の精神状態（修正不能な妄想性障害と診断されていたこと）や，Xには，当時，全く病識がなかったことに照らすと，……入所当時，Xは，保護の必要性が非常に高かったものというべきであり，このような状況で，Xを……入所させたことは，後見人としての身上配慮義務に反するものではないというべき」としている。加えて，Xについては，Yはこれまでの経緯から，Xの介護については拒否的な態度であり，「在宅で家族の介護を受けられる状態になく，Xが自宅で生活するためには，独力で在宅生活ができる程度に，精神状態が回復することが必要であった」とされており，それが回復されるまでは，「安全及び健康のため，施設での必要であ」り，Yが退所させなかったことを違法とはいえないとしている。

---

(51) 本件では，X（大正11年生まれの男性）がXの長女Yに対し，YはXの意思を無視して，Xを病院や施設などに入所させた上，退所も認めず，Xを監禁状態においたことにより，Xの居住移転の自由，身体の自由，自己決定権を侵害したとして，不法行為に基づく損害賠償を請求した事案である。この事案では，一旦YがXの成年後見人となったが，Xの長男Dが解任申立てを行った後，第三者後見人である社会福祉士と弁護士の共同後見が行われている。のちに，後見から保佐へと変更となり，Xは介護施設を退所して自宅に戻っている。

(2)　必要な意思能力の程度と判断基準

　介護契約に必要な意思能力の有無・程度の判定にあたっては，第 1 章で指摘したように，介護契約の法規制の枠組み，介護保険制度を考慮する必要がある。なぜなら，介護契約の法的性質は依然としてはっきりせず，完全なる契約法理が妥当しないからである。

　例えば，介護契約の締結にあたっては，事業者が利用者に対して，契約書面を交付し，重要事項の説明を行うこととなっている（社福法 75 条 1 項，77 条）[52]。こうした規制方法は，民法の中に位置付けられている任意後見には見られない（むしろ任意後見は公証という形で，第三者が関与して担保するという規制方法である。この方法は，公証を依頼する側が明確な意思を有していることが前提となろう）。契約当事者同士のやりとりの中で解決するという点で，より利用者に配慮されているとも言える。そうすると，介護契約の方が任意後見契約よりも求められる意思能力の程度は低くとも，契約締結は可能となることが考えられる。この点，裁判例では介護契約の内容を理解するのに「相当の判断能力」が必要だと言及されており，少なくとも，自分がどのような介護サービスを提供されるのか，そして，それについていくらかかるのかといった，介護契約の根幹をなす内容を理解する意思能力が必要であると解されるであろう。

　一方で，第 1 の裁判例では高齢者が介護契約の内容を理解していなくても，高齢者自身の健康や身体の「状態が改善している」こと，介護サービスが「症状に照らして適切なものであった」ことから，本人の意思能力に疑問があったとしても，締結された介護契約を無効とはせず，それによって拠出した金銭も妥当なものであった判断している点に留意が必要であろう。なぜなら，介護契約において，その契約内容を真に理解していなくても，結果として本人の状態，症状が改善するものであれば良い，としてしまったのと同じだからである。加えて，第 2 の裁判例では高齢者本人が拒否した入所契約であっても，家族の介護が見込めないこと，本人の安全と健康のためであっ

---

(52)　介護契約の契約書と重要事項の説明に関しては，三輪まどか「介護サービス利用契約の実態とその問題点──消費者契約の視点から──」宮崎産業経営大学法学論集 19 巻 1 号（2009 年）159-189 頁を参照。

たこと，から，家族によって締結された介護契約は妥当であったと判断されている。

　以上のことから，介護契約締結のためには，相当の意思能力は必要ではあるが，高齢者本人の意思に反して家族によって介護契約が締結されたとしても，それが高齢者本人の介護状態の改善や安全・健康のためであれば，高齢者本人の意思が制限されるということができるであろう。この点で，仮に高齢者本人の意思能力がある程度あったとしても，家族の意思も加味して，介護契約締結の有効無効が判断される可能性を示唆していると言える。

2　任意後見契約

(1)　必要な意思能力

　任意後見契約に関してもまた，どのような意思能力が必要かを論じた学説は皆無に等しく，裁判例を参考にするほかない。任意後見契約締結能力の有無・程度の判定基準について触れた裁判例は6例あった[53]。まず，任意後見契約に必要な能力の定義については，次の2つの裁判例がある。

　①　東京地裁平成18年7月6日判決[54]（図表4 –13②）

　本件では，「任意後見契約に必要な意思能力の程度は，取引行為に求められるほど高度であるとは言えないが，意思能力が衰えたときに備えて締結するという任意後見契約の特徴を鑑みれば，身分行為や遺言よりもやや高い意

---

(53)　検討対象となった6例は，以下の通りである。
　　①　東京地裁平成18年7月6日判決（②）
　　②　東京地裁平成23年12月8日判決（⑦）
　　③　大阪高裁平成24年9月6日判決（⑯）
　　④　東京高裁平成25年3月6日判決
　　⑤　東京地裁平成25年8月30日判決（⑰）
　　⑥　東京地裁平成28年3月30日判決（⑱）
(54)　本件は，Y1と養子縁組の届出をしたXがY1を本人とし，Y2を任意後見受任者とする任意後見契約について，任意後見契約当時，Y1には意思能力がなかったとして，当該契約が無効であることの確認を求め，当該契約に先立ち，Y1が信頼をおいていた弁護士であるY3を任意後見受任者とする任意後見契約を解除したことについて，解除当時，Y1には意思能力がなかったから，解除は無効であるとして，Y3がY1の任意後見受任者の地位にあることの確認を求めた事案である。

思能力が制度上求められている」一方で，「任意後見契約と一口に言っても，身分行為や遺言に見られるような実質上相続に関わる内容なのか，本来の目的の一つである，単に身上監護や預貯金も含めた日常に必要な財産管理に関わる内容なのかという事案の内容・程度によっても，任意後見契約における契約意思の判断にあたって考慮される要素に幅が出て」くるといえると述べている。

　なお，本件では意思能力と契約意思とを明確に分け，意思能力については本人の臨床上の経過，医師による診断・鑑定のみで判断し，契約意思は，本人の意思を推定する材料，すなわち，周囲への相談，本人の行動を検討している。意思能力と契約意思の有無は明確に分離されている[55]。

　②　東京高裁平成 25 年 3 月 6 日判決[56]（図表 4 −13 ⑨）
　「任意 的(ママ) 後見契約は，それ自体が一般的なものではない上，実際に作成された任意的後見契約公正証書は，委任契約と後見契約に分かれ，委任契約の本文の内容が第一条から第一〇条に及ぶほか，任意代理権目録として一から一八項の事項が，また後見契約の本文が第一条から第一〇条に及ぶほか，任意代理権目録として一から一八項の事項が詳細に列記されていることからすると，ほぼ全盲状態の太郎［筆者注：高齢者本人］が，この契約書や目録の内容を読み上げられたとして，その内容を真に理解していたとは考え難い」としている。

---

(55)　三輪・前掲注(13)（2009 年）159-160 頁。

(56)　本件は，高齢者本人が，妻に全財産を相続させる旨の自筆遺言証書を作成した後，介護施設に入所したものの，妻が先に死亡してしまったため，新たに介護施設において，公証人立ち会いのもと，高齢者本人の兄弟姉妹 4 名（法定相続人）のうち 1 名に相続させ，その者を遺言執行者とする公正証書遺言，ならびに，高齢者本院の生活，療養看護及び財産の管理に関する事務を委任することなどを定めた委任契約及び任意後見契約公正証書を作成した。高齢者本人が死亡後，後発の公正証書遺言につき，遺言執行者ではない法定相続人の 1 名が，その効力について疑義を呈したため，遺言執行者である相続人が遺言有効確認訴訟を提起した事例の控訴審判決である。なお，原審については，遺言能力に関する判断基準を提示していないため，図表 3 − 1 では取り上げていない（横浜地裁横須賀支部平成 24 年 9 月 3 日判決判時 2193 号 23 頁）。

(2)　判 断 基 準

判断基準については，以下のように 5 例の裁判例がある。

①　東京地裁平成 18 年 7 月 6 日判決（再掲）

任意後見契約の締結に必要な意思能力の判断にあたって，意思能力と契約意思の 2 つの側面から検討［下線筆者］し，まず，意思能力について，Y1 の認知機能の検査ならびに長谷川式簡易知能評価スケールの結果（30 点中 14 点）等に基づく臨床経過および，第 1 事件における鑑定結果及び鑑定人の証言を考慮して，「Y1 は，本件公正証書一に基づく任意後見契約を締結した平成 12 年 7 月 25 日当時は，意思能力を有していたが，平成 13 年 4 月以降，これを喪失するに至ったものと認めるのが相当」と判断した。

次に，契約意思について，任意後見契約締結当時 Y1 には意思能力があったと認定した上で，Y1 が当初養子に迎えた Y2 の女性問題や経営者としての無能力を知り，X との養子縁組をしたこと，甲野美容室の経営を両名に委ねる趣旨で，Y1 の保有する株式を X 及び B に相続させること等を内容とする遺言公正証書を作成したこと，加齢や病気等により自分の意思能力が衰えた場合に備えて，弁護士 Y3 との間で，任意後見契約及び委任契約を締結したことが認められるとし，「Y1 と Y3 との間の任意後見契約は，Y1 の意思に基づいて締結されたものであることが認められる」と判断した。

②　東京地裁平成 23 年 12 月 8 日判決(57)（図表 4 - 13 ⑦）

X は，被告クリニックでの受診後，入院診療計画書に自ら署名しており，X が入院を拒んでいた事実を認めることはできない［下線筆者］こと，また

---

(57)　本件は，X が被告医療法人 Y の開設するクリニックに 10 日間ほど入院していたのは，X の孫である被告 Y2 及びその妻である被告 Y3 が，共謀の上，X には入院して喘息の治療を受ける必要がなかったにもかかわらず，X が代表取締役を務めていた会社の経営権を奪取する目的で，強制又は偽計によって X を入院させ，必要のない投薬をするなどして，監禁同然の状態に置いたこと等を主張して，Y らに対し，不法行為又は使用者責任に基づいて，精神的慰謝料等の損害賠償金の支払を求めた事案である。なお，X が退院した当日に，被告クリニック内で X が代表取締役を勤める会社の臨時社員総会が開催され，その総会で被告 Y3 が代表取締役に選任され，更に同日，X と Y2 との間で任意後見契約を締結している。

被告Ｙ２らがＸに対して，<u>偽計を用いたなどという事実を認めるに足りる証拠もない</u>［下線筆者］こと，また，「Ｘには入院の適応があったものといえるのであって，Ｙ２らが，Ｙ３に会社の代表権を取得させることを意図して，殊更に入院の意思も適応もないＸを入院させたなどと認めるに足りる証拠はない」として，Ｘの主張を退けた。

③　大阪高裁平成24年9月6日判決[58]（図表4－13⑯）

「任意後見契約は，Ｘからの……内容証明郵便による指摘［筆者注：本人の預金通帳の名義が無断で変更されており，高齢者本本人の財産を利害関係人に移している疑いが強いとの指摘］等を受けてから約1か月後に締結されていることからすれば，<u>何故そのような時期に，また，どのような目的・趣旨で同契約を締結することになったのかなど，同契約締結に至る経緯には疑問がある</u>［下線筆者］ものの，同契約締結の当時，本人が意思能力を欠いていたことを認めるに足りる証拠はなく（……本人の精神的能力は相当に低下していたと認められるものの，意思能力を欠いていたとまでは認められない。），他に同契約について無効事由があるとまでは認められない。また，Ｙは……その意向を述べているが，これをもって，Ｙが上記任意後見契約を解除したと認めることはできない」としている。

⑤　東京地裁平成25年8月30日判決[59]（図表4－13⑰）

母が亡くなった後法律相談に訪れたときの状況や公証人との会話の状況，病院での診療記録，長谷川式簡易知能評価スケールの結果などから，「被告

----

(58)　本件は，高齢者本人（後見相当と判断され入院）の長男Ｘと二女が，任意後見受任者である長女Ｙと，延命治療や財産管理の方法について対立したため，Ｙが任意後見法4条1項3号ハに定める「不正な行為，著しい不行跡その他任意後見人の任務に適さない事由がある者」に該当し，同法10条1項の「本人の利益のため特に必要がある」ため法定後見を開始することを求める事案の抗告審である。

　　任意後見が開始されてしまったため，もはや任意後見契約成立の有無ということは問うていないが，その点について原審において触れていたため，判示されたものと思われる。

(59)　本件は，Ｘ（父被告Ａ２と母訴外Ａ７との間の次女）が被告Ａ４（長女）とＡ４の夫であるＡ５（長女・夫）の財産領得を警戒していた訴外Ａ７（母）が亡くなって

Y2の機能が全般的に改善し，現状認識・記銘力向上もみられ，退院時において，被告Y2は見当識障害が中等度であると評価されたのであるから，……被告Y2の判断能力が保佐相当と判断されことが不合理だとはいえない。とすると，……病院退院時には，見当識障害中等度であり，……保佐相当と判断されたのであるから，……本件公正証書作成時点において被告A2が意思無能力であったとはいえない［下線筆者］」としている。そして，「長谷川式簡易知能評価スケール等の結果は，判断能力を検討する上で一つの資料となるものであるが，この点数のみから直ちに判断能力を評価するものでないことは・診断書を見れば明らかであるから，長谷川式簡易知能評価スケールの結果が低い点数だとしても，この結果は，直ちに被告A2が意思無能力であったことの根拠とはならない。また，Xは，任意後見契約の締結を助言し，補助する弁護士は，委任者の判断能力の減退が始まった場合には，それに応じて任意後見契約書の作成ということを常に意識することが求められ，被告Y6［筆者注：A2の代理人弁護士］は被告Y2が健常者でないことに気付いていながら，その意思能力を診断書等によって確認していない，任意後見契約締結に必要な判断能力は通常の有償契約よりも高度のものが必要とされるべきであるのに被告Y2はこれらのレベルに及ばない，などと主張するが，かかる主張は，立法論ないし政策論の問題であり，Xの主張のとおりだとしても，直ちに被告Y2の意思無能力の根拠となるものではないから，Xの主張は採用できない［下線筆者］」として，Xの請求を棄却している。

⑥　東京地裁平成28年3月30日判決[60]（図表4−13⑱）

委任契約および任意後見契約作成当時のP5の意思能力について，転々とした病院・有料老人ホーム（2年間で5カ所も転々としている。なお介護・看

数ヶ月のうちに養子縁組と任意後見契約がなされたこと，これらの事情がXや訴外三女，訴外四女に知らされていなかったことから，A4とA5がA2の意思無能力に乗じて，他の姉妹を排除して，A2の財産を自分たちのものにしようとしているとし，本件任意後見契約の無効確認，任意後見契約登記の無効原因があることの確認等を求める事案である。

(60)　本件は，第1事件（建物収去土地明渡請求事件），第2事件（損害賠償請求事件），第3事件（所有権移転登記抹消登記手続請求事件）が併合されたものである。第1

護記録によれば，特に問題行動があるわけではないことが事実認定されている）
の診療，介護・看護記録や，2 度にわたる介護保険申請に基づく介護認定調
査，P5 と P4 の養子縁組の手続き（署名が P5 本人のものでないことを区役所
が把握）を詳細に検討した上で，数回しか面会し，会話したことのない公証
人，司法書士，税理士などの専門職の意見をことごとく排除し，次のように
判断した。すなわち，「P5 の医療記録や介護記録には，時間や人物の見当識
障害，記憶障害や理解力の障害等がみられ，また，日常的な動作についても
能動性や意欲が著しく欠けていたことをうかがわせる記載がある一方で，日
常的に接する人とは一定程度の意思疎通が可能であったことをうかがわせる
記載があり，また……当時の原告 P5 の認知能力について主治医が『自立』
と診断する等，原告 P5 の認知能力について P12 医師とは異なった判断をし
ていることも認められ，原告 P5 の減退している意思能力の分野にはばらつ
きがあったと認めるのが相当である……本件公正証書の内容であるいわゆる
移行型の任意後見契約について，原告 P5 がおよそその内容を理解すること
ができなかったとまでは認めることができず，その他，原告 P5 が意思無能
力であったことを認めるに足りる証拠はない」とした。その上で，本件公正
証書の作成について，P4 も P5 も移行型の任意後見契約について正確に理
解しておらず，このことは，公証人がこの内容について十分に説明していな
かったことをうかがわせるものであること，また，P5 に自ら所有する財産
の処分を委託する動機がないこと，2 億 3,000 万ほどあった P5 の預金が P4
による多数回の出金や他口座への出金により，2,566 万円ほどになっている

　事件は P5（高齢者本人）および P4（高齢者本人の代理人［自称：任意後見人］）
から土地を買い受けた P1 が，同土地上の建物に居住する P2（P5 の姪）に対して
建物収去，土地明け渡しを求めたものである。第 2 事件は，P2 が P4 に対して，無
断で土地を売買したことにより P1 から第 1 事件を提訴されたため，P4 の不法行為
による損害賠償請求をしたものである。第 3 事件は，P5 が，同人の任意後見契約
が発効しておらず，意思無能力のため委任契約も無効であるとして，所有権に基づ
く妨害排除請求として，P1 に対して所有権移転登記の抹消登記続きを求める事案
である。本件の争点は，P5 か P4 に対して代理権を授与しているのかどうかであり，
その根拠となったのは委任契約および任意後見契約である。この委任契約および任
意後見契約締結時点で，P5 の意思能力があったのかどうかが最大の争点となって
いる。

こと，それらの使途について P4 が具体的に説明できないこと等を鑑み，「原告 P5 は，本件公正証書による被告 P4 に対する代理権授与の内容について理解していたとは言いがたく，その意味で，上記代理権授与は原告 P5 の真意に基づかないものであり，被告 P4 もそのことを認識していたと推認することができ」，「本件公正証書作成も，被告 P4 らが原告 P5 の財産を自らのために費消することを容易にする目的であった」としている。その上で，「本件公正証書が作成された当時，原告 P5 は，意思能力を欠いていたとまでは認められないものの，その意思能力は相当程度低下していたことに加えて，本件公証人が被告 P4 および原告 P5 に一度しか面会しておらず，いわゆる移行型の任意後見契約に関する十分な説明をしていないこと，被告 P4 においても原告 P5 に対して本件公正証書の内容に関する説明を事前にしていたとは認め難く，原告 P5 にも自らの所有する不動産の処分を被告 P4 に委任する動機があったとは認め難いほか，被告 P4 には，原告 P5 のそのような状況を認識しながら本件公正証書作成に至ったと言うことができるのであるから［下線筆者］，本件委任契約及び本件任意後見契約が公正証書によって作成され，原告 P5 が本件公正証書に自ら署名していることを考慮してもなお，原告 P5 が，自らの財産の処分権限を全て被告 P4 に委任する旨のいわゆる移行型の任意後見契約である本件公正証書の内容を理解した上で，本件公正証書に署名したというには疑問を容れる余地が大きく，その意味で，本件公正証書の作成によって示された原告 P5 の被告 P4 に対して自らの財産の処分権限を全て委任する旨の代理権授与の意思表示は，原告 P5 がその内容を理解せず，被告 P4 に追随する形で示されたものであって，原告 P5 の真意でないと評価されるものであり［下線筆者］，そのことを被告 P4 においても十分認識していたといえるから，……原告 P5 による上記意思表示は無効である」としている。

　上記 5 つの裁判例を見てみると，裁判所の判断基準として，任意後見契約の締結に関し，医療・看護記録や長谷川式簡易知能評価スケール（30 点中 8 点）等によって判定する高齢者の意思能力の有無，財産をめぐる状況，高齢者を取り巻く環境や家族等の状況を加味して，その成立の有無を判断してい

ることがわかる。

　とはいえ，意思能力の有無・程度の判断基準に関しては，①（図表4−13②）と⑤（図表4−13⑰）を比較すると，①（図表4−13②）では意思能力があるから，契約締結能力がある，⑤（図表4−13⑰）では意思無能力でないから，契約締結能力があるとしている点に着目してみたい。意思能力がだんだん衰えてくるものであり，意思能力の衰えの程度を法定後見でいう，補助，保佐，後見という3段階で考えてみると，⑤（図表4−13⑰）では保佐相当でも意思無能力ではないから，契約締結能力があるとしている。つまり，補助，保佐は，意思無能力ではないから，任意後見の契約締結は可能であるという論理となる。そして，①（図表4−13②）からすれば，遺言も任意後見契約も，意思能力ありと判断されれば可能であるということになる。なお，①（図表4−13②）に関してみれば，補助や保佐という判断も出ておらず，長谷川式簡易知能評価スケールも14点であるが[(61)]，契約締結得能力ありとされている。2つの事例からは，長谷川式簡易知能評価スケール8〜14点という比較的低い数値で，認知症の疑いがあるとされていても，任意後見契約は有効に締結されるという点を結論づけることができよう。

　しかしながら，同じく長谷川式簡易知能評価スケール8点であり，いわゆる「まだら」状態にある高齢者の契約締結に関して，意思能力はあったとしても，移行型の任意後見契約の内容の複雑さと公証人による説明不足から，不動産をはじめとする高齢者本人の財産について，代理で処分権限を与える意思表示については，真意でないと判断された事例（⑥：図表4−13⑱）もあることから，まだら状態であっても，原則としては意思能力がないとまでは判断されないにしても，任意後見契約の内容そのものについて理解できていたかどうか，それが真意であったかも重要な判断基準といい得ることができよう。

　最後に，⑤（図表4−13⑰）において，「任意後見契約締結に必要な判断能力は通常の有償契約よりも高度のものが必要とされるべき」との原告の主

---

(61)　一般に，30点中20点以下は認知症の疑いがあるとされている（井上澄江「成年後見制度理解のための医学的基礎──老人性痴呆を中心に」『成年障害者の支援システム』関西大学法学研究所研究叢書第19冊（1999年）7頁）。

張に対し，裁判所は「かかる主張は，立法論ないし政策論の問題」としている点は興味深い。この点からも，少なくとも現行法においては，有償契約より高度の意思能力，契約締結能力が必要ということはできないと言うべきであろう。

3　介護契約・任意後見契約と他法律行為の比較

　以上の検討から，任意後見契約，介護契約の意思能力およびその判断基準について，前節で検討した他の法律行為と比較をしてみたい。

　まず，形式面において，取引行為と介護契約は「自由」という点で共通する。しかしながら，介護契約については，その内容決定において，要介護認定やケアマネジャーによるケアプランの作成という公的な，あるいは専門的な関与があり，この関与は少なくとも詐欺・強迫の意図をもってなされるということはない点から，取引行為の方が介護契約よりも，形式的に自由な側面が高いと考えられる。また，遺言と任意後見契約については，いずれも財産に関する法律行為であり（任意後見契約はそれだけではなく，生存中の〔傍点筆者〕身上監護についてもまた，契約で定めるものであるが），公証といういわば専門的関与をもって行われるという点で共通点がある。遺言も任意後見契約も，昨今実務の現場では一定程度の形式があると言われているが[62]，その内容を見てみると，遺言よりも任意後見契約の雛型の方が，法律用語が条文形式になっており，任意後見契約の方が遺言よりもより難しいと言えるだろう。また，この任意後見契約に関する雛型は，遺言のように，一度読み聞かせて理解するということはかなり難しく，この点で，遺言能力の程度よりは，任意後見契約締結能力の程度の方がより高く設定されるべきだと言えるだろう。

---

(62)　筆者が聞き及んだところによると，任意後見契約に関しては，「ひな形」が用いられることがあり，必要事項にチェックを入れれば，契約書が完成するといったようなものもあるとのことである。実際に，ウェブサイト上にも任意後見契約に関する「ひな形」が多数出回っており，「任意後見契約　書式」と検索すれば，公証人，行政書士，弁護士などが作成したものが出てくる。そのほか，中山二基子『「老いじたく」成年後見制度と遺言』（文藝春秋，2005年）212-216頁にも「任意後見契約公正証書（文例）」として，ひな形が掲載されている。

　次に，優劣のつけがたい任意後見契約と介護契約について，法規制の趣旨からみてみると，介護契約にあたっては，重要事項の説明を行うこととなっていること，公的な規制が任意後見契約よりも強いこと，内容面においても，入居契約には相当の判断能力が求められるとしながらも，契約者（利用者）本人が契約内容を十分理解できていなくても，契約者（利用者）の状態や症状を改善するようなものであれば，その契約自体を否定することはしないとしていることを考慮すると，任意後見契約よりはより利用者に配慮されていることから，任意後見契約の方が介護契約よりも求められる意思能力の程度は高くなければならないだろう。

　こうしてみてくると，取引行為，遺言，任意後見契約，介護契約に求められる程度は，遺言＜介護契約＜任意後見契約＜取引行為ということになろう。

　最後に，任意後見契約と身分行為とを比較してみたい。身分行為に必要な意思能力の内容については，昭和60年の高裁判決が「親子という親族機能を任意的に設定することの意義を極く常識的に理解しうる程度」と判断している。しかし近年，身分行為は単に親族機能の任意的設定にとどまらず，相続や遺贈といった高齢者の財産管理に大きく影響を与える行為であることから，契約（縁組）意思を確認するにあたって，本人による積極的な意思表示（自主性）や縁組の運び（客観性）といった，より取引行為に近い要素を要する裁判例も現れている。こうした傾向を任意後見契約と比較すると，それぞれに必要な意思能力の程度は，より接近したものになるのではないか。その際，昭和60年高裁判決が定めた定義の見直しも考慮に入れる必要があろう。

　以上，関連裁判例も含めた検討の結果，任意後見契約において求められる意思能力の程度は，取引行為に求められるほど高度であるとは言えないが，意思能力が衰えたときに備えて締結するという任意後見契約の特徴を鑑みれば，身分行為や遺言よりもやや高い意思能力が制度上求められていると言うことができよう[63]。また，任意後見契約と一口に言っても，身分行為や遺言に見られるような実質上相続に関わる内容なのか，本来の目的の一つである単に身上監護や預貯金も含めた日常に必要な財産管理に関わる内容なのか

---

[63]　同旨に，新井誠ほか編『成年後見制度——法の理論と実務』（有斐閣，2006年）252頁。

という事案の内容・程度によっても[64]，契約意思の判定にあたって考慮される要素に幅が出てこよう。判断要素に関する詳細な検討については，今後の裁判例の蓄積を待つほかない。

第4章　家族・親族間の争いと成年後見制度

第1節　後見人と本人・家族との「対立」

1　成年後見制度の利用と家族

(1)　法定後見制度の利用と家族

　序章でみたように，成年後見制度は，介護保険制度と同時に導入されたが，その利用については，介護保険制度と全く逆方向である。それを示す2つの図を提示してみたい。1つは要介護度別認定者数の推移（図表4－1）であり，もう1つは，成年後見等の申立ての推移（図表4－2）である。

図表4－1　要介護・要支援認定者の推移

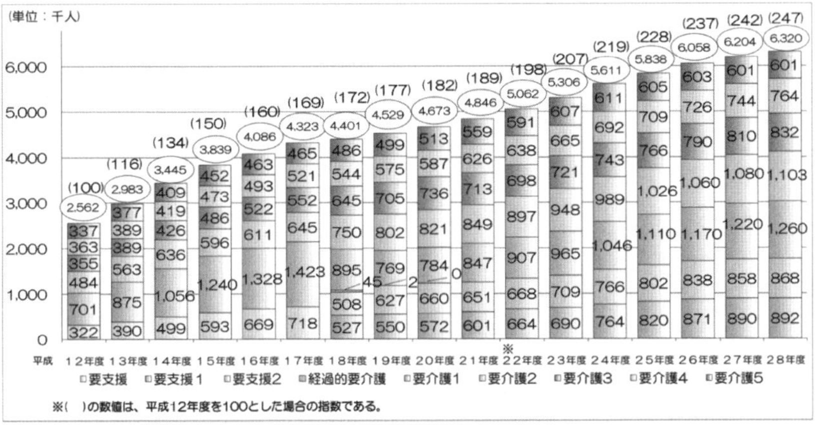

（単位：千人）

図中の囲み数字は各年度の認定者総数（千人）と，平成12年度を100とした場合の指数を示す。

年度	認定者総数（千人）	指数
平成12年度	2,562	(100)
平成13年度	2,983	(116)
平成14年度	3,445	(134)
平成15年度	3,839	(150)
平成16年度	4,086	(160)
平成17年度	4,323	(169)
平成18年度	4,401	(172)
平成19年度	4,529	(177)
平成20年度	4,673	(182)
平成21年度	4,846	(189)
平成22年度	5,062	(198)
平成23年度	5,306	(207)
平成24年度	5,611	(219)
平成25年度	5,838	(228)
平成26年度	6,058	(237)
平成27年度	6,204	(242)
平成28年度	6,320	(247)

凡例：要支援／要支援1／要支援2／経過的要介護／要介護1／要介護2／要介護3／要介護4／要介護5

※（　）の数値は、平成12年度を100とした場合の指数である。

※東日本大震災の影響により、22年度の数値には福島県内5町1村の数値は含まれていない。

資料出所：厚生労働省ウェブサイト「平成28年度介護保険事業状況報告（年報）」（https://www.mhlw.go.jp/topics/kaigo/osirase/jigyo/16/dl/h28_gaiyou.pdf）（2019年8月16日最終アクセス）。

図表 4 − 2　成年後見等申立ての推移

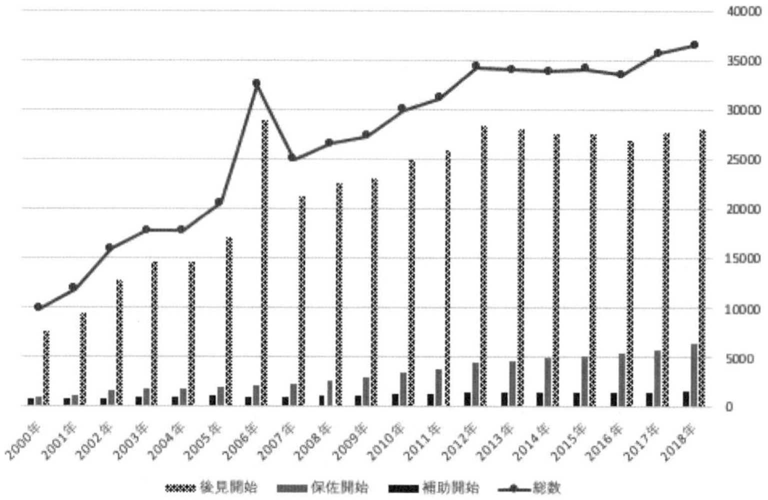

資料出所：最高裁事務総局家庭局「成年後見関係事件の概況」より筆者作成

　このように，介護保険制度を利用するための要介護認定における認定者は，抑制の傾向にあるにもかかわらず増加傾向であり（図表4−1），一方，成年後見制度のうち，特に法定後見制度を利用するための申立ては増えていない（図表4−2）。法定後見制度の利用減少の要因は，制度自体の難しさ・複雑さ，金銭的な負担，後見人による悪用といった問題が挙げられる[(1)]。政府は，この状況を踏まえ，2016年に成年後見制度利用を促進するための，成年後見利用促進法（以下「促進法」とする）と，後述のように後見人の職務・権限を拡大した，円滑化法を定めている。2017年には，前者の促進法に基づき，成年後見制度利用促進基本計画を閣議決定した[(2)]。同計画では，適切な後見人等の選任や意思能力に関する医師の診断書のあり方について検討を進めるとともに，地域連携ネットワークづくりや不正防止の徹底，都道府県・市

(1)　三輪まどか「高齢者に群がる人々」増田幸弘＝三輪まどか＝根岸忠『変わる福祉社会の論点〔第2版〕』（信山社，2019年）75-77頁。

(2)　厚生労働省ウェブサイト「成年後見制度利用促進計画について」（https://www.mhlw.go.jp/file/06-seisakujouhou-12000000-shakaiengokyoku-shakai/keikaku1.pdf）（2019年8月16日最終アクセス）。

町村による連携，援助の構築を，今後 5 年かけて進めることとしている。このような計画を進めるのは，成年後見制度の利用が進まないという理由の一つに，制度における福祉的な視点の欠如が挙げられているからである。それは，同計画の中で次のように述べられている［下線筆者］[3]。

　（前略）社会生活上の大きな支障が生じない限り，成年後見制度があまり利用されていないことがうかがわれる。また，後見人による本人の財産の不正使用を防ぐという観点から，<u>親族よりも法律専門職等の第三者が後見人に選任されることが多くなっているが，第三者が後見人になるケースの中には，意思決定支援や身上保護等の福祉的な視点に乏しい運用がなされているものもある</u>と指摘されている。

　さらに，後見等の開始後に，本人やその親族，さらには後見人を支援する体制が十分に整備されていないため，これらの人からの相談については，後見人を監督する家庭裁判所が事実上対応しているが，<u>家庭裁判所では，福祉的な観点から本人の最善の利益を図るために必要な助言を行うことは困難である</u>。

　以上から，高齢者や障害者等，それぞれの性質に合わせた意思決定支援，身上監護の必要性を，基本的な考え方としていることがわかる。そして，成年後見制度利用促進計画に基づき，2019 年 3 月現在，以下のような取組がなされている。例えば，制度の周知として，パンフレットやポスターの作成や適切な後見人等の選任のため，原則として親族後見を進める旨の最高裁による各家裁への通知，医師による意思能力判断に関する診断書フォームの改定，「認知症の人の日常生活・社会生活における意思決定支援ガイドライン」の策定，市町村における成年後見の相談等に応じる中核機関の設置などである[4]。

　特に，新聞報道でもなされたように[5]，最高裁は家庭裁判所に対して，原則として親族後見が望ましいことを通知し，2019 年 3 月に開催された厚生

---

(3)　厚生労働省ウェブサイト・前掲注(2) 8 頁。

(4)　厚生労働省ウェブサイト「成年後見制度利用促進」(https://www.mhlw.go.jp/stf/seisakunitsuite/bunya/0000202622.html) (2019 年 8 月 16 日最終アクセス)。

(5)　朝日新聞「成年後見『親族望ましい』最高裁家裁に通知」(2019 年 3 月 19 日朝刊一面)。

労働省「第2回成年後見制度利用促進専門家会議」においても，最高裁と専門職団体との間で共有した後見人等選任のあり方として，「本人の利益保護の観点からは，後見人となるにふさわしい親族等の身近な支援者がいる場合は，これらの身近な支援者を後見人に選任することが望ましい」としている[6]。また，意思決定支援のあり方についても，「認知症の人の日常生活・社会生活における意思決定支援ガイドライン」と障害福祉サービスを利用する障害者を対象とする「障害福祉サービス等の提供に係る意思決定支援ガイドライン」の重なり合う部分をもとに，成年後見の意思決定支援の指針を策定することとされており，厚生労働省，裁判所，専門職団体がそれぞれ，図表4−3のような役割を担うこととされている[7]。

図表4−3　成年後見における各機関の役割分担

厚生労働省	・権利擁護の施策を担う立場 ・意思決定支援に関する調査研究事業を実施 ・後見人支援機能を果たす中核機関の設置を推進 ・利用者の関係団体等とのパイプ	・権利擁護の観点からの検討 ・全国の自治体・中核機関への周知
裁　判　所	・後見制度の運用を担う立場 ・後見人の選任・解任，監督，後見人に対する報酬付与	・監督を行う観点からの検討 ・裁量を逸脱し必要な意思決定支援を実践しない後見人を解任
専門職団体	・後見人として意思決定支援を実践する立場 ・意思決定支援についてのノウハウを保有	・実行可能な指針とする観点からの検討 ・指針に基づく後見事務の実践

資料出所：厚生労働省ウェブサイト「第2回成年後見制度利用促進専門家会議：資料13　意思決定支援における関係機関等の役割と連携」（https://www.mhlw.go.jp/content/12000000/000489332.pdf）（2019年8月16日最終アクセス）より一部抜粋。

---

(6)　厚生労働省ウェブサイト「第2回成年後見制度利用促進専門家会議：資料3適切な後見人の選任のための検討状況等について」（https://www.mhlw.go.jp/content/12000000/000489322.pdf）（2019年8月16日最終アクセス）。

(7)　厚生労働省ウェブサイト「第2回成年後見制度利用促進専門家会議：資料13意思決定支援における関係機関等の役割と連携」（https://www.mhlw.go.jp/content/12000000/000489332.pdf）（2019年8月16日最終アクセス）。

しかしながら，特に認知症状の進んだ高齢者の場合，何が本人の利益になることなのか，本人の意思（真意）はどこにあるのか等を考え，くみ取りながら世話をしていくのは，並大抵のことではない。本人にとっての利益や本人の真意を知る手がかりを有しているであろう家族でさえも，何が本人のためなのかを巡って対立することも否定できない。結局のところ，法定後見制度の利用が，家族に大きな負担を課し，さらに，家族同士を引き裂く結果になることもあり得る。

(2)　任意後見制度の利用と家族

同じことが任意後見制度にも言える。そもそも任意後見が，高齢者の選択によって，自らの老いに備える制度であると理解すると，誰に世話をしてもらいたいか，その対価として，その人に何を与えるか，ということについて，高齢者自身の選択によることが目されていると考えがちである。立法担当者が任意後見優先の原則について強調したのは，「制度選択に関する自己決定の保障」，つまり，「任意後見契約の締結を通じて，本人が，法定後見ではなく任意後見による支援を自ら選択」することであったとされている[8]。そして，本人が任意後見を選択する具体的次元における意義は，「支援者（任意後見人）の自己決定性」，「支援範囲（代理権の内容・範囲）の自己決定性」，「法定後見の利用に伴う行為能力制限のリスク排除」であり，2つめと3つめは，実務の運用次第で簡単に覆されるとの指摘もある[9]。誰に老後を担ってもらうか，ということについて，「任意後見制度の登場によって，人々は，共同体としての『家族』から自らを切り離すことができるようになった。他方で，『家族』の外から支援者を選ぶ自由を得た個々人は，『家族』の一部構成員を再選択するということも少なくない。その結果，一部の家族構成員が支援権限（具体的には，決定権限）を独占的に取得しうるということが制度上，露わになった」との指摘もある[10]。この指摘によれば，自らの老後を自己

(8)　上山泰「任意後見契約の優越的地位の限界について」筑波ロー・ジャーナル 11 号（2012年）120-121頁。

(9)　上山・前掲注(8) 120-121頁。

(10)　菅富美枝「任意後見制度の活性化と家族のゆくえ——英国における成年後見制度

決定した高齢者が，任意後見を選択した時点で，制度的にその自己決定を達せられたとされ，さらに，自分の老後を一部の家族に委ねた時点で，他の家族・親族は置き去りにされる，ということが制度的に可能となった，ということができる。

　これらのことから，以下の2点を指摘しうる。第1に，任意後見が予定する自己決定は，契約締結の選択権を保障するものであって，自己決定の内容は制度の運用や家族・親族の事情によって簡単に覆されること，第2に，高齢者が任意後見契約締結の選択をした時点で，特定の家族・親族に特権を与える，もしくは権利を剥奪するような仕組みとなっていること，である。

　それでも，任意後見制度の利用については，ここ数年800件前後となっている。最高裁事務総局家庭局「成年後見関係事件の概況[11]」によると，任意後見が開始される任意後見監督人（以下「後見監督人」：必要に応じ，成年もしくは任意を付ける）の選任が804件となっており，制度導入当初から比べると約15倍となっている。ここ数年は800件前後の利用で落ちついている（図表4-3）。2010年から調査を開始した利用者数（任意後見契約の効力が発生している者）は，前年より166人増の1,868人となっている。少しずつではあるが，任意後見の利用は増えている。

　また，成年後見制度の中で，もっとも利用が少ない補助と比較してみると[12]，その利用には及ばないものの，補助の利用の半数までに迫ってきている（図表4-4）。

　このようななか，実際に，高齢者本人と家族・親族との間でどのような「対立」があるのだろうか。アンケート調査で明らかにしてみたい。

　　改革を手がかりに」法社会学67号（2007年）68頁。

（11）　裁判所ウェブサイト「成年後見関係事件の概況」（http://www.courts.go.jp/about/siryo/kouken/index.html）（2019年8月16日最終アクセス）。

（12）　なお，菊池は現在の政策である「地域包括支援システム」と「地域共生社会」を考慮した場合，意思決定支援アプローチを推進する立場に立てば，現在利用の少ない「補助」類型の再構成と日常生活自立支援事業の再評価・介護保険財源による予算措置の必要性について言及している（菊池馨実「介護保険と成年後見の新たな交錯」週刊社会保障3011号（2019年）29頁）。

図表 4 － 4　任意後見監督人選任数の年次推移

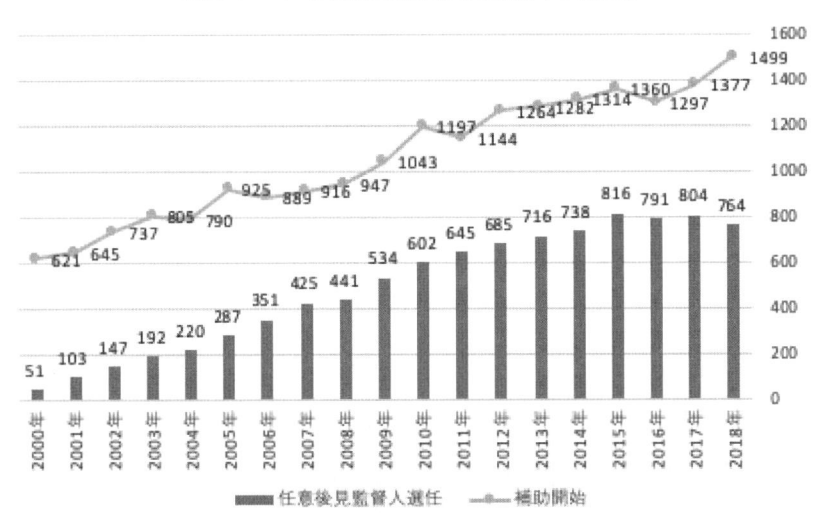

資料出所：最高裁事務総局家庭局「成年後見関係事件の概況」より筆者作成

2　専門職からみた高齢者本人およびその家族・親族の「対立」：
2016 年専門職アンケート調査結果

⑴　調査の概要

　本アンケート調査は，科学研究費補助金 26870689 の助成を受け，意思能力が低下した高齢者本人およびその家族・親族の裁判や審判には現れない対立の実態について，後見人となった専門職（社会福祉士や弁護士，司法書士等：以下「専門職」とする）の眼を通じて明らかにするとともに，専門職がその対立にどのように関わっているのかを明らかにすることを目指したものである。そして，得られた結果から，今や親族後見を上回った専門職による後見人がどのような困難に直面し，その困難を解決する方策への手がかりを得ようとするものである。

⑵　対象と方法

　本アンケート調査は，大分県内で後見人・保佐人・補助人（以下「後見人」

とする）として活躍する専門職を対象とし，「後見等業務における本人・家族・親族間の対立と専門家のかかわりに関するアンケート」と題する質問紙調査を実施した。

　調査の内容は，後見人として活動する専門職が遭遇した，高齢者本人と家族・親族間の対立について，各々が対応した事案（ケース）の場面（シーン）をできるだけ抽象化，普遍化して再現，回答していただくものである。また，本アンケート調査は，個人情報保護ならびに専門職の守秘義務との関連から，守秘義務に反しないよう，個人情報に触れることなく，できるだけ一般化してお答えいただくよう依頼している。したがって，本来，誰と誰との間の対立であるか，また，その内容について詳細に論じる必要があろう。しかし，ここでは個人情報保護と守秘義務遵守の立場から，誰と誰との間の対立であるかについては触れないこととする。また，内容についても，原則として，法に定めのある分類によることとし，法定後見もしくは任意後見にまつわる種々の行為か，身上監護もしくは財産管理にまつわる種々の行為かについて記載することとし，例外的に，公開しても差し支えない範囲と思われる分類で記述する。なお，本アンケート調査については，南山大学「人を対象とする研究」倫理ガイドラインに則り，実施している。調査票については，巻末参考資料Ⅱとして掲げた。

　配布した調査票は150部であったが，回収できた調査票は62部であり，回収率は41.3％である。なお，本アンケート調査は，1部につき5ケースもしくは5シーンまでの記述しかできないため，同一人物による回答があるが，集まったシーンは106シーン（以下では，それぞれのシーンで回答された答えを「例」と標記する）であることも付記しておきたい。

(3)　回答者の属性

回答者の属性は，以下のとおりである。

①　年代・性別

回答者の年代は，40代が47％と最も多く，次いで，30代が27％，50代が13％と続いている（図表4-5）。また，性別は，男性が77％，女性が

21％，無回答が2％となっている。

図表4－5　回答者の年代

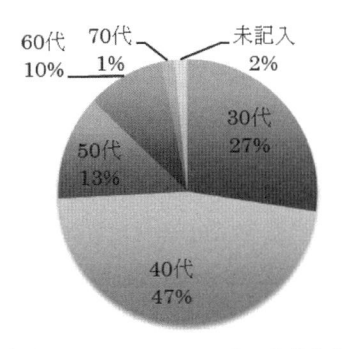

資料出所：アンケートに基づき筆者作成

② 資格の種類および経験年数

資格の種類は，社会福祉士が45％と最も多く，次いで司法書士が25％，弁護士が15％となっている（図表4－6）。また，経験年数の平均は8.4年であり，最長は18年，最短は4ヶ月であった。

図表4－6　資格の種類

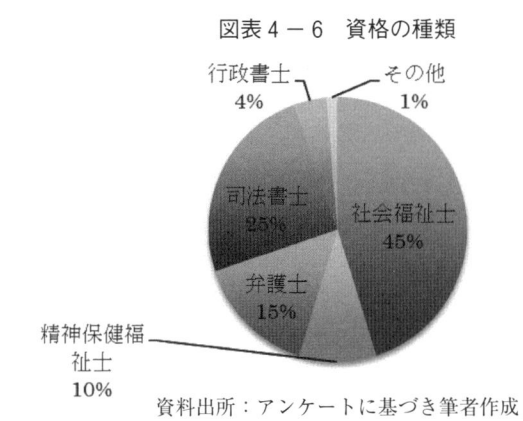

資料出所：アンケートに基づき筆者作成

③ 対立経験の有無

後見人としての活動（申立も含む）の中で，本人が生存中に，本人と家

族・親族，あるいは家族・親族間での対立に遭遇した経験があるかどうかを
問う質問をした。なお，ここでの対立とは，後見の申立や介護方針をめぐる
意見の相違，財産をめぐる争いを指している。

　経験があると答えた方は 53 名，ないと答えた方は 9 名となっており，本
アンケート調査の結果は，この 53 名を対象とした。

(4)　結　　果
①　対立の内容

　まず法定後見について見てみると，121 例（複数回答）であった。その内
容は，圧倒的に事務が多く 50 例となっている。次いで，費用負担 18 例，選
任 15 例，申立が 12 例の順である（図表 4 - 7）。なお，その他が 21 例と
なっているが，未記入が 6 例，個別の事案（ケース）に応じた記述となった
ものが 7 例である。これ以外の記述で最も多いものは，死後のことや葬儀の
ことであり，これらが 3 例ある。また，このほかに「扶養負担」や「生活費
の支弁」といった記述もあった。一方，任意後見は 3 例にとどまり，事務が
2 例，その他が 1 例となっている。

図表 4 - 7　対立の内容（法定後見：複数回答）

資料出所：アンケートに基づき筆者作成

　次に，身上監護，財産管理の別について見てみると，身上監護では病院・
事業所選びが 13 例と最も多く，次いで料金負担，医療行為の順となってい

る。財産管理については，使い込みの回収・調査が25例と最も多く，次いで遺産分割，横領と続いている（図表4 − 8）。なお，身上監護，財産管理のその他が多くなっているが，身上監護については「介護日当の請求」や「居住地の選定」がそれぞれ2例挙げられており，そのほかにも「養子縁組」や「趣味嗜好」，「居場所の調査」などが挙げられている。財産管理については，「後見制度支援信託の利用」や「通帳の管理」，「扶養請求」，不動産の管理や会社の経営にかかわることなどが挙げられている。

　なお，対立の内容，とりわけ身上監護と財産管理について，専門職間での大きな差異は認められなかった。

図表4 − 8　対立の内容（身上監護・財産管理）

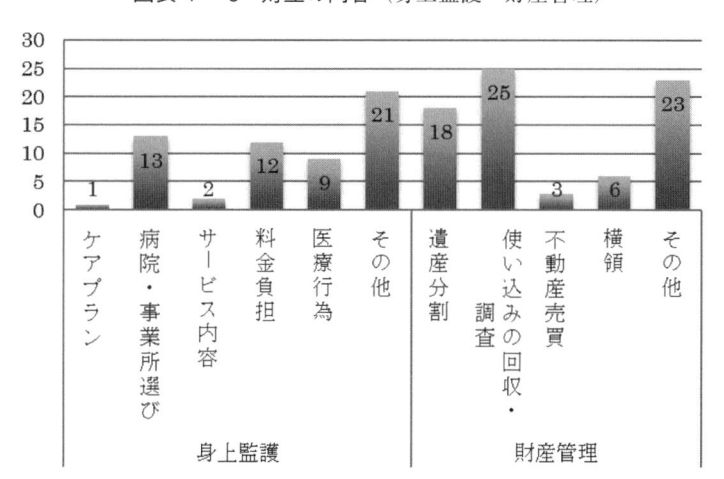

資料出所：アンケートに基づき筆者作成

② 　対立の原因

　①で述べた対立の原因は，後見人から見て，どこにあると考えているかを問うた質問では，「本人・家族・親族の特性」が26％，財産の多さ・少なさが24％，親密さ・疎遠さが24％，制度・法律の熟知や無知が20％と，ほぼ拮抗した数字となった（図表4 − 9）。

　その他の中には，「家庭裁判所の監督不足」，「専門職（前任となった後見人）

の知識・経験不足」,「虐待」といった, 本人・家族・親族に限らない, あるいは, 対立を超えた原因を指摘する意見もあった。

　なお, 対立の原因についても, 専門職間での大きな差異は認められなかった。

図表4－9　対立の原因（複数回答）

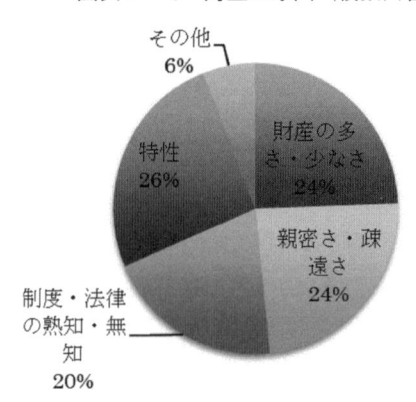

資料出所：アンケートに基づき筆者作成

③　相談・支援・協力

　対立に関し, 誰かに相談・支援・協力を仰いだかを問うた質問について, 仰いだと答えた方は66名, 仰いでいないと答えた方は40名であった。

　相談・支援・協力先として, 同職種と答えた方は35名, 他職種と答えた方は26名であり, 同職種では社会福祉士が27名, 司法書士が8名, 他職種では弁護士が16名, 司法書士が3名, 社会福祉士が3名, 行政書士, 税理士がそれぞれ1名, その他が3名となっている。行政等では, 家庭裁判所が33名, 市町村, 地域包括支援センターがそれぞれ8名であった。その他が20名いたが, そのほとんどが「医師（主治医）」,「施設管理者」,「取引先銀行」, 家族・親族, 知人であった。

　相談・支援・協力に関しては職種間の差が大きく, 社会福祉士が最もよく同職種, 他職種, 行政等に対して, 相談・支援・協力を仰いでおり, 社会福祉士が携わったシーンの9割を占めている。一方, 弁護士では7割が, 司法書士では約8割が, 相談・支援・協力を仰いでいない。

④　対立の解消・緩和

　結果として，対立が解消・緩和したかどうかについて問うた質問（自由記述）において，解消（緩和）したと答えた方が58名，解消（緩和）していないと答えた方が43名であった。解消（緩和）した理由について，最も多かった記述は，丁寧に説明して納得してもらったという「説明」が21例と最も多く，続いて，本人の死亡や家族・親族の引っ越しなど「事情変更」が9例，裁判所による調停や審判・裁判など「法的対応」が8例，家庭裁判所による説明や助言など「裁判所の介入」が7例，家族・親族間で交渉，調整したという「交渉」が6例となっている（図表4－10）。

　なお，対立の解消・緩和についても，事案（ケース）や場面（シーン）によるところが大きいと考えられ，専門職間での大きな差異は認められなかった。

図表4－10　解消（緩和）の原因（自由記述）

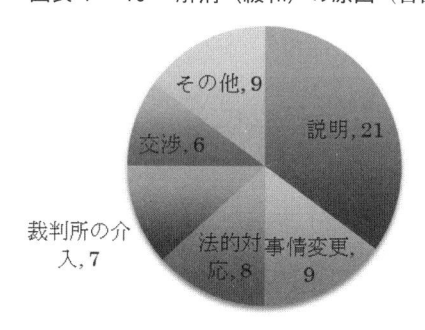

資料出所：アンケートに基づき筆者作成

⑤　果たした役割

　④で対立が解消（緩和）した方に対して，自身が果たした役割は何かを問うた質問（自由記述）において，最も多かったのが「他職種等への連携・つなぎ」の16例であった。次いで，家族・親族に対する制度の趣旨や法律の内容の「説明」が11例，家族・親族の間でなされた話し合いに加わり，対話を促進したり，お互いの利益を調整したりする「対話・調整」が10例となっている。さらに，自身が持つ知識や経験を活かしたことにより，対立の

解消（緩和）へ向かったとする「知識・経験を有すること」が 7 例，後見人としての立場，すなわち本人の意思の尊重を第一に考え，行動するという「信念を持った対応」が 5 例，自身の有する交渉力を活かしたとする「交渉力」が 3 例となっている（図表 4 −11）。

　なお，自身が果たした役割として「他職種等への連携・つなぎ」を挙げたのは，すべて社会福祉士であり，その他の項目については，専門職間での大きな差異は認められなかった。

図表 4 − 11　果たした役割（自由記述）

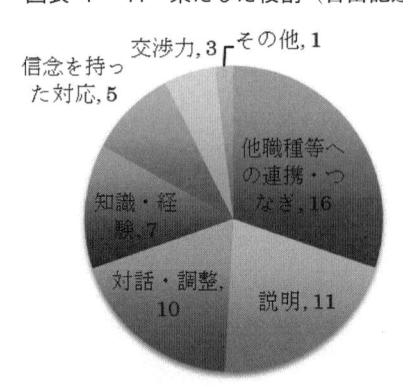

資料出所：アンケートに基づき筆者作成

⑥　最も困難だと感じたこと

　対立が存することにより，業務遂行にあたって，最も困難だと感じたことは何かを問うた質問（自由記述）において，最も多かったのは，家族・親族を説得したり，制度や協議内容を理解してもらうことの困難さである「説得・理解の困難さ」が 12 例であった。続いて，家族・親族間で話し合うことすらできない状態になっていたり，家族・親族間の意思が全く合致しない状況になっているといった「対立そのもの」が 10 例であった。対立がある中で，本人の意思を尊重すると，さらに対立が深まったりする一方で，後見人として，本人の意思を守らなければならないというジレンマに陥るとする「本人の意思の尊重」と，使い込み金品の回収や通帳の取扱・管理，費用負

担割合の算出・調整といった「金銭の取扱」，家族・親族の協力を得るための良好な関係づくりや信頼づくり，キーパーソンを見つけられないといった「家族等からの信頼・協力のための努力」が，それぞれ9例となった。また，支出の必要性の判断，葬儀・医療行為の同意など権限外の業務の執行といった「法・制度の不備／権限のなさ」も8例あった（図表4−12）。

この項目においては，分類できない記述も多く，その他が11例ある。その多くは，個別事案（ケース）を記載したもので，ここでは詳細に書くことができないが，一般化して例として挙げてみると，次のようなものがある。たとえば，「家族の強い気持ち」や「事業所等の質の見極め」，「本人の生き方によって左右されるので，一律に表面上の問題点を挙げるのは困難」，後見人がかかわることにより，より一層家族・親族間の不仲を悪化させる恐れがある，といったものがあった。

なお，困難だと感じたことについて，専門職間での大きな差異は認められなかった。

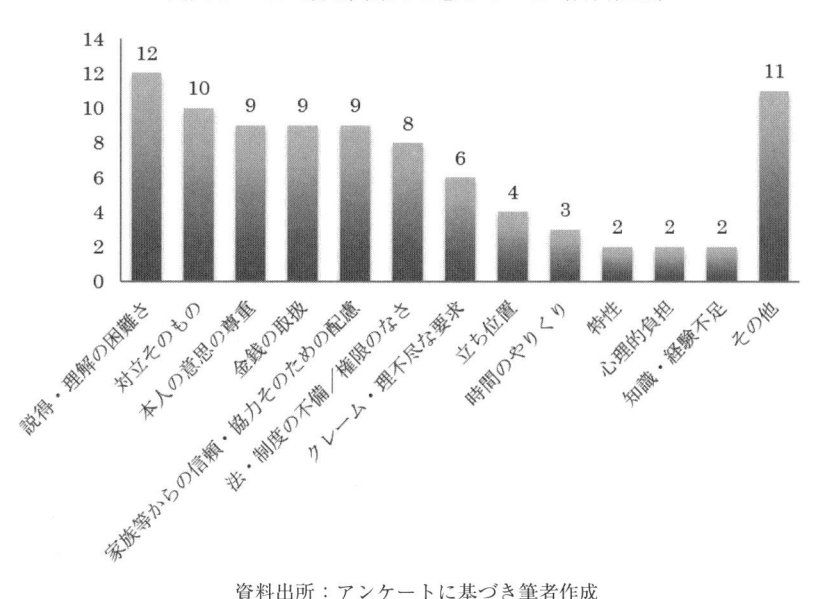

図表4−12　最も困難だと感じたこと（自由記述）

資料出所：アンケートに基づき筆者作成

⑦　困難を克服するための法律・制度・サービス

　最後に，⑥の困難を克服するために，どういった法律・制度・サービス・ネットワーク等があればよいと考えるかを問うた質問（自由記述）は，それほど回答が寄せられなかったものの，ここでは寄せられた貴重な意見を列挙してみたい。まず，法律・制度に関しては，「後見制度の不備を解消すること，法改正」（司法書士），「民法709条，714条の解釈の確定」（社会福祉士），「成年後見人の身上監護の制度，特に医療面，医的侵襲行為に対するサポート（後に問題とならない方法や制度の仕組み）」（社会福祉士），「第三者後見人の権限の明確化」（社会福祉士），「家族等による通院同行費の支出の許可」（社会福祉士）などが挙げられた。加えて，家庭裁判所に関する意見が多数寄せられた。例えば，監督およびサポート体制の充実（複数）や申立時の説明，調整，情報提供（複数）のほか，「裁判官・家庭裁判所調査官のスキルアップ」（弁護士）や，「申立時のきちんとしたアセスメント」（社会福祉士），「家庭裁判所に必要な機関を設置する」（社会福祉士），「申立時に家族の同意書を取る」（社会福祉士）などが挙げられている。また，制度の一般的な周知について，「わかりやすい制度や用語の解説書」（社会福祉士）や「親族（後見人でない）に対する後見制度のセミナー等」（司法書士）も挙げられている。

　次に，サービスについて見てみると，「後見人をしている知り合いや友人」（司法書士），「親族の不安を受け止めてアドバイスするサービス」（弁護士），「親族の申し入れにより，相当な理由があれば申立前に後見相当か否かを診断してもらえる制度」（弁護士），「本人の資力にかかわらず，申立前の相談体制」（社会福祉士），「サービス評価システムの徹底」（社会福祉士），「身上面でのガイドラインの設定」（社会福祉士），「高度の専門性を備えたIMCA［筆者注：Independent Mental Capacity. Advocate：第三者代弁人］的機能」（社会福祉士），「第三者機関」（社会福祉士），「空家の管理システム」（社会福祉士），「賠償保険の拡充」（社会福祉士），「後見人をサポートするサブスタッフの確保」（社会福祉士），「受任（選任）時にあらかじめ予想できるリスク」（社会福祉士）などが挙げられている。

　最後に，ネットワークについては，「事例を検討する場やネットワーク」（複数），「同職種，他職種のネットワーク」（複数），「対人援助職同士相談で

きる ML や勉強会」（弁護士），「法律家とのネットワーク」（社会福祉士）が挙げられた。

(5)　考　　察

　以上の結果から，若干の考察を試みたい。

　第1に，本人・家族・親族，あるいは家族・親族間で対立が生じやすい事柄として，使い込みの回収・調査，それがより悪質になった横領が最も多く，次いで遺産分割，病院・事業所選びであったことに注目してみたい。当初の想定では，遺産をめぐる争いや介護・扶養の負担が対立の要因ではないかと思われたが，使い込みや横領が最も多いという結果となった。家族・親族が本人と同居か，別居かについては問うていないため，どのような形で使い込み・横領が行われているかは明確にはならなかったが，横領は論外とはいえ，使い込みに関しては，本人所有の財産使用の線引きの難しさも存在しよう。例えば，意思能力が低下していない高齢者が孫にお年玉をあげたり，自分が家族とともにレストランへ行き，家族の分の食事代を支払ったりすることは，特段異常なことではない。お年玉の額やレストランで支払う金額，レストランへ行く頻度など，常識をはるかに超える場合であっても，誰も咎めないだろう。しかし，意思能力が低下しつつある高齢者が同様のことをすれば，どうだろうか。もちろん，本アンケート調査で明らかになった使い込みは，善意的に捉えられないことが前提となっているだろうが，例示の生活をしていく上で些細な線引きをどこに置くかは，問題となろう。このことは，⑥で取り上げた最も困難だと感じたことのうち，「金銭の取扱」が上位に挙げられていたこととも無関係とは言えないのではないだろうか。

　第2に，対立の原因（特性，財産の有無，親密さ・疎遠さ，制度・法律の熟知・無知）に注目してみたい。この4つの対立の原因は，おおよそ，本人，家族・親族を一種の集団と捉えると，その集団の内に向かうものと，外に向かうものに分けられる。すなわち，特性や親密さ・疎遠さは，終局的には，それぞれ本人・家族・親族の人間性・関係性の問題に帰結する内向きのものである。したがって，アンケート中に指摘があったように，「本人の生き方によって左右されるので，一律に表面上の問題点を挙げるのは困難」であり，

解決策を講じることは難しいだろう。

　しかしながら，財産の有無，制度・法律の熟知・無知は，内に向かうというよりは，外に発散し，関係を外に求め，他人の目によって見えやすいものでもある。したがって，例えば，家族・親族間における財産の取扱について，高齢者本人の意思能力があるうちに自己決定しておくことや，そうした自己決定がない場合の取扱について，法制化・法定化するという方策も考えられよう。また，制度・法律の熟知・無知に関して，⑦で指摘されたように，成年後見制度のさらなる周知徹底，セミナー等の開催，家庭裁判所による丁寧な説明によって，解決できる部分もあろう。このように考えることによって，対立の原因を若干減らすことができるとも言えるのではないだろうか。

　第3に，対立が解消・緩和した要因に着目してみたい。要因のうち事情変更は，専門職のかかわりというよりも，本人・家族・親族側の都合であり，いかんともしがたい。専門職の果たした役割という点で見てみると，本人・家族・親族に対する強さ（強制力）は，説明＜交渉＜裁判所の介入＜法的対応という順になろう。内訳は，ソフトな対応である説明・交渉が合わせて27例であり，説明・交渉によって対立解消（緩和）に至っている例は約半数である。しかし，⑥で示したように，専門職が最も困難と感じたことも，説明・理解の困難さである。この点で，説明・交渉ということ自体が，専門職のかかわりの意義でもあり，限界でもあると捉えることができよう。

　一方，ハードな対応である裁判所の介入・法的対応が15例となっており，専門職が監督機関である家庭裁判所等の助言を受けたり，行政や地域包括支援センターなど，介護等に関わる第三者的な機関の対応を求めたり，あるいは，専門職自身が法的対応をするという役割を担っていることもわかる。また，この対応については，専門職間でも差異が生まれている点である。同職種，他職種，行政等に対して，最も多く相談・支援・協力を仰いでいる社会福祉士は，自身が第三者的機関につなぐという役割を認識しており，積極的に第三者に対して働きかけをしているものと思われる。専門職自身が法的対応をしたかどうかは，本アンケート調査では不明であるが，おそらく，弁護士（時として司法書士や行政書士）がこの点を担っていることが推測されよう。この点，専門職による対立の解消・緩和に対するアプローチの違いが顕著に

見られるところである。

　最後に，専門職にとって最も困難なこととそれを解消するための方策について考えてみたい。専門職が最も困難だと感じることは，先に掲げた説明・理解の困難さのみならず，対立そのものや本人の意思の尊重，家族・親族の信頼や協力を得ること，立ち位置といったものである。これらの内容は，自らの役割を認識し，高齢者本人の望みや願いを叶えるべく，家族・親族にその内容を聞き取りつつも，その中に込められた家族・親族の思いや考えも汲みとりながら，高齢者本人の思いを遂げることを第一に，業務を遂行している証しでもあろう。しかし，専門職といえども，それを貫徹していくことは非常に難しい。それでは，どうしたらよいのだろうか。その答えが⑦に列挙された事項であり，複合的・多面的な視点が必要であることがわかる。専門職自身のスキルアップの機会や情報共有，ネットワークも重要であろうし，法律・制度の変更も必要であろう。また，家庭裁判所の権限強化や役割分担も期待されているところである。

　以上のように，制度開始から20年を迎えようとしているが，未だなお成年後見制度における専門職後見のあり方には制度的な課題が山積みであることもまた明らかとなったと言えよう。

第2節　裁判例から見る任意後見契約をめぐる争い

1　家族・親族間の争いに用いられる任意後見制度

　高齢者本人と家族・親族との「対立」は，高齢者の認知能力が低下し，見守りが必要になったときから始まっていると思われるが，それが顕在化するのが，介護が必要な状況になり，介護がはじまり，後見がはじまり，といったような状況下であることが明らかとなっている。介護の方針や財産の管理方法等に関して家族内で争いが生じることは，それぞれの個人のライフスタイルや価値観が大きく反映するものであるが故に，もちろんのことであるが，より熾烈となるのが，裁判における家族・親族間の争いである。

　特に，近年熾烈となっているのが，第3章でみたような，高齢者本人の意思能力低下に乗じた，遺言や養子縁組，任意後見制度を用いた，高齢者（主

に高齢者保有財産）の囲い込みである。

　そこで，本節では任意後見制度が，高齢者本人と家族，あるいは家族間で任意後見制度がどのように利用（悪用）されているのか，裁判例を使って分析し，このような現状のなかでの任意後見制度のあり方について考えてみたいと思う。まず初めに，2017 年 3 月までに出された任意後見に関わる裁判例のうち，高齢者本人，家族・親族，第三者の対立構造が見られる 18 件を抽出し[13]，その事案と判旨から，高齢者，家族・親族，第三者間の争いの中で，任意後見がどのように利用されたかを概観する。次に，それらの裁判例が，任意後見が家族・親族をどのように捉え，任意後見法に言う「本人の意思の尊重」を，家族・親族との関係からどのように判断したかについて分析する。最後に，任意後見が，将来，「本人の意思」をどのように捉え，家族・親族の関係において何をめざして行くべきかについて，若干の試論を展開したいと思う。なお，前掲 2016 年専門職アンケート調査においては，後見人としての専門職のあり方についても検討対象としており，専門職後見のあり方については，第 5 章にて取り上げる。

2　対象となる裁判例

　任意後見に関わる裁判例は，制度創設以来，増加傾向にあるもののそれほど多くない。そのうち本書の対象裁判例は下のとおりであり（図表 4 - 13），その内容面から次の 4 つに分類することができる。

　第 1 に，任意後見契約そのものの成立が問われるもの，例えば，契約締結能力もしくは意思能力の欠如により，契約そのものが成立するかどうかといったものである（「契約成立要件」と記した②，⑦，⑰，⑱）。この 4 つの裁判例については，既に第 3 章にて検討した。第 2 に，任意後見契約と法定後見との優劣の問題，言い換えれば，任意後見自体の効力が発生するかどうかといったものである（「効力発生要件」と記した①，④，⑤，⑪，⑭，⑮，⑯）。

---

(13)　裁判例のデータベースである，LEXDB，WestlawJapan，裁判所ウェブサイトを利用して，検索語に「任意後見契約」と入力したものの中から，裁判例を読み，家族・親族が関わって争いとなったものを取り上げた。家族・親族であることが明確でないもの，家族・親族に関わる争いであっても，任意後見に関係のないものは除外した。

第3に，施設入所か在宅介護かといった，家族・親族，本人間の介護の方針の相違から生じた争いである（「介護方針の違い」と記した③，⑦，⑫）。第4に，高齢者の財産を狙ったものや相続争いに関するものである（「財産管理・相続」と記した⑥，⑧，⑨，⑩，⑬，⑭）。

　以下では，裁判例を上記分類にしたがって見ていく。なお，事実の概要は紙幅の関係上，脚注に最小限に示し，重要な判旨のみ引用する。

図表 4 −13　任意後見と家族・親族に関わる裁判例一覧

裁判例	内容	実質的な対立関係	分類
①大阪高裁平成14年6月5日決定家月54巻11号54頁	保佐開始の審判と任意後見契約との競合	長男 vs. 次男	効力発生要件
②東京地裁平成18年7月6日判決判時1965号75頁	任意後見契約同士の競合	養子 vs. 養子	契約成立要件
③東京地裁平成18年12月6日判決判時1998号43頁	有料老人ホーム入居契約の解除権の有無	姉妹間[14]	介護方針の相違
④名古屋家裁平成22年1月6日審判　裁判所ウェブサイト	後見人の解任事由の発生時期	長男 vs. 次男	効力発生要件
⑤名古屋高裁平成22年4月5日決定　裁判所ウェブサイト	⑤の即時抗告	同上	効力発生要件
⑥大阪地裁平成23年3月4日判決判時2114号87頁	高齢者の締結した高額な請負契約に対する取消権の有無	本人 vs. 子	財産管理・相続
⑦東京地裁平成23年12月8日判決　LEXDB 25490233	本人の意思に反する入院および任意後見契約	本人 vs. 孫	契約成立要件／介護方針の相違
⑧東京地裁平成23年12月21日判決　LEXDB 25490519	介護・財産管理と共同相続	長男・長女 vs. 次男	財産管理・相続
⑨京都地裁平成24年1月30日判決判タ1370号183頁	専門家との財産管理契約下における使途不明金	本人・司法書士 vs. 共同相続人（子）	財産管理・相続

---

(14)　本件は，裁判としては，家族（本人）と有料老人ホーム経営者との争いであったが，裁判の契機は姉妹間での介護方針の相違であったため，「姉妹間」と標記している。

⑩東京地裁平成24年2月16日判決　LEXDB25490519/25491946	家族間の金銭貸借	本人 vs. 長男	財産管理・相続
⑪東京地裁平成24年4月12日判決　LEXDB 25493928	弁護士と締結した任意後見契約の無効確認	本人・弁護士 vs. 長男	効力発生要件
⑫東京地裁平成24年5月29日判決　LEXDB 25494391	介護付高齢者住宅への入居契約およびその費用の支弁	次女 vs. 長男	介護方針の相違
⑬東京地裁平成24年9月12日判決　LEXDB 25496514	兄弟間の金銭消費貸借契約	姉 vs. 弟	財産管理・相続
⑭神戸地裁平成24年12月13日判決　判例集未登載	後見人たる家政婦の浪費と任意後見監督人の監督および家族への報告義務違反	本人・家政婦・司法書士 vs. 長女	効力発生要件／財産管理・相続
⑮神戸家裁尼崎支部平成24年6月8日審判家月65巻5号96頁	任意後見受任者の不正による法定後見開始	長女 vs. 長男・二女	効力発生要件
⑯大阪高裁平成24年9月6日決定家月65巻5号84頁	⑮の抗告審	同上	効力発生要件／（契約成立要件）
⑰東京地裁平成25年8月30日判決　LEXDB 25514337	任意後見契約の無効，登記の無効	二女 vs. 長女・長女夫	契約成立要件
⑱東京地裁平成28年3月30日判決　LEXDB 25534448	委任契約および移行型任意後見契約の無効	従姉妹同士	契約成立要件

3　効力発生要件

(1)　概　　要

　任意後見に対抗する形で，後見開始の審判を求める家族・親族も出てきている[15]。その実例が下記に掲げる5つの裁判例である。後見開始の審判を求めうる申立権者は，家族・親族に限ると，本人のほか，配偶者，四親等内の親族である（民法7条）。しかし，任意後見契約が存在する場合には，任意後見法10条1項において，「家庭裁判所は，<u>本人の利益のため特に必要</u>

---

(15)　中山二基子「任意後見制度の現状と課題」老年精神医学雑誌 22 巻 4 号（2011 年）402 頁。

があると認めるとき［下線筆者］に限り，後見開始の審判等をすることができる」と定め，法 4 条 2 項で「後見，保佐又は補助を継続することが本人の利益のため特に必要であると認めるとき［下線筆者］」には任意後見監督人を選任しない，すなわち，任意後見契約の効力が発生しない。いわゆる任意後見優先の原則である。この原則により，任意後見発効前に，いかに親不孝をし尽くした子どもであっても，欠格事由に該当しない限りにおいて，高齢者の任意後見受任者となっていれば，発効後，任意後見人となってしまう。それに他の家族・親族が対抗しうる手段は，任意後見法 7 条に定める後見人の欠格事由に該当しない限り，ないに等しく，このような場合，どのような対抗手段を法的に取り得るかが，意思能力のない高齢者本人の利益を守る鍵となろう。

(2)　裁判例の内容

① 　大阪高裁平成 14 年 6 月 5 日決定[16]

任意後見法 10 条 1 項，4 条 2 項によると，「法は，平成 12 年 4 月 1 日に施行された新しい成年後見制度における自己決定尊重の理念にかんがみ，任意後見を選択した者については，民法所定の成年後見制度を必要とする例外的事情がない限り，任意後見を優先させようとするのである［下線筆者］……［任意後見：筆者注］契約が，人違いや行為能力の欠如により効力が生じないのであれば，『本人の利益のため特に必要がある』かどうかについて判断するまでもなく本人両名につき保佐を開始してよいことになるが［下線筆者］，原審記録による限り，この契約の無効原因もうかがうことはできないから，本件で保佐を開始するためには，本人両名について，『本人の利益のため特に必要がある』と認められることが必要である。ここでいう『本人の利益のため特に必要がある』というのは，諸事情に照らし，任意後見契約所定の代理権の範囲が不十分である，合意された任意後見人の報酬があまり

---

(16)　本件は，原告申立人 X（長男）が保佐開始の申立てをおこなったところ，審判が開始される前に，抗告人 Y（次男）が任意後見受任者となる任意後見契約を本人両名（両親）とともに締結し，登記もなされたが，現審判が保佐を開始したため，それを不服として Y が抗告した事件である。

にも高額である，法4条1項3号ロ，ハ所定の任意後見を妨げる事由がある等，要するに，任意後見契約によることが本人保護に欠ける結果となる場合を意味する［下線筆者］」とし，この点について何も審議・判断していない原審を取消し，差し戻した。

④　名古屋家裁平成22年1月6日審判(17)

「任意後見契約は任意後見監督人が選任されたときからその効力を生ずるものである……から，原則として，任意後見人解任事由としての任務に適しない事由とは，任意後見監督人選任後の事由である［下線筆者］とみられる」とした上で，Xの主張する事実のほとんどは，「任意後見監督人選任より以前のものであり，一件記録によっても特別に考慮すべき事情を窺うことはできない（むしろ，その殆どが任意後見監督人選任時にも申立人が主張していたものであり，蒸し返しというべき［下線筆者]）」と判断した。

⑤　名古屋高裁平成22年4月5日決定（④の抗告事件）

任意後見法8条に定める解任事由は，後見人と受任者を定義上明確に区別し，「任意後見監督人を選任する審判については不服申立ができないとされている……から，このような同法の文理と，また，任意後見人の解任事由として，任意後見受任者の段階及びそれ以前の事由の主張を許すことは，上述したとおり任意後見監督人の選任審判において審査がなされており，かつ，その選任審判に対する不服申立が許されていない同法及び上記規則の構造と相容れない［下線筆者］ものというべき」として，抗告人の上記主張はいずれも採用することができないと判断した。

⑪　東京地裁平成24年4月12日判決(18)

「民法7条で規定する者のうち被後見人となるべき本人以外の者（以下「申立権者」という。）に与えられた後見開始の審判の請求権は，被後見人となる

---

(17)　本件は，申立人X（次男）が，法8条に基づく任意後見人（長男）に任務に適しない事由があるとして，任意後見人の解任を申し立てた事例である。

(18)　本件は，被告Bの長男であるXが，被告Bと被告Cとの間で締結された財産管理等委任契約および任意契約が無効であるとして，当該契約の無効確認，および当該契約に基づく任意後見契約登記に無効原因があることの確認を求めた事案である。

べき本人の権利や利益を保護するために与えられたものであって，申立権者の権利や利益を保護するために定められた規定ではない［下線筆者］と解されるから，民法7条に基づく四親等内の親族による請求権が，本件訴えの確認の利益を基礎づけるような法的権利であるとは解することはできない」とし，本件契約が無効となった場合，「既に要後見状態にある被告Bを法的保護者がいない状態に置くことになる［下線筆者］」が，Xは，被告Bを「家庭裁判所に対し，……民法7条による後見開始の審判の請求をしたり，法10条1項による後見開始の審判を求める旨の職権発動を求めるなど，被告Bの権利保護を目的として先ず申立権者としてすべきことをした事実は窺えず［下線筆者］，家庭裁判所が民法7条による後見開始の審判をすることが全く見込まれない事情の下で被告Bの権利及び利益を危険に晒してまでも，申立権者の一人に過ぎない原告について本件契約の無効を確認すべき利益があるとは認められない」と判断し，Xには確認訴訟によって保護されるべき法的利益はないと判断した。

⑭　神戸地裁平成24年12月13日判決[19]

「法定後見か任意後見かについての判断について落ち度があったとして責任を問うためには，法定後見か任意後見かについて判断することが義務づけられていることが前提となる。しかし，任意後見監督人は，本人の利益のため特に必要があると認めるときは，後見開始の審判を請求することができる

　　　Xは，被告Bの息子として，意思能力を欠くこととなった被告Bについて，後見開始の審判申立権を行使することにより，被告Bを保護すべき立場にあること，当該契約が被告Bの意思に基づかずに行われた場合，Xが直接的・財産的な利害関係を有しないとしても，法的後見の申立権者となりうるXには，侵害を受けた申立権限の原状回復権能として本件契約の無効確認の利益と利害関係を有することを主張している。

(19)　本件は，司法書士であるYが任意後見監督人候補者，任意後見監督人としての注意義務を怠り，任意後見受任者および任意後見人への監督を怠ったため，亡Aの娘であるXならびに，Xの所属する自治会に多大な損害を及ぼしたとして，債務不履行および不法行為に基づき損害賠償を求めた事案である。なお，本件の具体的な事実に関しては，三輪まどか「任意後見における『専門家のかかわり』の意義：任意後見監督人のあり方を問う裁判を素材として」アカデミア社会科学編4号（2013年）55-56頁を参照。

が（法 10 条 2 項），任意後見監督人の候補者にそのような権限さえも与えられておらず，任意後見監督人の候補者には，上記の義務があると解すべき根拠は全くない［下線筆者］。」

⑮　神戸家裁尼崎支部平成 24 年 6 月 8 日審判[20]

「X は Y が本人の財産を取り込もうとしていると主張するが，Y が本人名義の預貯金口座から出金した金員のうち，……合計 900 万円……は，……Y が新規に開設した同人名義の……貯蓄預金口座に入金されているが，同人はこの金員はあくまで本人の金員であることを認めた上で，本人の緊急用として保管していると説明しており，同口座の記録上，他の金員と混同することなく保管されていると認められ，また，同人が受任者の報酬として……本人から受領した月額 10 万円の金員は，Y が新規に開設した同人名義の……預金口座に入金され，他の金員と混同することなく保管され，同人は，将来，本人に何かあったときのために貯めていると説明しており，その他 Y により本人の財産管理方法に不正を窺わせる形跡は認められないから，上記主張は採用できない」として，任意後見法 10 条 1 項の要件を満たさないため X の訴えを却下し，後見監督人（弁護士）を選任した。

⑯　大阪高裁平成 24 年 9 月 6 日決定（⑮の抗告事件）

Y の本人の財産への関わり（預貯金を出金し Y 名義の口座に移し替えたこと，度重なる不定期の出金，遺言書作成費用とされているものの遺言書が存在しないこと，入院費用と称した本人財産の取り込み）を考慮し，「委任契約及び任意後見契約締結前の Y の本人への財産への関わりには不適切な点が認められ，また，同契約締結後の利害関係人による本人の財産管理についても同様である」とした。また，Y による本人の療養看護についても，介護施設にほぼ任せていたこと，Y の関心は，もっぱら本人の財産管理であり，本人の現在の

---

(20)　本件は，高齢者本人（後見相当と判断され入院）の長男 X と二女が，任意後見受任者である長女 Y と，延命治療や財産管理の方法について対立したため，Y が任意後見法 4 条 1 項 3 号ハに定める「不正な行為，著しい不行跡その他任意後見人の任務に適さない事由がある者」に該当し，同法 10 条 1 項の「本人の利益のため特に必要がある」ため法定後見を開始することを求める事案である。

病状も鑑みて，「Y に本人の適切な療養看護を期待することは困難であって，Y に本人の療養看護をさせるのは適切とはいえない」と判断している。その上で，本人の推定相続人は X（長男），E（二女），Y（長女）の 3 名であり，「X および E と Y との間には，本人の財産の管理，本人の療養看護をめぐって深刻な対立がある上，本人と Y との間で任意後見契約が締結され，登記がされているとしても，……同契約の締結について，Y から X 及び E に対して何らかの相談や説明があったとは認められないこともあわせれば，……任意後見監督人として第三者である弁護士が選任されるとしても，このような Y に任意後見人として本人の療養看護及び財産の管理をさせることは適切でもないし，その必要性もないから，利害関係のない第三者に後見させるのが適切［下線筆者］」としている。これらのことから，任意後見法 10 条 1 項の定める「本人の利益のために特に必要があると認められるとき」に当たらないとした原審の判断は相当でないと判断し，判断を原審に差し戻した。

(3)　小　　括

　上記にみるように，裁判例では今一度，自己決定尊重の理念から，任意後見優先の原則が確認されている（①）。また裁判所は，任意後見法に定める「本人の利益のため特に必要がある」というのは，「任意後見契約によることが本人保護に欠ける結果となる場合」であり，具体的には代理権の範囲や後見人の報酬や欠格事由を検討すべきであるとしている（①）。ただし，この本人保護に欠けるかどうかの判断時期は，法規定の趣旨からあくまでも，後見監督人選任後に限られるとしている（④，⑤）。

　また，任意後見に対抗する後見開始の審判の請求は，「被後見人となるべき本人の権利や利益を保護するために与えられたものであって，申立権者の権利や利益を保護するために定められた規定ではない」（⑪）と明確に述べている。後見開始の審判は，あくまでも「本人の権利や利益の保護」を目的とするのが法の趣旨だからである。本人の保護については，実際に保護に資したかどうかというよりもむしろ，それらを目的とする家族・親族の行動があったかどうかということが検討されている（⑪）。本人が保護されているかどうかは，任意後見法 10 条 1 項の定める「本人の利益のために特に必要

があると認めるとき」を判断することになるが，その解釈については，本人の身上監護，財産管理に家族間で争いがあったり，また，不適切な支出があったり，介護施設にほぼ任せきりになっているような状況であるときは，任意後見よりもむしろ，後見相当として後見開始の審判を開始するよう判断している（⑯）。

　さらに，後見監督人は，本人の利益のため特に必要があると認めるときは，後見開始の審判を請求することができるとされているが（任意後見法 10 条 2 項），後見監督人の候補者にそのような権限もなく，審判を求める義務はない（⑭）としている。

4　介護方針の相違

(1)　概　　要

　介護方針の相違も，任意後見が絡むと前述の事例と同様，介護施設への入所によって高齢者を囲い込むケースとも想定される。一方で，介護自体は家族自身が有する介護力との関係から，高齢者本人の意思のみでは解決できない問題でもある(21)。後見人がたてる介護方針が高齢者本人の意思に沿ったものなのかどうか，後見人が家族・親族でもあり，他の家族・親族と足並みが揃うものなのか，といった問題もあろう。以下では，2 つの裁判例を考察する。

(2)　裁判例の内容

③　東京地裁平成 18 年 12 月 6 日判決(22)

「〔1〕Ｘは 90 歳で，認知症と診断され，要介護のため入所した者であり，

---

(21)　安梅勅江 = 鈴木英子「家族の介護意識と要介護者の自己決定阻害の関係に関する研究——高齢者虐待の予防に向けて——」厚生の指標 53 巻 8 号（2006 年）25-33 頁，佐瀬真粧美「老人保健施設への入所にかかわる老人の自己決定に関する研究」老年看護学 2 巻 1 号（1997 年）87 頁。

(22)　本件は，Ｘが五女Ａの協力のもと，介護付有料老人ホームの運営法人Ｙとの間で入居契約を締結し，入居一時金等 1,760 万円強を支払ったところ，四女ＢがＸをホームから外出させてそのまま帰らず，退所届をＹに送付し，先に支払った一時金の返還を求めた事案である。

その言動や「退所届」の意思確認には慎重さが求められる［下線筆者］こと，〔2〕Xの娘らの間では，入居を継続するか否かにつき見解が対立［下線筆者］し，Yにもその旨が伝えられ，入居一時金等の返還先にも問題が生じていたこと，……〔4〕入居契約によれば，Yとの関係では，Xから代理人への委任や代理権付与は一方的に解除できないものとされ，介護付有料老人ホームという施設の性質上，この規定には合理性があること」から，Xが施設を出た行為を契約上の「退去」とすること，「退所届」を届けたことを「解除の申し入れ」とし，「これらに基づき，Yとの関係で入居契約が解除されたと評価することはできない」と判断した。

⑫　東京地裁平成24年5月29日判決[23]

Xは施設入居を拒絶する態度を示し，入居後も施設から帰りたいと求めたこと，被告BはXに対し，帰宅できないのは，X宅のリフォームが終わっていないことを挙げていたが，「Xは，判断能力が低下し，短期の記憶障害等があって，十分に自分の状況を認識できていなかった［下線筆者］ことから，そのような状況下で，自宅に戻ってからの生活の方法を検討できないまま，自宅に帰りたいと述べたことも考えられるところである。したがって，Xが自宅に帰りたいと述べたとしても，いわゆる帰宅願望の可能性も含め，相応の判断能力を前提とした真の意思であったかどうかは疑問があるというべき［下線筆者］であって，Xが自宅に帰りたいと述べたのに対し，被告Bと本件施設職員が本件施設での生活を継続させたとしても，Xの意思に反していたということはできない」と判断した。

さらにXは自宅生活が長く，施設入居を積極的に望むことがなかったこと，Xの単身生活が困難であったことから，被告Bの言うとおりに，体験入居をし，本入居をしたことを考慮すると，「Xが自分の置かれた状況を理解できるだけの判断能力があるときに自宅に帰りたいと述べたとしても，希望を述べたと理解すべきであって，このときには同時に，Xは直ちに自宅に帰って

---

(23)　本件は，被告Bと被告会社がXの承諾を得ることなく，署名代行し，Xの意思に反して介護施設への入居契約を締結してXを入居させ，さらに施設内にて拘束を継続したことが，被告らの共同不法行為に該当するとして，損害賠償を請求し，さらに，Xの預貯金から支払われた入居費用等の返還を求めた事例である。

単身で生活を始めることができないことをわかっていたというべき［下線筆者］であるから，被告Bや本件施設職員が施設にとどまるように述べたとしても，Xの意思に反していたというべきではない」とした。

(3) 小　　括

前述3とは異なり，要介護状態になった場合には，たとえ，高齢者が任意後見等で老いじたくをしていたとしても，最近とみに言われる「いま・ここでの新たな意思決定[24]」や，「『本人のため』に他者決定を行うという形式[25]」にならざるを得ない。それは，要介護の程度にもよるが，特に認知症が進行している場合はなおさらである[26]。

裁判例では，認知症の場合，本人の意思の把握は，より慎重に判断することとされており，その判断を見極めるためには，周りの状況を検討する必要だとしている（③）。さらに，⑫においては，高齢者本人に判断能力がある場合には，自分の希望あるいは意思を伝えたとしても，周りの状況を鑑みると，それができない現実がわかるため，単なる希望とすべきであり，判断能力がない場合には，その言葉に慎重さが必要としている。

しかし，このように解してしまうと，高齢者の判断能力の有無にかかわらず，高齢者本人の思うようには行動できなくなり，要介護高齢者は，自己決定そのものが認められないのではないかという懸念が生ずる。しかし一方で，この懸念が「介護する側」と「介護される側」の存在をより際立たせる。換言すれば，介護は誰のものか，という問題にも通じよう。

---

(24) 上山・前掲注(8) 101頁。

(25) 上山泰＝菅富美枝「成年後見制度の理念的再検討——イギリス・ドイツとの比較を踏まえて——」筑波ロー・ジャーナル8号（2010年）10頁。

(26) このことは，調査でも明らかになっており，「自己決定の阻害に関連する意識が自身の要介護状態により相違するか」を調べた調査では，「要介護者の場合は，自分自身のこととして『家族の意見に従うべき』『自己主張すべきでない』，さらに75歳以上では『我慢すべき』と回答した者が，介護を要しない者よりも多い」という結果が出ている（安梅＝鈴木・前掲注(21) 28頁）。

5　財産管理・相続

(1)　概　　要

　財産管理や相続に関わる裁判例は最も多い。家族・親族や第三者によって高齢者の財産が侵され，それを他の家族・親族や後見人，後見監督人がどのように守るか，ということが争点になっている。一方で，後見人となった家族・親族が，甘い認識のまま財産を費消することもあり，財産侵害の態様は多岐にわたる。下記では，6件の裁判例を見てみる。

(2)　裁判例の内容

　⑥　大阪地裁平成23年3月4日判決[27]

　Ｘは，梵鐘を製作して寺院に奉納することを希望しており，録音されたＸとの会話の内容等を見ても，Ｘの意欲は長期間にわたり一貫しているものの，「本件請負契約の締結の以前には，丙川は，Ｘの希望に対し，梵鐘の奉納場所が予め確保される前に梵鐘を作ることは無理なことであると認識し，その認識に沿って行動していたものであるのに，今回に限って，<u>設置すべき寺院すら決まっていない段階で契約の締結に踏み切ったことについては，何故そのような行動を選んだのかについて合理的な説明をすることが困難</u>［下線筆者］であり，そうしてみると，Ｘの言動についていう証人丙川の上記証言もたやすく採用できない」として，Ｘがその意思に基づいて有効に締結した請負契約の効力を，消費者契約法4条2項の取消事由に該当するとして否定することは信義則に反しないと判断した。

　⑧　東京地裁平成23年12月21日判決[28]

　「本件において，ＹがＤ［筆者注：Ａの亡夫］の同意なく，Ｄ名義の銀行口座

---

(27)　本件は，梵鐘の製作等を行っているＹとの間で，梵鐘製作を目的とする請負契約を締結し，代金の一部を支払ったＸ（Ｘの代理人である任意後見人）が，契約の効力を争い，不当利得返還請求権に基づき，代金相当額等の返還を求めた事案である。

(28)　本件は，亡Ａの共同相続人であるＹら（Ａの長男，長女）が，同じく共同相続人の1人であるＹ（次男）に対し，Ａの同意を得ることなく，預金を引き出したとして，不法行為に基づく損害賠償請求をした事案である。Ｙは，Ａとの間で老後の面倒を見てもらいたいと，任意後見契約を締結しており，契約が解除になる2年の間に，Ａの世話をしていた。

から預金を引き出すなどしたことを認めることはできず，……もともとE［筆者注：成年後見人］はDの銀行口座から生活等を引き出していたこと，Yは，DからEの老後の面倒を見るように言われたため，Dが亡くなった場合に備えて，Dの銀行口座から預金を引き出してEに渡したり，Eの銀行口座に移したことなどの事実が認められ」，Yの行為は不法行為にあたらないと判断した。

　⑨　京都地裁平成24年1月30日判決[29]

　Yが訴外A（高齢者）の求めに応じ，2ヶ月足らずで預かった通帳を返還したこと等は，「一般に，本件契約のような財産管理委任契約を締結するのは，自己の判断能力の相当な低下を自覚した場合には限らない［下線筆者］」こと，Aの子で身近にいたXが，危機が急迫しているとした財産保全措置を行っていない［下線筆者］ことから，Yの財産管理義務違反があるとはいえないと判断した。

　またYがAの財産目録を作成したのみで，財産管理状況を報告したことがなく，Yが介護施設に入所したAを訪問することが年々減少したとしても，財産管理上具体的な問題が生じたことはうかがえず，「本件契約に基づくYの財産管理行為には不備があったが，それが著しいものであったとまでは認められず，……Yは，Aの心身の状況把握が不十分であったが，後見監督人選任申立てをしなければならない状況であるのにこれを長期に亘り放置したとは認められない［下線筆者］」としてXの損害賠償請求を退けた。

　しかし，Yは財産変動がなく，報告事項がないからといって，Aや共同相続人に対して，契約に定める3か月ごとの報告書による事務処理状況報告義務がなくなるわけではないとした上で，「AのYに対する上記報告書の提出請求権は，3か月ごとに具体的請求権として発生し，Aの死亡により本件契約が終了しても，Xらその共同相続人に不可分債権として相続されたものと解すべき［下線筆者］」と判断し，XはYに対し，委託事務処理状況報告書

---

　(29)　本件は，司法書士であるYとの間で財産管理委任契約を締結した者の共同相続人の1人であるXが，Yに対し，Yには上記財産管理委任契約に基づく債務の不履行があったと主張して，損害賠償を求めるとともに，委任事務処理状況についての報告書の交付を求める事案である。

を請求できるとした。

⑩　東京地裁平成 24 年 2 月 16 日判決[30]

　Yは返済方法を具体的な記載をした借用書および返済計画書を作成してX
に交付していること，本件金員に係るYの返済意思の存在は明らかであるこ
とから，本件金員はXからYへの貸付金であり，Xが父親の相続に関して取
得した現金は 2,786 万余円であり，謝礼とするには多額であること，「X（当
時 70 歳）の老後の生活に対する考慮及び他の子供たちに対する配慮もなく，
本件金員をY一人に贈与するということには合理的理由を認め難い［下線筆
者］」こと等を総合考慮すれば，Yの主張は採用できないとした。

　「なお，Xは，Eの遺産相続時のYとの約束のとおり，本件金員を被告に
対して贈与したことを認める旨の」書面に署名しているが，ほぼ同時期に，
「T弁護士を代理人に指名しない，解任する旨の書面」および「息子に脅迫
されて何か書いたことはない，T弁護士がそう主張するなら抗議し謝罪を
要求する旨の書面」にも署名しており，「Yからの強い要請があればそれに
従ってしまう心理状況下のもとに上記署名がされたものと推認する［下線筆
者］のが相当であ」ると判断した[31]。

　なお，⑬東京地裁平成 24 年 9 月 12 日判決も，上記と同様，Xの親族らに
対する貸金を，親族らが贈与であり返還をしないと主張した事例であり，任
意後見を利用して親族らが財産管理をするとともに，任意後見人となった親
族に対して，「すべてを遺言させる」旨の公正遺言証書を作成していた。上

---

(30)　Xが，Xの長男であるYに対し，XはYに対して期限を定めることなく数次に
　　わたり合計 5,678 万円の貸付けをし，その後，合計 370 万 5,000 円の返済を受けた
　　として，貸付総額から返済額を控除した 5,307 万 5,000 円の返還を求めるとともに，
　　Y名義の銀行口座に対する定期預金債権及び継続式貸付信託契約に基づく償還金等
　　に係る債権がXに帰属するものであるとして，その旨の確認を求める事案である。
(31)　なお，本件においては，Yがこのような訴訟を提起するとわかっていたかのよう
　　に，Xは自分を「呆けてきた」と思った息子たちが自分を騙そうとしており，それ
　　に対して抗う意思と金銭の返還を求めた事実実験公正証書を残している。この公正
　　証書作成時のXの様子につき，公証人は「挙措動作に特段異常は見受けられず，健
　　康状態を疑わせる兆候も無く，自己の判断に従い意思どおりの陳述をなし得る状態
　　にあるものと認められた」と記載している。

記と同様，Xに畏怖心を与えて，親族が金銭を貪り取ったとして，Xの貸金返還請求が認められている。

⑭　神戸地裁平成24年12月13日判決（再掲）

監督人が「本人の親族に連絡をしなかった場合には直ちに任意後見監督人としての職務に違背したとみる根拠を見いだすことはできず，……任意後見の意向の確認のために連絡する必要はないというべき［下線筆者］である。しかし，預金の額が少ないという点については，Yにおいて本件選任申立て前に疑問に思っていた点であること，Bの説明について客観的な裏付けがある訳ではなく，Bが本件任意後見契約等の受任者として，任意後見に移行する際にこれまでの経緯について報告をした形跡もないことに照らすと，Yは，任意後見監督人に就任後，再度Xに連絡を試みてBの話の裏付けをとるべきであったと考えられる」ことから，この点についてYは，任意後見監督人としての職務に懈怠があった［下線筆者］と判断している。

(3)　小　　括

財産管理，相続に関する争いは，その態様から以下の2種類に分けることができる。1つは，家族・親族間による老親の世話・介護と財産管理に関わるもの（⑧，⑩，⑬）と，もう1つは，後見人，専門家である受任者，後見監督人それぞれの役割・権限に関するもの（⑥，⑨，⑭）である。

1点目は，任意後見や法定後見（保佐や補助も含め）が制度として機能すること，とりわけ，3(3)で取り上げたように，後見監督人の選任や後見等開始の審判が時宜にかなってなされ，かつ，後見人や後見監督人が適任で，その権限の行使が端然となされればこの問題は多少軽減されよう。この意味において，⑥で言及されたように，後見人が消費者契約法に基づいて，高齢者本人の望む契約の取消を認められた意義は大きい。むしろ最大の問題は，家族介護と後見が実質的に混在してしまっている点にある。

2点目は，1点目の問題とも相まって，より深刻な問題である。なぜなら，任意後見の根幹は，後見人および後見監督人の存在そのものにあるからである。その意味において，後見人や後見監督人が，高齢者本人およびその家

族・親族に対してどのような義務・責務を果たすのかが問われることになる。そして，高齢者本人に対する義務・責務に関して言えば，任意後見において，高齢者の意思，決定がどのように把握され，尊重されるのかを検討しなければならない。

第3節　高齢者の「意思の尊重」と家族(32)

1　任意後見における高齢者の自己決定と家族・親族の「かかわり」

　以上，2016年専門職アンケート調査に基づいた後見人となった専門職からみた高齢者本人と家族・親族間の「対立」と，任意後見をめぐる裁判例を通じ，高齢者本人と家族・親族の争いをめぐる問題点を明らかにしてきた。

　2016年専門職アンケート調査では，本人・家族・親族の対立を専門職の視点から見，その解消・緩和とそれに対する専門職の「かかわり」の意義を見いだそうとした。後見人となった専門職は本人の代理人であるが，家族・親族にとってみれば第三者である。とはいえ，本人の人生に深くかかわる家族・親族の思いや考えを汲ながら，業務を遂行しようとする姿を明らかにすることができた。一方，家族・親族の立場に立ってみれば，自分にとって第三者たる専門職の眼が必ずしも正確とは限らない。2016年専門職アンケート調査だけでは，家族・親族の真意を図ることはできない。この点で本調査だけでは，家族の視点が欠如している。しかしながら，他者から見える家族・親族の姿を捉えることはできた。

　他方，裁判例においては，家族のさまざまな姿を見ることができた。家族・親族の真意を裁判例だけで明らかにすることはできないものの，その行動により，家族・親族の真意を垣間見ることができる。高齢者本人の財産を狙って囲い込みをするような家族，高齢者自身の最期を全うしてもらおうとする家族，任意後見制度が存在することによって，後見人に選任された家族

---

(32)　上山＝菅の指摘によれば，「『自律か保護か？』という単純な二項対立図式を超えて，『自律支援の成果としての保護』を実現していくこと」が必要だという指摘もある（上山＝菅・前掲注(25) 6頁）が，本書では古典的な分類に従い，自律か保護かの二項対立ではなく，それが両立しうるバランスを考えたいと思う。

169

され，高齢者本人に関わり続けることができる家族，後見人に選任されなかったことによって，高齢者本人に関わり続けるうことができなくなってしまった，いわゆる「よそ者」になった家族などである。

　こうした様々な家族が存在する中，現状の任意後見制度において高齢者の「意思の尊重」ができ，かつ，そうした高齢者の自己決定を保障する家族・親族のかかわり方として，いかなるものが望ましいであろうか。任意後見がたどる過程ごとに考えてみたい。

　まず，高齢者本人が任意後見契約を締結できるくらいに，意思能力の程度が高い場合には，高齢者自身が家族・親族のことを考えた末に，任意後見や遺言などの準備を行う。この時点で家族・親族を考慮するか否か，家族・親族の誰に老後を委ねるかは，高齢者自身で決める。

　次に，意思能力が低下ないし十分にないと判断されるに至った場合には，やはり後見監督人が選任され，後見人による後見が開始されなければならない。その際，任意後見契約の内容のみでは，本人を保護できない場合も想定される。この判断をなすのは，受任者，後見人，後見監督人（任意後見法10条）であるのは当然のことながら，家族・親族もその役割が期待される。さらに，家族・親族の間で争いがない場合，高齢者自身の意思をくみ取るには，家族・親族は必要な存在であるが，家族・親族でなくとも，この時点で介護に関わったり，任意後見で高齢者を支えている場合も同様である。つまり，意思をくみ取るには，家族・親族か家族・親族でないかというよりはむしろ，高齢者の積み重ねてきた歴史を踏まえ，現在の思考や意思をどれだけ引き出せるかの方が重要である。その意識のない者が関わり，一律に家族・親族を排除して，自分らしい老いを全うさせないことの方が，高齢者本人にとって悲劇である。その意味で「成年後見制度の枠組みの中で，真に本人の自己決定の尊重を重視しようとするのであれば，『代理・代行決定［他者決定型］』に対する『自己決定支援［自己決定型］』の優越性（エンパワーメントの最優先という視点）を確認すべきではないだろうか[33]」という指摘はまさにその通りである。

---

(33)　上山＝菅・前掲注(25) 10頁。また，意思能力が完全に低下してしまった時点において，成年後見と任意後見を区別する意義はどこにあるか，という問題もあろう。

　最後に，1番めと2番めのちょうど中間，意思能力が漸次的に低下してきた場合，高齢者自身の自己決定と家族によるかかわりのバランスを図ることが最も難しい状態なのではないかと考える。意思能力の低下に伴って，漸次的に保護の割合が高まるわけでもない。また，人によっては誰の手助けもいらないと考えたり，常に人に依存する場合もある。まさにここは高齢者本人の価値観にもよる。そういった意味においては，この価値観もまた本人の意思の尊重，ということになろう。本来，任意後見は，こうした価値観を尊重することを排除するような制度ではなかったはずである。画一的な任意後見契約だけではなく，本人の意思を尊重しうるような柔軟な任意後見契約書のほか，本人の価値観，本人の意思を実現しうるような後見人の育成，後見監督人による監督，最も本人の意思をくみ取ることができるような人を選任するという家庭裁判所の専門性など，現在でも高齢者の価値観，意思を実現できるように制度を整えることも可能であろう。近年，盛んに言われている，意思決定支援は，まさにこの部類に入るものと思われる[34]。

　　　この点，上山は「本人の現有能力が同程度であるにもかかわらず，任意後見と法
　　定後見という保護形態の違いのみに基づいて，自己決定（本人意思）の尊重の程
　　度について顕著な差が生じることは，むしろ許されないのではないか」とした上で，
　　「『任意後見のさらなる法定後見化』ではなく，まずは『法定後見における自己決定
　　要素の強化』という方向性を基本的に据えて追求していくべき」とする（上山・前
　　掲注(8)（2012年）123頁）。
(34)　この点，2019年5月25日，26日に愛媛大学で行われた，日本社会保障法学会第
　　75回大会のミニシンポジウム①「高齢者の意思決定支援の実務とこれから」は，家
　　族・親族については検討から除外されていたものの，専門職（弁護士，社会福祉士）
　　による意思決定支援のあり方について議論され，非常に示唆的であった。
　　　また，意思決定支援に関しては，障害者に対するガイドラインは2017年3月に
　　作成されていたが，高齢者に対しては，2018年6月22日に厚生労働省老健局長よ
　　り「認知症の人の日常生活・社会生活における意思決定支援ガイドライン」が策
　　定された旨，通達が出されている（老発622第1号）。当該ガイドラインについて
　　は，厚生労働省ウェブサイト「知症施策関連ガイドライン（手引き等），取組事例」
　　（https://www.mhlw.go.jp/stf/seisakunitsuite/bunya/0000212395.html）（2019年8
　　月21日最終アクセス）を参照。
　　　高齢者に対する意思決定支援にかかわる書籍については，日本福祉大学権利擁護
　　研究センター監修『権利擁護がわかる意思決定支援：法と福祉の協働』（ミネルヴァ
　　書房，2018年），日本精神保健福祉士協会監修『よくわかる成年後見制度活用ブッ
　　ク：精神障害や認知症などのある人の意思決定支援のために』（中央法規出版，2018

2　後見人，監督人の家族・親族に対する権利・義務

　高齢者本人（意思能力が厳格に問われていない現在においては，到底任意後見を選択しえない高齢者も含む）が任意後見を選択した結果，高齢者に関わる家族・親族にとって，以下2つの問題が生じると思われる。1つは，「よそ者」にされてしまった家族・親族は，後見業務に関して，何ら口だしし得ないのか，という問題であり，もう1つは，後見人や後見監督人として「選ばれた」家族は，後見人として義務と家族としての扶養義務の双方を担わなければならないのか，という問題である[35]。

　1点目につき，裁判例では，後見人および後見監督人による後見業務の家

年），石崎雅人編著『高齢者介護のコミュニケーション研究：専門家と非専門家の協働のために』（ミネルヴァ書房，2017年），法政大学大原社会問題研究所／菅富美枝編著『成年後見制度の新たなグランド・デザイン』（法政大学出版局，2013年）のほか，イギリスについての示唆的な文献として，菅富美枝『イギリス成年後見制度にみる自律支援の法理：ベスト・インタレストを追求する社会へ』（ミネルヴァ書房，2010年）がある。同様に，文献については，学会誌や雑誌のシンポジウムや特集の対象となっているものが散見される。2019年5月25日・26日に開催された日本社会保障法学会第74回大会のミニシンポジウム「高齢者の意思決定支援の実務とこれから」では，弁護士，社会福祉士による高齢者の意思決定支援の実務と連携・協働事例について報告されたほか，2018年6月3日に開催された比較法学会第81回総会のシンポジウム「高齢者医療・介護と法」ではドイツ，アメリカ，イギリス等における意思決定支援について取り上げられ，比較法研究80号（2018年）に掲載されている。雑誌では，高齢者虐待防止研究第14巻第1号（2018年）においても，「認知症高齢者の意思決定支援」として，看護管理27巻6号（2017年）においても，「認知症を持つ患者の意思決定支援」として，主に医療同意の観点からの特集が組まれている。

(35)　なお菅は，わが国の家族・親族以外の者による「第三者後見」の「第三者」という言葉に着目し，「任意後見受任者は，任意後見契約の『当事者』であり，『第三者』とは観念されえないからである。それをあえて『第三者』と表現するのは，……わが国の任意後見制度が『家族』か『家族・親族外』かの区別に拘泥する，後見人主体の任意後見であるとの印象を生み出しかねない。このように考えるとき，わが国の任意後見は，依然，保護の発想に基づいた，『家族・親族共同体型』であり，近時，『第三者後見』が推奨されているのも，問題が生じている場合ですら個人を家族・親族の影響から解放することの困難さの裏返しであるといえよう。日本社会は，エンパワーメントの発想が未成熟な状態にあって，人々の『個人性』を創り出すべく，家族の『外部化』へと向かう過渡期に位置している」と指摘する（菅・前掲注(10)69-70頁）。

族に対する報告は，契約の履行の一種として解決すべき問題であり，任意後見法からは導かれないとしている（⑨，⑭）。つまり，家族・親族への報告は，高齢者自身の選択の問題といえる。ただし，後見業務は，身上監護と財産管理であり，身上監護には事実行為は含まれないから，家族・親族が，扶養義務や家族・親族としての心情から，事実行為に関わることは否定されない。また，後見人も後見監督人も本人の意思の尊重義務が課されており（法6条），⑴で指摘したとおり，本人の自己決定の内容は家族・親族の事情で簡単に覆されることから，本人の意思を知る者の一人であるよそ者にされた家族・親族を全く無視して業務を進めてよいわけではない。となると，後見人，後見監督人は，少なくともよそ者にされた家族・親族に配慮し，当該家族・親族と連携して，業務を行っていく必要があろう。

　2点目は，1点目と深く関わるが，任意後見自体が扶養義務を免れさせるわけではなく，家族としての心情を排除するものでもないが故に，選ばれた家族・親族にとっても，よそ者にされた家族・親族にとっても，苦渋の結果となっている。しかし，先に指摘したように，後見人や後見監督人の業務が，よそ者にされた家族との連携の上に成り立つとすれば，本人の意思の汲み取りや介護そのものといった事実行為は，よそ者にされた家族・親族が担い，よそ者にされた家族・親族の意思と本人の意思を汲み取った上で，選ばれた家族・親族は，後見業務を行えばよい，ということになる。選ばれた家族だけが，高齢者本人に対するすべてを担う必要もまたないのである。この意味において，高齢者本人が任意後見を選択すること自体，家族・親族としての立ち位置，役割の再考を促す契機となりうるものであろう。

第5章　高齢者の自己決定のための「かかわり」

第1節　専門職後見人の職務と「かかわり」

1　専門職のかかわりと高齢者の自己決定

　前章では，高齢者本人と家族・親族との「かかわり」について考察してきたが，2016年専門職アンケート調査では「専門職」の目による「対立」にも着目したように，専門職もまた高齢者本人に大きく関わっている。介護契約において，専門職が高齢者の決定に大きく関わっていることはすでに第1章第4節で指摘したところであるが，裁判例に現れていたように，後見人に関しても同様のことが言いうる。特に，近年，親族後見よりも第三者後見，とりわけ専門職後見の割合が高くなっており（図表5－1），専門職が高齢者本人に関わることが多くなってきている。

図表5－1　後見人等と本人との関係

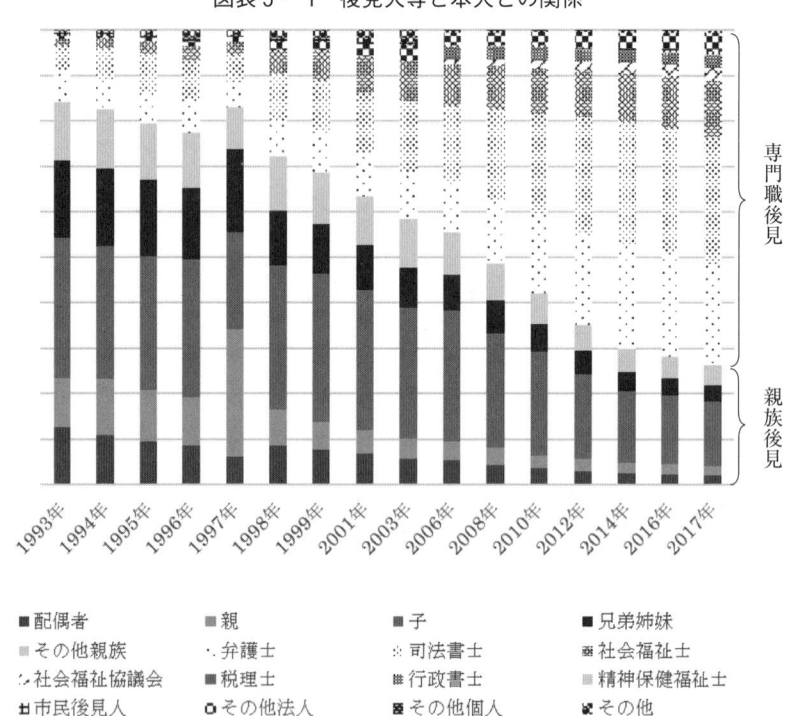

専門職後見

親族後見

- ■配偶者
- ■親
- ■子
- ■兄弟姉妹
- ▤その他親族
- ∴弁護士
- ⁛司法書士
- ▩社会福祉士
- ▨社会福祉協議会
- ▣税理士
- ▤行政書士
- ▥精神保健福祉士
- ⊞市民後見人
- ✪その他法人
- ▨その他個人
- ▰その他

資料出所：裁判所ウェブサイト「成年後見関係事件の概況」より筆者作成

　そして，前章で取り上げた 2016 年専門職アンケート調査でもわかるように，専門職後見人のかかわりによって，家族・親族の対立が解消に向かったケースや，解消に向かわないまでも，高齢者本人の代理人としての職務を全うすることにより，家族・親族からの過干渉から，高齢者本人を守ることにもつながっている。そして，2016 年専門職アンケート調査で，専門職にとっても重要な助言機関として挙げられたのは，家庭裁判所であった。成年後見制度を監督する立場としても重要な機関ではあるが，2016 年専門職アンケート調査においては，家庭裁判所の役割についての考察も課題として残った。

　一方で，介護契約においても指摘したように，専門職のすべてが「善」ではなく，行き過ぎた干渉や介入がないとは言い切れない。また，裁判例にも

見られたように，高齢者が自分自身の状況を理解できず，思いのみが先走り，家族が困って介護を放棄してしまうケースも想定しうる。

　そこで，本章では，後見人およびその監督を行う後見監督（人）が，高齢者本人および家族・親族と，どのように接し，関わればよいのかについて検討したい。その際，まずは後見人の職務等について概観した上で，特に「接し，関わる」場面の多い，日常生活に関わる部分，すなわち法律的には「身上監護」を対象として，現在までの議論について整理する。そして，2016年専門職アンケート調査や調査実施にあたっておこなった事前のヒアリング・後日の体験談などで得られた実際の身上監護の様子に照らし，それらの法的な「身上監護」と，実際上の「身上監護」との差異を明らかにし，問題点を指摘した上で，実際の支援につながると思われる身上監護のあり方，「かかわり」について論じたいと思う。

　次に，後見監督（人）については，現在後見監督を担っている家庭裁判所および後見監督人に着目し，後見監督（人）の職務および責任について確認した上で，そこから導き出される後見監督（人）のかかわりの意味について，考えてみたいと思う。なお，必要に応じて，成年後見監督人と任意後見監督人を使い分けることとする。

2　後見人の職務と身上配慮義務

(1)　任 意 後 見

　任意後見人の事務の内容は，本来，本人と受任者との間の契約で決まり，その契約事項について，任意後見人となった者は，「代理権」を付与されることとなる。その意味で，任意後見契約は委任契約の一類型であるとされる[1]。代理権付与の対象となる法律行為としては，立法担当者による解説

---

[1]　小林昭彦＝大門匡＝岩井伸晃編著『新成年後見制度の解説〔改訂版〕』（金融財政事情研究会，2017年）232頁。任意後見契約が委任契約の一類型であることにより，「身上配慮義務が任意規定となり，法律行為の代行の面においても，後見人の責任の軽減の不安が残り，すすんで委任契約締結時に特約にて責任減免を規定しうる可能性も残る」と，藤村は批判する（藤村賢訓「身上監護のための任意後見契約の検討」福岡大学大学院論集34巻2号（2002年）28頁）。この点，立法担当者の解説書によれば，この特殊な委任契約の性質に鑑みて，責任の加重はできても減免はで

書によれば，「財産管理に関する法律行為（たとえば，預貯金の管理・払戻し，不動産その他重要な財産の処分，遺産分割，賃貸借契約の締結・解除等）と身上監護（生活または療養看護）に関する法律行為（たとえば，介護契約，施設入所契約，医療契約等）が含まれ」るとする[2]。加えて，これらの法律行為に関連する登記・供託の申請，要介護認定の申請，これらの事務に関して生ずる紛争についての訴訟行為も可能とされている[3]。

身上配慮義務に関しては，財産管理および身上監護の事務に関して，「本人の意思を尊重し，かつ，その心身の状態及び生活の状況に配慮しなければならない」（任意後見法6条）と定められているが，先にも述べたとおり，任意後見人の事務の内容は契約によるため，この義務も契約によって本人から委託された事務の範囲にとどまると解されている[4]。加えて，「身上配慮義務は，本人の判断能力が不十分な状況における生活，療養看護および財産管理の全部または一部という任意後見契約の委任事務の性質にかんがみ，任意後見人の事務遂行上の一般的な責務を法定したもの」とされている[5]。

(2)　法 定 後 見

成年後見人等の職務およびその権限としては，後見類型の場合[6]，財産管理（民法859条1項），身上配慮義務等（民法858条），居住用不動産の処分についての許可（民法859条の3），後見等の事務についての必要な処分（民法863条2項）などがある。本稿の趣旨から，財産管理および身上配慮義務

きないと解されるとしている（前掲書265-266頁）。
　　加えて，藤村は，「任意後見契約に基づく代理人は，後見事項を定めた契約内容に基づき，必要な法律行為を代行するにあたり，本人の残存意思を確認しつつ，本人のベストインタレストを図らなければならないという一般的身上配慮義務を常に負い，この義務を特約等で軽減されないことにより，本人の意思決定の確保が可能になる」としている（前掲論文・28頁）。
(2)　小林＝大門＝岩井・前掲注(1) 260頁。
(3)　小林＝大門＝岩井・前掲注(1) 260頁。
(4)　小林＝大門＝岩井・前掲注(1) 263頁。
(5)　小林＝大門＝岩井・前掲注(1) 263頁。
(6)　補助や保佐類型の場合は，若干規定の方法が異なるが，本稿では取り上げた裁判例の内容から，後見類型のみ取り上げることとする。

について取り上げる。

　財産管理は，旧民法でも規定があり，立法担当者による解説書によれば，「財産の保存・維持および財産の性質を変更しない利用・改良を目的とする行為ならびに処分行為をいう」とされ，それに関する包括的な代理権が，成年後見人に与えられているとされる[7]。

　身上配慮義務については，本人の「生活，療養看護及び財産の管理に関する事務」（民法 861 条）にあたっては，被後見人（本人）の「意思を尊重し，かつ，その心身の状態及び生活の状況に配慮しなければならない」と定めている（民法 858 条）。この規定については，「本人の身体に対する強制を伴わず，かつ，契約等の法律行為（事実行為は含まれない）に関する事項である限り，一身専属的な事項を除き，身上監護に関連するあらゆる事項（法律行為に当然伴う事実行為を含む）をその対象として含みうる……具体的には，同条の規定は，①介護・生活維持に関する事項，②住居の確保に関する事項，③施設の入退所，処遇の監視・異議申立て等に関する事項，④医療に関する事項，⑤教育・リハビリに関する事項等のすべてがその内容として含まれるという解釈を前提として設けられています。すなわち，成年後見人は，前記①〜⑤等の各項目に関する契約の締結（たとえば，介護契約，住居に関する契約，施設入所契約，医療契約，教育・リハビリに関する契約等），相手方の履行の監視（たとえば，施設内の処遇の監視等），費用の支払（たとえば，介護サービスの費用の支払等。介護・生活維持のための社会保障給付の利用を含む），契約の解除（たとえば，住居の賃貸借契約の解除，施設の対処等）等を行う際に，本人の『心身の状態及び生活の状況』に配慮すべき義務を負」うとされている[8]。また，「いわゆるアドヴォカシー（advocacy ＝本人の身上面に関する利益の主張を補助し，または本人の身上面に関する利益を代弁すること）等についても，同条の規定の解釈として合理的な範囲内（契約等の法律行為に関する権限の行使に伴う注意義務の範囲内）である限り，右の身上配慮義務の内容に含まれる」と解されている[9]。ただし，「意思表示に基づく法律行為であっても，

（7）　小林＝大門＝岩井・前掲注（1）146 頁。

（8）　小林＝大門＝岩井・前掲注（1）151 頁

（9）　小林＝大門＝岩井・前掲注（1）151-152 頁

一身専属的な事項（たとえば，臓器移植の同意等）は，成年後見人の権限に含まれない」とされている[10]。

3　身上配慮義務をめぐる学説の状況

(1)　任 意 後 見

任意後見における身上配慮義務については，立法担当者の解説に対し，新井＝上山からは，民法644条とは異なる書きぶりであることから，解釈論上，任意後見契約法6条に定める義務を「一定の独自性を持つ固有の義務として理解」した上で，以下の点が提示されている[11]。

> 　第1に，本条によって，任意後見人の財産管理方針と財産支出基準がより明確化されたと考えることができる。まず，任意後見人による財産管理は，単に現有財産の散逸防止のみを目的とした専守防衛的な「財産保全型管理」ではなく，本人の幸福追求並びにその福祉及び生活の質向上を目的とした「財産活用（消費）型管理」を原則とすべきであろう［下線筆者：以下同じ］。さらに，この本人の財産の活用（消費）に関する優先順位の決定は，本人の身上監護の観点から行われるべきである（後略）
> 　第2に，本条所定の身上配慮義務の一内容として，任意後見人は「一般的見守り義務」を負っていると解することができる。すなわち，任意後見人は，適切な職務遂行の計画を立案していくために，自己の持つ代理権の行使に必要な限りで，常に本人の心身の状態と生活の状況とを的確に把握しておかなければならない（後略）

つまり，本説によれば，任意後見人は，単なる善管注意義務にとどまらず，本人の心身と生活の状況をしっかりと把握し，本人の状況に応じ，本人の生活の質を向上させるような財産の活用を図ることが，身上配慮義務を果たすことになると言える。この点について，実務家から，次のような意見が出ている。すなわち，「任意後見は，法定後見よりも本人の自己決定権の尊重が前面に出るので，本人が任意後見契約で財産保全型管理を委任した場合には，

---

(10)　小林＝大門＝岩井・前掲注(1) 152頁。

(11)　新井誠＝上山泰「任意後見契約に関する法律」於保不二雄＝中川淳編『新版注釈民法（25）親族（5）§§ 818 ～ 881［改訂版］』（有斐閣，2004年）692-694頁。

任意後見人としては，これに従うのが原則的な形態となる。たとえば，本人が倹約家で，貯蓄にプライオリティをおく性格の持ち主であり，その旨が任意後見契約に反映されているならば，任意後見人としては，本人の生活の質を向上するための支出は必要最小限にとどめざるをえない。具体的な例を挙げると，エアコンが故障した場合において，①利便性は高いが価格も高い最新型のエアコンに買い替えるか，②利便性はあまり高くないが価格の安い旧式のエアコンに買い替えるか，③エアコンを止めて，もっと安価な扇風機に切り替えるかといった選択をする場面に遭遇したときに，任意後見人としては，本人の意思（③か？）を尊重しつつ，身上配慮義務（①が望ましい？）を遵守するといった難しい決断（中間の②か？）を迫られることになる」と指摘されている[12]。

⑵　法定後見

法定後見における身上配慮義務の内容に関する学説の状況を分析した能手によれば[13]，身上監護の捉え方は2つの立場に分けることができ，1つは，財産行為概念からアプローチする見解，もう1つは身上監護こそ成年後見制度の眼目であるとする見解であると言う[14]。前者は，「成年後見制度が成年後見人等の代理権・同意権により本人の判断能力を補う制度であるという認識に基づいたうえで，身上監護について財産行為に還元できるのであって，ことさらに身上監護義務を観念し安易に主張することは妥当ではないとするもの」，後者は，「成年後見制度が判断能力を補充する制度であることを前提としながら，身上監護につき独自の権限・義務を認める」ものである[15]。前者は，「生活・療養看護に関する法律行為とそれに付随する事実行為（介

---

(12)　冨永忠祐「第5章契約発効後の実務03身上配慮義務」山本修＝冨永忠祐＝清水恵介『任意後見契約書の解説と実務』（三協法規出版，2014年）134頁。

(13)　能手歌織「成年後見制度における『身上監護』の検討」立命館法政論集1号（2003年）299-305頁。

(14)　民法改正時にこの2つの学説の激しい対立があったことについては，藤村賢訓「身上監護のための任意後見契約の検討」福岡大学大学院論集34巻2号（2002年）29頁や渡部朗子『身上監護の成年後見法理』（信山社，2015年）205-206頁も指摘している。

(15)　能手・前掲注(13) 299，301頁。

護契約，その履行の見守り，社会保障給付の申立て等）を「身上監護」として
後見職務の範囲内にな」り，後者は，「生活・療養看護に関する法律行為と
それに付随する事実行為に加え，その他一定の事実行為を成年後見人等の義
務として課して」おり，「この事実行為の内容については，一定の事実行為
に関する権限・手配についても，法律行為と関連性の深いものは，その法
律行為に付随した事実行為と捉えることが可能と解され」ている[16]。そし
て，両者の最大の相違点は，能手によれば，「現実の介護労働のような事実
行為をその内容に含めるかという問題にあ」り，前者によれば，「介護のよ
うな事実行為について成年後見人等が一切法的義務を負わないとするのに対
して」，後者では「ある一定の場合に，こうした事実行為についても法的義
務が生ずると解する学説が存在」する点だとする[17]。

　以上のような学説の方向性の違いは，法律学の分類から言えば，民法的な
アプローチか，社会保障法（社会福祉法）的なアプローチか，という違いに
も集約できそうである。この点は，田山が指摘するように[18]，成年後見法
は，「意思表示の補完のための制度」であり，社会福祉法の目的は，社会福
祉の増進であって，「本人の社会生活における取引への参加を可能にし，社
会において（在宅で）生活することを可能にする制度」であるが，社会福祉
法では援助は可能であるが，代理や取消はできない。そして，この2つの法
は「隣接」しているが，その内容は十分に検討されていない，としている。
この点，先述したように，親族後見よりも専門職後見が多くなってきたこと
や，後見制度支援信託が導入されたことなど，制度創設当時と状況が異なっ

---

(16)　能手・前掲注(13) 304 頁。

(17)　能手・前掲注(13) 304 頁。後者の見解でも，介護労働といった事実行為は強制
　　できないため，義務を課すにあたっては，効果論に一定の操作を加えている（例え
　　ば，義務違反については成年後見人等の解任事由とするなど）ことを指摘したうえ
　　で，能手は，「成年後見制度の本質を誤解し，自己決定権の尊重という理念に矛盾
　　する結果を導く危険性や，成年後見人のなり手に過重な負担感を与えてしまい，と
　　くに第三者後見人確保の点からマイナス効果を生じさせる（能手・前掲注(13) 305
　　頁）。

(18)　田山輝明「成年後見制度の法的位置づけ——私法的側面と公法的側面——」小林一
　　俊 = 小林秀文 = 村田彰編『高齢社会における法的諸問題——須永醇先生傘寿記念論文
　　集——』（酒井書店，2010 年）9-10 頁。

ていること，また，第 2 ステージに入ったともとれる促進法の制定や，同法の中で，福祉的視点の欠如が指摘されたことを考慮すれば，成年後見制度が単なる「意思表示の補完のための制度」を超えて，より福祉的なアプローチから運用される必要性があることを示唆しているのではないだろうか。となると，上記 2 つの学説のうち，これからの成年後見法制においては，後者の学説の考え方が，より重要になってくると言えよう。

4　"福祉的" 身上監護の必要性

　社会保障法的なアプローチから，さらに身上監護のあり方について少し検討してみたい。小賀野は，身上監護における支援を 3 つに類型化している[19]。1 つは，社会福祉系事務の決定と手配であり，福祉サービスの契約，ケアプランの確認等である。これにより，介護保険法や障害者福祉法に基づく福祉サービスの役務が提供される。2 つめは，医療系事務の決定と手配であり，医療契約や医療保護入院の同意等である。これにより，診察・治療などの医療行為や看護行為が提供される。3 つめは，生活系事務の決定と手配であり，衣食住に関する契約，保険等への加入，税務申告である。日常生活の見守りといった援助もここに含まれる。そして，この 3 つの事務との関連で，身上配慮義務の一内容を次のように述べる。すなわち，「成年身上監護事務は法律行為の決定と手配とから成っているから，身上配慮義務は決定及び手配をするにあたっての義務と，決定に基づいて法律行為や事実行為を行うにあたっての義務が考えられる。……身上監護では，適切に決定を行い決定事項について適切に手配をすることによって，個別，具体的な援助へ，いかにつなげるかが重要であり，これらの義務のあり方が総合的に明らかにされなければならない」としている[20]。

---

(19)　小賀野晶一「成年身上監護論の要点」前掲注(18)書 49-50，53-56 頁。

(20)　小賀野・前掲注(19) 58 頁。続けて，小賀野は，決定権限に基づく決定事項の妥当性が問われること，第三者に手配しをした後の義務について，基本的には手配をして，成年後見人の任務は原則として終了するが，身上監護事務の性質や内容，第三者にバトンタッチした援助の性質・内容などによっては，成年後見人に新たな対応が求められる場合も予想されることを指摘している（小賀野・前掲論文 59 頁）。

　2016年専門職アンケート調査では，弁護士，司法書士，社会福祉士の専門職後見人のうち，後見人としての職務の内容については，特段差異は見られなかったが[21]，「連携」や「つなぐ」ことを意識した後見活動をしているのは，圧倒的に社会福祉士であった。この「連携」や「つなぐ」といった行動は，主にソーシャルワークに見られる行動であり[22]，被後見人の多様化するニーズに応えるためには，こうした意識や行動が必要なのではないかと考える。

　しかしながら，岩田は，自らの後見活動の経験から，福祉的視点を後見に持ち込むことの課題について，次のように指摘している[23]。すなわち，「後見人が生活支援を志向する場合，法的，手続き的適正のみでその有用性，有意義性がはかれるものではない。ある意味では，財産管理といった経済的側面の法的適合性を諮ることは司法と馴染みやすい課題であるかもしれない。しかし，法的手続きを経て被後見人に用意された生活支援が，被後見人の意思が反映されているのか，QOLの向上が意図されているのかといったことについては，確定した検証基準はないのである。これは家庭裁判所が監督するのに困難な質の課題であるということか，そもそも社会的支援と利用者本人のQOLとの関連，その効用を評価するのが難しいのか，いずれにしても成年後見制度における後見活動の質的課題として，実証的に考察する必要がある」としている[24]。その上で，「成年後見制度の理念一つは『自己決定の尊重』であるが，それがどれほどの内的深まり，幅を有しているかは，不明確である。福祉法ではなく一般法に規定されていることや，後見活動がそのまま福祉援助ではないことから，ソーシャルワークとしての機能まで期待されていないと考えることが妥当」としている[25]。

(21)　当初の想定では，複数後見でなくとも，特に財産管理に不安のある被後見人については弁護士，特に身上監護が必要な被後見人は社会福祉士といった，ニーズによる選任の違いがあると思っていたが，そうした違いは見られなかった。
(22)　杉野昭博「第1章ソーシャルワークとは何か」平岡公一＝杉野昭博＝所道彦＝鎮目真人『社会福祉学』（有斐閣，2011年）30頁。
(23)　岩田香織「成年後見制度における支援内容の検討──知的障害者支援に基づく一考察──」東海大学健康科学部紀要11号（2006年）11-20頁。
(24)　岩田・前掲注(23) 12頁。
(25)　岩田・前掲注(23) 18頁。

　以上からすれば，法定後見であれ，任意後見であれ，身上監護において
ソーシャルワークの機能まで求めることは，やはり大変難しいように思われ
る。一方で，単に決定し，手配をしただけで，つまり，日常生活の入り口の
ところだけの手続きをおこない，日常生活に関するサービスの提供や日常生
活そのものの見守り，各所への連絡調整がなされないというのもまた，後見
事務活動の放棄のように思われる。少なくとも，自身が福祉専門職でない場
合，「連携」や「つなぐ」ことを意識した行動をすることで，“福祉的”身上
監護をなすことができるのではなかろうか。それによって，本人の意思の尊
重がなされるのであれば，一考の価値があろう。もちろんどこまでの身上監
護が求められるのか，というのは，小賀野[26]や岩田[27]の指摘のとおり，今
後の検討課題であり，本件のような裁判例や実証の積み重ねが必要であるよ
うに思われる。

5　専門職後見人による「かかわり」のあり方

　一身専属的な事項であっても，必ずしも代理によって他者による決定が不
可能というわけではない。それは，例えば，人格的生存が脅かされる場合や
パターナリスティックな介入が必要な場合が考えられる。本人（被後見人等）
にとっての人格的生存の維持や，パターナリスティックな介入のためには，
後見人の見守りや本人の利益・真意がいかなるところにあるかということを
知ることが必要であり，それは，“福祉的”身上監護としての職務範囲に合
致すると言えるのではなかろうか。なぜなら，本人と本人に関わる人たちを
観察し，本人に危害が及ぶようなことがあれば，それを阻止することは，後
見人の職務の範囲と考えられるからである。
　とはいえ，本来，身上監護は，福祉的視点（ソーシャルワーク的視点）を持
つべきものではないだろうか。法律専門職である弁護士や司法書士などは，
確かに，社会福祉士のようなソーシャルワークをなしうるわけではない。し
かしながら，先に述べた，「連携」や「つなぐ」ことを意識すること，すな
わち，社会福祉士の得意とする福祉的な視点をもつことは可能だろう。この

（26）　小賀野晶一「成年身上監護論の要点」前掲注(18)書58頁。
（27）　岩田・前掲注(23) 12頁。

点，専門職後見人を対象に，その実務について記した上山は，「身上配慮義務が要請する身上監護とは，客観的な視点から見た利用者の生活の質（クオリティ・オブ・ライフ：QOL）の維持・向上を目的とした活動であると位置づけられる[28]」としている。一方で，本人意思尊重義務については，「利用者のあるがままの恣意をすべてそのまま実現させることにあるわけではなく，制度の活用を通して，自分自身の人生に対する利用者の主体的な関与を積極的に引き出していき，『利用者にとっての最善の生き方』に向けたアプローチを支援していくこと」としている[29]。つまり，そもそも身上監護に福祉的という言葉をつけなければならないことが異常なこととも言えるかもしれない。この意味で，成年後見制度利用促進基本計画で述べられた「福祉的視点の欠如」は，制度そもそもの趣旨を忘れた運用してきた反省点であるとともに，今後は，制度導入時の身上配慮義務を設けた趣旨に今一度立ち返り，本来の趣旨目的に沿った運用がなされるよう，留意していく必要があろう。

第 2 節　後見監督人の職務と「かかわり」

1　後見監督の重要性

　2016 年 4 月，促進法が公布され，同年 5 月に施行された。施行後 16 年経過しても，制度利用が進まないことを受けての法制定である。一方で，成年後見制度を悪用するケースが後を絶たない。最高裁判所の調査を報じた新聞記事によれば[30]，専門職による財産の着服などの悪用・不正が過去最高であったとされる。制度利用を促進しようとしながら，制度の根幹をゆるがすような事態の発生は，大問題である。

　こうした悪用・不正に歯止めをかけるために，家庭裁判所をはじめ，後見監督人による後見監督に期待が寄せられる。しかし，この後見監督もまた，

---

(28)　上山泰『専門職後見人と身上監護〈第 3 版〉』（民事法研究会，2015 年）75 頁。

(29)　上山・前掲注(28) 91 頁。

(30)　毎日新聞ウェブサイト「専門職の不正最多　弁護士ら，財産着服など 37 件（2016 年 4 月 15 日付 東 京 朝 刊 ）」（http://mainichi.jp/articles/20160415/ddm/012/010/029000c）（2016 年 8 月 15 日最終アクセス）。

平成 24 年に広島高裁において，家事審判官の監督責任が認められた事例（広島高裁平成 24 年 2 月 20 日判決判タ 1385 号 141 頁・金商判 1392 号 49 頁・訟月 59 巻 3 号 717 頁：以下「広島判決」とする）[31]や，2013 年に大阪地堺支部において，家事審判官の監督と成年後見監督人の監督責任が問われ，成年後見監督人たる弁護士の監督責任を認めた事例（大阪地堺支判平成 25 年 3 月 14 日金商判 1417 号 21 頁・訟月 60 巻 4 号 738 頁：以下「大阪地裁判決」とする）[32]があるなど，必ずしも後見監督が十分になされているとは言いがたい。

　そこで本節では，改めて家庭裁判所及び後見監督人による後見監督に焦点を当て，その責任の所在について考えてみたい。なぜなら，これまで家庭裁判所や後見監督人がいかなる義務を有するかについての議論は，必ずしも活発とはいえなかったからである[33]。検討にあたっては，先に掲げた広島高裁および大阪地堺支部の裁判例のほか，筆者が 3 回にわたって，任意後見監督人たる専門職（司法書士）の責任をめぐり意見書を提出した，大阪高裁平成 28 年 4 月 28 日判決[34]（原審：神戸地裁平成 24 年 12 月 13 日判決：以下「大阪高裁判決」とする）も素材とする[35]。

---

(31)　本件は，成年後見人に選任された弁護士が，その在任期間中に知的障害のある被後見人の預金から約 3,800 万円を横領したことについて，成年後見人の選任とその後の後見監督を行う家事審判官等に対して違法があったとして，国家賠償法 1 条 1 項に基づき，損害賠償を求めた事案である。

(32)　本件は，知的障害と運動障害を有する原告の当時の成年後見人であった者らが原告の預貯金を払い戻して横領したことについて，後見監督人であった弁護士に対して，後見監督人としての善管注意義務に違反としたとして，債務不履行に基づき，また国に対して，家事審判官による後見事務の監督に違法があったとして，国家賠償法 1 条 1 項に基づき，連帯して約 4,500 万円の支払いを求める事案である。

(33)　筆者が管見する限り，後見監督に関する論文はそれほど多くなく，本稿に掲げる論文のほか，テキストにおいて若干の記述があるのみであった。

(34)　本件は，控訴人 X の亡父である A を委任者とする任意後見契約に関し，X が任意後見監督人であった Y に対し，任意後見監督人候補者，任意後見監督人等としての注意義務を怠ったことにより，任意後見人である訴外 B の不正行為を看過し，その結果 A および X らに対して損害を被らせたなどと主張して，不法行為責任および債務不履行責任に基づく損害賠償を求める事案である。

(35)　筆者は，本件に関し，合計 3 回の意見書を提出している。第 1 回目は，2012 年 7 月 2 日，神戸地方裁判所第 2 民事部 1 係提出「任意後見における『専門家のかかわり』の意義」である。第 2 回目は，2013 年 6 月 30 日，大阪高等裁判所第 13 民事部

2　後見監督（人）の職務

(1)　家庭裁判所（家事審判官）

①　条　　文

民法863条1項によれば，家庭裁判所は，「いつでも，後見人に対し後見の事務の報告若しくは財産の目録の提出を求め，又は後見の事務若しくは被後見人の財産の状況を調査することができる」とされており，同条2項では，後見監督人，被後見人，その親族，その他利害関係人の請求もしくは職権で，「被後見人の財産の管理その他後見の事務について必要な処分を命ずることができる」とされている。本条の趣旨として，「後見人は，極めて大きな権限をもつから，後見事務が適正に遂行されている化を確認し，後見事務が適正に遂行されているかを確認し，必要な措置をとることができるようにしておくことは，後見制度の実効性と信頼性を高めるためには不可欠である」ため，本条が「後見監督人に対する監督権限があることを前提に，その内容について定め」たとされている[36]。

そして，これらの家庭裁判所による民法863条に基づく後見，保佐又は補助の事務の報告，財産目録の提出，当該事務又は財産の状況の調査，財産の管理その他の当該事務に関する処分については，裁判官（家事手続法改正前の家事審判法においては，家事審判官）による審判によって実施される（家事手続法118条8号）。

家庭裁判所による後見監督の方法については，「適当な者」に成年後見の事務若しくは成年被後見人の財産の状況を調査させ，又は臨時に財産の管理をさせることであり（家事手続法124条1項），そのうち，調査を行う者として，家庭裁判所調査官を充てることができることが定められている（家事手続法124条3項）。また，調査・管理を行った者に対して，被後見人の財産から報酬を与えることができる旨が規定されている（家事手続法124条2項）。

E2係提出「意見書」である。第3回目は，2016年8月8日最高裁判所提出「後見監督人の義務」である。なお，本件の意見書を論文にしたものとして，三輪まどか「任意後見における『専門家のかかわり』の意義：任意後見監督人のあり方を問う裁判を素材として」アカデミア社会科学編第4号（2013年1月）55-70頁がある。

(36)　松川正毅＝窪田充見『別冊法学セミナー no. 240 新基本法コンメンタール親族』（日本評論社，2015年）303頁。

なお，実際的に審判という形で後見監督を行うのは，法の定義によれば，裁判官（家事審判官）であるが，本節では家庭裁判所という用語で統一する。というのも，裁判官が所属するのは家庭裁判所であり，民法の定義上も，家庭裁判所の後見監督が予定されているからである。

② 職　　務

民法863条2項に基づき，「家庭裁判所は，後見事務の監督上必要な一切の措置をとることができる」とされている[37]。例えば，財産管理について，被後見人が所有する住宅の改修や改築といった事実行為や売却・賃貸といった処分行為に関する助言・指示が可能であるし，財産の管理人の選任（家事手続法124条，180条）や後見人の職務執行停止（家事手続法127条，181条），身上監護についても，監護教育・療養看護の方法についての助言・指示が可能であるとされている[38]。

③ 裁　判　例

家庭裁判所に後見監督の職務が与えられたことにつき，広島判決では，次のように述べる。すなわち，「家庭裁判所は，選任した成年後見人の職務を監督することができるが，これは，成年後見人の職権が広範であるため，いったん不正行為が行われたときは，被後見人に回復しがたい損害が発生するおそれがあるので，家庭裁判所に，一定の範囲で，成年後見人による後見事務が適正に行われているかどうかを確認することを可能にしたものというべきである」としている。

また，大阪地裁判決では，家庭裁判所および家事審判官の後見監督の目的として，次のように述べている。すなわち，「家庭裁判所による成年後見人の後見事務の監督の目的は，家庭裁判所が成年後見人の行う事務が適正にされているか否かを確認することにより，成年後見人の不相当な後見事務を早期に発見し，後見事務を適正なものへと修正し，適正な財産管理及び身上監護を実現することにある。家事審判官は，この目的を達成するために，必要

---

(37) 松川＝窪田・前掲注(36) 303頁。
(38) 松川＝窪田・前掲注(36) 303頁。

に応じて，成年後見人に対し，後見事務の報告や財産目録の提出を求め，後見事務や被後見人の財産の状況を調査し（民法863条1項，3項，平成23年法律第53号廃止前の家事審判法［以下単に「家事審判法」という。］9条1項甲類21号），被後見人の財産の管理その他後見事務について必要な処分を命じたり（民法863条2項，家事審判法9条1項甲類21号），成年後見人の追加的選任をしたり（民法843条，家事審判法9条1項甲類14号），共同してまたは事務を分掌して，権限を行使すべきことを定めたり，この定めを取り消したり（民法859条の2第1項，2項，家事審判法9条1項甲類18号），後見監督人を選任したり（民法849条，家事審判法9条1項甲類14号），後見人ないし後見監督人を解任したり（民法846条，852条，家事審判法9条1項甲類16号）することができる」としている。そして，「後見事務の監督の必要性及び程度は，被後見人の所有財産の多寡及び流動資産の割合，心身の状況，関係親族の有無，被後見人の財産管理及び身上監護を巡る親族間の紛争の有無，後見人の適格性，経済状態その他様々な事情により千差万別である。後見事務の監督は，このような監督の必要性・程度や監督に関わる裁判所内外の体制等を勘案しながら家事審判官がその名において行うものであるが，上記権限の行使等の具体的なあり方は，個々の事件について独立した判断権を有し，かつ，その職責を負う家事審判官の広範な裁量に委ねられているものと解するのが相当である」とする。

(2)　成年後見監督人

①　選　　任

民法849条によれば，必要があると家庭裁判所が判断する場合には，被後見人，その親族・後見人の請求によって，または職権によって，後見監督人を選任することができるとされている。したがって，成年後見監督人の選任は，制度の利用にあたって必須ではない。しかしながら，選任の必要性がある場合として，次のような要件が挙げられている[39]。多額の財産がある，あるいは管理が複雑である，多額の債務があるといった財産関係が複雑な場

---

(39)　成年後見センター・リーガルサポート『成年後見教室　課題検討編』（日本加除出版，2009年）145頁，松川正毅＝窪田・前掲注(36)書282頁。

合，遺産分割協議や不動産売買，交通事故の示談交渉などといった法律行為が予定されている場合，推定相続人間などの親族間で紛争がある，将来発生する可能性が高いといった財産管理について紛争がある場合である。

　選任時，後見監督人に考慮される事情として，民法852条では，民法840条3項，4項を準用して，次のように定める。すなわち，第1に，被後見人の心身の状態，生活および財産の状況，第2に，後見監督人となる者の職業，経歴，被後見人との利害関係の有無，第3に，後見監督人が法人である場合には，その事業の種類，内容，その法人の代表者と被後見人との利害関係の有無，第4に，被後見人の意見その他一切の事情である[40]。また，後見人の配偶者，直系血族，兄弟姉妹は，後見監督人になることができない（民法850条）。

② 職 務

a 条 文

　成年後見監督人の職務として，後見人の事務を監督すること（民法851条1号），後見人が欠けた場合に，その選任を家庭裁判所に請求すること（同条2号），急迫の事情がある場合には，必要な処分をすること（同条3号），後見人もしくはその代表者と被後見人の利益相反がある場合，被後見人を代表すること（同条4号）が定められている。

　さらに，成年後見監督人による後見監督の具体的な方法として，次の3つが挙げられる。第1に，民法863条1項では，後見人に対し後見の事務の報告若しくは財産の目録の提出を求めること，および，後見の事務の状況や被後見人の財産の状況を調査することを定める。こうした書類提出あるいは調査は，「家庭裁判所が職権でする審判により命ぜられるのが一般的」とされている[41]。ただし，後見の開始時における財産の調査およびその目録の作成（民法851条2項），終了時における後見の計算（民法871条）には，後見監督人の立ち会いが必要とされている。実務において，この立ち会いは，この立ち会いは，「財産目録が正確に作成されているかを，後見監督人が資料

----

(40)　松川＝窪田・前掲注(36) 282頁。

(41)　松川＝窪田・前掲注(36) 303頁。

を基に確認すること」であり，「実務では，後見人が財産目録を作成してその財産関係資料とともに後見監督人に提出し後見監督人の点検を受けることが一般的」とされている[42]。具体的には，不動産所有の場合，権利証（登記識別情報）の確認・照合，預貯金の通帳での確認・照合，借入金の契約確認・照合，被後見人との面談による生活・健康・看護の状況確認，後見人に対する事務報告請求，後見人に対する財産目録提出請求，後見事務および財産状況調査，家庭裁判所に対し，必要な処分を命ずるよう請求すること，などが挙げられている[43]。

　第 2 に，後見人の解任請求である（民法 846 条）。実務では，不正な行為や著しい不行跡として。後見人の使い込み，本人の生活費の過大計上，後見人や親族に対する扶養費用の支出・金銭の貸与等がある場合が想定されている[44]。

　第 3 に，家庭裁判所への報告である。具体的な実務としては，選任時から初回報告までに，後見人は 1 ヶ月以内に調査を終わらせ，財産目録および年間収支予定表を作成し，それらを後見監督人に引き渡すこととなっている。後見監督人は，それらの書類を受け取り，「被後見人の預金通帳（写し），年金振込通知書などの書類により収入を確認し，健康保険，介護保険，生活日，光熱費，医療費，租税公課などの書類によりそれらの支出を確認し，後見人が作成した財産目録と年間収支予定表との整合性を確認」した上で，家庭裁判所に提出することとなっている[45]。継続報告の際には，東京家庭裁判所本庁の場合，専門職後見監督人とそうでない場合とで取扱いが異なっているようである[46]。専門職後見監督人の場合，ほぼ 1 年後に後見監督人宛「報

---

(42)　成年後見センター・リーガルサポート・前掲注(39) 153 頁。

(43)　成年後見センター・リーガルサポート・前掲注(39) 153-155 頁。

(44)　成年後見センター・リーガルサポート・前掲注(39) 157 頁。

(45)　成年後見センター・リーガルサポート・前掲注(39) 158 頁。

(46)　なお，東京家庭裁判所の判事・書記官・家裁調査官の講演によれば，平成 25 年の 1 年間で，法定後見の監督人が選任されたケースが 580 件，任意後見監督人が約 80 件，うち弁護士が監督人に選任されたケースは約 270 件，その他の専門職が約 340 件と報告されている（小西洋＝篠原康治＝中村陽史＝高木章雄「東京三弁護士会研修会『成年後見実務の運用と諸問題』」LIBLA14 巻 7 号（2014 年）9 頁。

酬付与申立て（後見等監督事務報告）について（依頼）」という文書が送付され，この報酬付与申立書に報酬付与申立事情説明書（管理する財産の価格と総額，本人を代表した行為の内容とその回数，被後見人との対応回数・時間，親族等との対応回数・時間などを記載）と後見等監督事務報告書（後見人による本人の生活・療養看護面の報告の有無および不明な点，後見人による本人の財産面についての報告の有無および不明な点，後見人の事務執行の適切性，本人の生活・財産について困っていることの有無・その内容などを記載），財産目録を添付することとなっているようである[47]。専門職後見監督人でない場合は，専門職後見監督人が提出する書類のほか，収支状況報告書，財産の収支の疎明資料の提出が求められるようである[48]。

　b　裁　判　例

　大阪地裁判決は，成年後見監督人の職務として，「家庭裁判所は，必要があると認めるときに後見監督人を選任するのであるから（民法849条），被告は，その趣旨を理解し，家庭裁判所からの具体的な教示，指示がなくとも，後見監督人として，自らの判断で後見事務を監督すべき職務を誠実に履行しなければならな」いと述べる。また，「被告は，後見監督人としての義務を履行するために，成年後見人の後見事務の状況等を把握しなければならず，謄写した一件記録等を検討して，原告［筆者注：被後見人］が多額の流動資産を有していること，提出されている財産目録，収支計算書等は，約1年2か月以上前である第1回後見監督の際のものであること，第1回後見監督終了時に予定されていた次回監督立件の時期が到来していたこと，推定相続人ではない成年後見人らが自らの会社のために原告から金銭を借り受けることを考えていたことなどを把握し，すみやかに，後見人らに後見事務の報告や財産目録の提出を求め，後見事務や財産状況の調査（同法683条1項）をすべき」であるとする。

---

　(47)　成年後見センター・リーガルサポート・前掲注(39) 158頁。
　(48)　成年後見センター・リーガルサポート・前掲注(39) 159頁。

(3)　任意後見監督人

①　選　　任

　任意後見法 4 条 1 項によれば，任意後見契約が登記されている場合におい
て，精神上の障害により本人の事理を弁識する能力が不十分な状況にあると
きは，家庭裁判所は，本人，配偶者，四親等内の親族または任意後見受任者
の請求により，任意後見監督人を選任するとされている。したがって，任意
後見監督人の場合は，本人等の請求があってはじめて，選任することとなっ
ている。加えて，任意後見監督人を選任してはじめて，任意後見契約の効力
が発生することから（任意後見法 2 条 1 項，家事手続法 217 条），任意後見にお
ける任意後見監督人の選任は必須事項といってもよい。ただし，家庭裁判所
が職権で任意後見監督人を選任できる場合として，任意後見監督人が欠けた
場合（任意後見法 4 条 4 項），必要があると認められる場合（任意後見法 4 条 5
項）がある。

　また，成年後見監督人同様の欠格事由が定められ（任意後見法 5 条），後見
人の選任にあたって考慮すべき事情（民法 843 条 4 項）が準用されることが
定められている（任意後見法 2 条 4 項）。

②　職　　務

a　条　　文

　任意後見法 7 条によれば，任意後見人の事務を監督すること（同条 1 号），
さらに，任意後見人の事務に関し，家庭裁判所に定期的に報告すること（同
条 2 号），急迫の事情がある場合には，代理権の範囲に応じて，必要な処分
をすること（同条 3 号），任意後見人もしくはその代表者と本人の利益相反
がある場合，本人を代表すること（同条 4 号）と定められている。

　なお，本規定について立法担当者の解説によれば，家庭裁判所に選任権の
ない任意後見人に対して，家庭裁判所が直接的に監督するのは困難であり，
監督を実効性あるものにするために家庭裁判所が選任する任意後見監督人の
監督下に任意後見人を置くことが有効であること，家庭裁判所の監督権につ
いては，任意後見監督人の報告義務および任意後見人の解任権の行使により，
十分確保できること，法定後見の増加が見込まれるなかで，家庭裁判所に任

意後見人の監督まで課すことは，監督の実効性および裁判所の人的・物的資源の観点から適当ではないことを理由として，本規定が定められたとされている[49]。とはいえ，家庭裁判所による監督が免れるわけではなく，任意後見監督人を通じて，家庭裁判所が監督するという形式をとっているに過ぎず，それは，法定後見の場合と異なり，任意後見監督人が必須だからと指摘する説もある[50]。

　そして，任意後見監督人の具体的な職務内容としては，任意後見法2条2項により，いつでも，任意後見人に対して，任意後見人の事務の報告を求めうること，任意後見人の事務や本人の財産の状況を調査することができることを定めている。さらに，任意後見法8条により，任意後見人の解任を家庭裁判所に請求することができる。

　b　裁判例・学説

　大阪高裁判決は，任意後見監督人の職務につき，「任意後見人の事務を監督すること，定期的に家庭裁判所に報告すること（神戸家庭裁判所では年に1回の報告が求められている。）などであり，いつでも任意後見人に対し，任意後見人の事務に関する報告を求め，任意後見人の事務又は本人の財産の状況を調査することができ（任意後見契約法7条1，2項）」ると述べる。

　任意後見監督人の責任を検討する論文においては，上記法定の職務のほか，それらの職務に付随する職務等を挙げる。具体的な内容は，「任意後見人に対し，後見事務の趣旨について説明」し，「他人の財産を預かっているのであり，善良なる管理者の注意義務をもって財産の管理を行わねばならないこと，仮に不正行為があると犯罪になりうることなどを伝えること」と，「任意後見人等の個人財産と区別した，財産の分別管理の徹底，収支の記録や，本人の生活状況を知り費用の管理も適正に行われているかを知るために後見日誌の記載とその日誌を定期的な報告での資料の一部として提出してもらうなどということ」，「万一，資料等の報告過程で，不正な事務の疑いが生じたら，適正な言葉で説明を求め改善・原状回復を促すか，仮に不正が判明した

---

(49)　小林昭彦＝原司『平成11年民法一部改正法等の解説』（法曹会，2002年）448頁。
(50)　梶村太一＝岩志和一郎＝大塚正之＝榊原富士子＝棚村政行『家族法実務講義』（有斐閣，2013年）313頁。

ら，最終的には告訴・告発も考えること」である[51]。そして，こうした職務を行うのは，「こうした権限を適切に行使して，任意後見の適正な実施の監督職務を遂行する」ためだとしている[52]。

(4)　各主体の職務内容の比較

　以上によれば，家庭裁判所および成年後見監督人・任意後見監督人の職務内容は，以下のようにまとめることができる。すなわち，家庭裁判所は，後見事務にまつわる審判を行うことによって，実効的に後見監督を行うとともに，直接的に監督業務も行う。直接的な監督は，個々の裁判官の判断（裁量）に委ねられており，その監督の必要性および程度は，被後見人の所有財産の多寡及び流動資産の割合，心身の状況，関係親族の有無，被後見人の財産管理および身上監護をめぐる親族間の紛争の有無，後見人の適格性，経済状態その他様々な事情によると言える。この監督に必要性および程度は，何も家庭裁判所に限った話ではなく，後に述べる成年後見監督人および任意後見監督人でも同様であろう。そして，家庭裁判所が直接的に監督できない場合，監督を担うことに適切な者に調査・管理させ，家庭裁判所がその者を監督するという間接的な監督の役割を家庭裁判所が担うことになる。この適切な者の具体的な規定は，今のところ，家庭裁判所調査官以外にないが，制度上，成年後見監督人であることも想定され，成年後見の事務の監督の審判を通じて，成年後見監督人に後見人の監督の指示を与えるということが想定されていると言えよう（図表5－2）。

図表5－2　各主体による後見監督の方法のイメージ

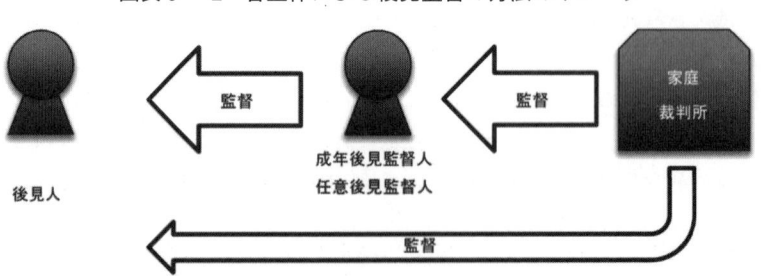

資料出所：上記記述により筆者作成

　一方で，成年後見監督人，任意後見監督人の職務内容は，条文上，後見事務の監督とそれについての家庭裁判所の報告が主たる内容である。応急処分ならびに利益相反の場合の対応についても，成年後見監督人・任意後見監督人双方において，同様の規定を置いている。後見監督の具体的な内容については，後見人に対して事務の報告を求めること，それに関する調査を行うこと，被後見人（本人）の財産の状況を調査することが共通しており，それらに関して家庭裁判所に報告することもまた，同様である。任意後見監督人の実際的な業務についても，裁判例等を通じて得られた情報であり，推測の域を出ないが，成年後見監督人とほぼ類似の職務を行っているということができよう。

　しかしながら，ここで，成年後見監督人・任意後見監督人の職務をめぐる問題が2点生じる。第1に，監督の詳細かつ具体的な内容，すなわち，どのような場合に調査を行い，報告を求めるのか，といった基準が曖昧な点である。大阪地裁判決によれば，家庭裁判所からの具体的な指示がなくても，監督に必要なことを行うこととされており，この点で選任された各人の裁量に委ねられていると言っても過言ではない。そのような各人の裁量に委ねられた状況で（成年後見監督人・任意後見監督人として不慣れな人もいれば，何度も引き受けている人もいる状況で），本当に誰もが同じように，職務を遂行できるのであろうか。

　第2に，監督をすべき後見人について，専門職後見が親族後見を上回っている現状があるとはいえ，後見人が家族・親族といった，いわば後見の素人である場合も想定でき，そうした親族後見人に対して，専門職後見とは異なる監督のあり方，何らかの配慮が必要となるのではないだろうか。そもそも，そういった配慮が民法上の「監督」と言えるのかどうかという問題も生じる。実務からは，成年後見監督人・任意後見監督人には，監督以外に，本来家庭裁判所の役割である後見事務の指導やその支援が求められており，「監督と支援が後見監督人という同一人物の中で両立することが可能なのかという問題があり……具体的には，後見事務の指導をしながら，ある程度密着してい

（51）　西島良尚「任意後見監督人の権限と責任」実践成年後見45号（2013年）58頁。
（52）　西島・前掲注(51) 58頁。

た距離間において，その指導が功を奏さなかった場合，強い態度で接する必要が生じて『監督』としての機能を求められたとき，後見監督人が上手に使い分けができるかという問題」があるとの指摘がある[53]。

　以上からすれば，そもそも監督とはどの程度のものが求められているのか曖昧であり，かつ，監督の内容をなす職務の範囲が曖昧であることが明らかである。加えて，その監督や職務の程度，そしてそれらの詳細な内容は，法で定められているというよりも，個々人の裁量に委ねられている状況である。その点でも，それぞれの責任の範囲をどのように確定していけばよいかが大きな問題となる。

3　後見監督の責任とその範囲

(1)　家庭裁判所の責任

①　広島高裁判決

　広島高裁判決では，家庭裁判所の賠償責任について，次のように述べる。すなわち，「成年後見の制度（法定後見）の趣旨，目的，後見監督の性質に照らせば，成年後見人が被後見人の財産を横領した場合に，成年後見人の被後見人に対する損害賠償責任とは別に，家庭裁判所が被後見人に対し国家賠償責任を負う場合，すなわち，家事審判官の成年後見人の選任や後見監督が被害を受けた被後見人にとの関係で国家賠償法1条1項の適用上違法となるのは，具体的事情の下において，家事審判官に与えられた権限が逸脱されて著しく合理性を欠くと認められる場合に限られるというべきである。そうすると，家事審判官の成年後見人の選任やその後見監督に何らかの不備があったというだけでは足りず，家事審判官が，その選任の際に，成年後見人が被後見人の財産を横領することを容易に認識し得たにもかかわらず，その者を成年後見人に選任したとか，成年後見人が横領行為を行っていることを認識していたか，横領行為を行っていることを容易に認識し得たにもかかわらず，更なる被害の発生を防止しなかった場合などに限られるというべきである。なお，被控訴人は，裁判官の独立や上訴制度による是正制度の存在に照

---

(53)　成年後見センター・リーガルサポート・前掲注(39)　163頁。

らし，裁判官の職務行為に国家賠償法 1 条 1 項の違法が認められるためには，当該裁判官が違法又は不当な目的をもって裁判をしたなどその付与された権限の趣旨に明らかに背いてこれを行使したものと認められるような『特別の事情』が必要であると主張するが，上記法理は，裁判官が行う争訟の裁判について適用されるものであるところ，家事審判官が職権で行う成年後見人の選任やその後見監督は，審判の形式をもって行われるものの，その性質は後見的な立場から行う行政作用に類するものであって，争訟の裁判とは性質を異にするものであるから，上記主張は採用することができない」とした。その上で，これを本件についてみると，第 1 回後見監督において，家事審判官が横領を認識していたと認めるに足りる証拠はなく，また，470 万円もの支出がなされている点について後見人に尋ねたところ，合理的な説明をし，さらに，家事審判官から指導された預金管理に従ったため，横領について疑いを抱くことがなく，その点について著しく合理性を欠くとは言えないとして，家事審判官に違法な点はないとした。第 2 回後見監督において，3,600 万円もの使途不明金があり，後見人にその使途を尋ねたところ，説明ができなかったことから，その事情を知った調査官により家事審判官に対して注意喚起なされた。このことから，家事審判官は後見人による横領がなされ，放置すると横領が繰り返される可能性が高いことを認識したにもかかわらず，「防止する監督処分をしなかったことは，家事審判官に与えられた権限を逸脱して著しく合理性を欠くと認められる場合に当たり，国家賠償法 1 条 1 項の適用上違法になるというべきである，また，担当家事審判官に過失があったことも明らかである」と判断された。なお，広島判決において控訴人は，「成年後見制度における人事及び予算等の態勢を十分整備していないから，担当調査官あるいは担当家事審判官の職務上の注意義務違法を招き，後見人らの横領をもたらしたとして，最高裁判所担当職員に組織的な未必的，概括的故意がある」と主張しているが，これについては，国家賠償請求の理由としては当を得ず，その主張を裏付ける事実もないとして，認められなかった。

② 大阪地裁判決

大阪地裁判決では，本節 2(1)③に述べた家事審判官の職務行為の内容，

特質を踏まえた上で，次のように判断する。すなわち，「家事審判官による
後見事務の監督について，職務上の義務違反があるとして国家賠償法上の損
害賠償責任が肯定されるためには，争訟の裁判を行うと同様に，家事審判官
が違法若しくは不当な目的をもって権限を行使し，又は家事審判官の権限の
行使が甚だしく不当であるなど，家事審判官がその付与された趣旨に背いて
権限を行使し，又は行使しなかったと認めうるような特別の事情があること
を必要とするものと解すべきである。この点につき，原告は，後見事務の監
督については，争訟の裁判に関する最高裁昭和57年判決の判示によるので
はなく，一般的な規制権限の不行使の場合と同様に，その権限を定めた法令
の趣旨，目的や，その権限の性質等に照らし，具体的事情の下において，そ
の不行使が許容される限度を逸脱して著しく合理性を欠くと認められるとき
には，国家賠償法上違法と判断されるべきであると主張する。しかし，原告
のこの主張は，独立した判断権を有することなど裁判官の職務行為の内容，
特質に照らし，採用することができない」とした。そして，本件につき，後
見人により不正な預貯金の払戻しがなされていたこと，後見人が自らの経営
する会社のために金銭消費貸借を考えていたことについて，ふさわしくない
とは感じていたものの，弁護士である後見監督人を選任するなど後見を強化
する方策をとっていることを考慮して，「成年後見等事件の急増に伴い，後
見等監督処分事件が累積的に増加している状況の下，あえて専門職の後見監
督人を選任した事案に関しては，善良なる管理者の注意をもって成年後見人
の後見事務を監督する責務を有する後見監督人から，必要に応じた後見事務
の報告等されることが期待でき，後見監督人の報告等により不正行為等が疑
われるような情報に接したときに，必要に応じて，前記監督権限を行使する
ものとしたとしても，それ自体は不合理とはいえない。そして，本件裁判所
が不正行為等の兆候に格別接していない状況の下では，家事審判官らが能動
的に調査等の権限を行使しなかったことをもって，甚だしく不当であるとい
うことはできない」とした。

③　家庭裁判所の責任の所在
　以上によれば，家庭裁判所の責任の所在は[54]，その後見監督の法的性質

をどう捉えるかによって2つの見解がありうる。すなわち，広島高裁判決の
ように，家庭裁判所の後見監督は「審判の形式をもって行われるものの，そ
の性質は後見的な立場から行う行政作用に類するものであって，争訟の裁
判とは性質を異にする」と捉える見解と，大阪地裁判決のように，「独立し
た判断権を有することなど裁判官の職務行為の内容，特質」から，争訟の
裁判と同様と捉える見解である。広島高裁判決のように解すれば，家庭裁判
所（家事審判官）の違法性を問いうるのは，「具体的事情の下において，家事
審判官に与えられた権限が逸脱されて著しく合理性を欠くと認められる場合
に限られるというべきである。そうすると家事審判官の成年後見人の選任や
その後見監督に何らかの不備があったというだけでは足りず，家事審判官が，
その選任の際に，成年後見人が被後見人の財産を横領することを認識してい
たか，横領行為を行っていることを容易に認識し得たにもかかわらず，更な
る被害の発生を防止しなかった場合などに限られる」ということになる。一
方，大阪地裁判決のように解すれば，「家事審判官が違法若しくは不当な目
的をもって権限を行使し，又は家事審判官の権限の行使が甚だしく不当であ
るなど，家事審判官がその付与された趣旨に背いて権限を行使し，又は行使
しなかったと認めうるような特別な事情があることを必要とする」というこ
とにある。ここからすると，広島高裁判決の方がより広い範囲で責任を問わ
れることになる。

　学説上は，広島高裁判決を支持するもの（大阪地裁判決を批判するもの）と
大阪地裁判決を支持するものと分かれている[55]。広島高裁判決を支持する
主な理由は，上訴や不服申立てなど救済の道が残されていないこと，裁判所
の広範な裁量権，制度趣旨にかなう後見的な機能であり，被後見人（制度利

（54）　家庭裁判所の後見監督責任について，行政法の観点から分析したものとして，周
作彩「家庭裁判所の成年後見監督責任——行政法の視点からの考察——」実践成年後
見46号（2013年）75-86頁。

（55）　前者として，黒田美亜紀「成年後見人らにより成年被後見人の預貯金着服と成年
後見監督人・家庭裁判所（国）の責任——大阪地堺支判平25・3・14金判1417号22
頁」明治学院大学法律科学研究所年報30号（2014年）127-135頁，西島良尚「成
年後見人らが成年被後見人の預貯金を着服横領した場合における後見監督人と家
庭裁判所の責任」成年後見法研究11号（2014年）139-149頁がある。後者として，
佐藤唯「損害賠償請求控訴事件」訟務月報59巻3号（2013年）1-22頁。

用者) の目線で責任を論じているのに対し，大阪地裁判決を支持する主な理由は，裁判官の独立性，司法作用の本質であり，裁判所・裁判官の目線で責任を論じている。すなわち，両者を決定的に分けるのはアプローチの違いなのである。言い換えれば，前者が求めるのは，利用者に資する制度であること，制度の信頼性・安定性であり，後者が求めるのは，司法の独立・安定性である。

　私見としては，司法の独立・安定性が重要であることは理解できるが，それをもって利用者がないがしろにされてしまうのは，制度の趣旨から鑑みて本末転倒である。加えて，後見制度においては，審判という形式がとられるものの，それを覆すための手段の確保や監督業務そのものに対する透明性・公開性もあるわけではない。この点からすれば，利用者目線，制度の信頼性・安定性が優先されてしかるべきではないかと考える。

(2)　成年後見監督人・任意後見監督人の責任

　成年後見監督人および任意後見監督人は，善管注意義務を負うことが定められている（民法 852 条，644 条，任意後見法 7 条 4 項)。しかしながら，どの程度の注意義務を果たせばよいのかについては定めがなく，その職務内容や経験，専門性などを考慮して判断せざるを得ない。大阪地裁判決と大阪高裁判決では，この点がまさしく争点となっている。

　加えて，成年後見監督人は，家庭裁判所が「必要に応じて」選任する一方で，任意後見監督人は，任意後見監督人の選任が任意後見契約の効力発生要件になっていることから，選任は必須である。双方に善管注意義務が課されているとしても，同じ程度の義務でよいのかという検討が必要であろう。

①　成年後見監督人

　大阪地裁判決では，弁護士であり，成年後見人や保佐人の経験はあったが，成年後見監督人に選任されるのは初めてであった者の責任が問われた[56]。

---

(56)　事案としては，重度の知的障害を有する成年被後見人の預貯金 (9,000 万円超) を成年後見人（成年被後見人の親族ら）が着服横領していることを見逃した家事審判官，および成年後見監督人の責任が問われたものである。

この判決では，成年後見監督人の責任について，被告は，「後見監督人に選任された後，一件記録の謄写をしただけで，成年後見人らによる原告の財産管理の状況を把握せず，その間に F［筆者注：原告の母の弟の妻の長男］らによって多額の金銭が横領されたものであるから，上記監督義務を怠ったものと認められる」としている。そして，結果的に，「被告が監督義務を怠っている間に，後見人らは原告の財産の横領を繰り返していたというのであるから，被告は，後見監督人としての善管注意義務違反により原告に生じた損害について賠償すべき責任を負う」と判断した。

② 任意後見監督人
a 学　　説
　任意後見人の事務の監督につき，西島は「具体的な任意後見契約の内容やその他の諸事情を踏まえて，任意後見人の権限濫用について，任意後見監督人が，どの程度注意を払えばよいかという困難な問題が生じる」と指摘する[57]。また同様に西島は，家庭裁判所への定期的な報告について，任意後見人による任意後見監督人への報告義務について触れた上で，「日常的な事務処理など定期的な報告で済む場合と，重要な財産の処分等にかかわる事前の相談や監督人の同意にかかわる個別の報告が必要になる場合など，メリハリをつけた報告権限の行使（責任）やそれに伴う任意後見人に対する説明・指導など付随的な権限行使（責任）が伴う場合があろう」と指摘している[58]。さらに，家庭裁判所（家事審判官）との比較から，「任意後見監督人は，家庭裁判所によって選任される監督機関ではあるが，公務員に代わって公権力を行使する国家賠償法 1 条の『公務員』と解するのは難しい」と指摘する[59]。その上で，任意後見監督人が責任を負うのは，民法 709 条に基づく不法行為責任と考えることも可能であるが，「選任された当該具体的な本人の任意後見事務に対し本人に対して」善管注意義務を負っているため，民法 415 条に

　　　この判決に対する評釈として，山田敢治「損害賠償等請求事件」訟務月報 60 巻 4
　　号 738 頁，黒田・前掲注(55) 127 頁などがある。
(57)　西島・前掲注(51) 57 頁。
(58)　西島・前掲注(51) 57 頁。
(59)　西島・前掲注(51) 59 頁。

基づく債務不履行責任と考えることも可能であると指摘する[60]。不法行為責任を負う場合,「その職務を懈怠し違法に本人に損害を生ぜしめたといえるための……具体的な判断基準を検討してみる必要があ」るとした上で[61],法定後見制度における家事審判官の監督責任（国賠法1条1項に反する場合とは,「具体的事情の下において,家事審判官に与えられた権限が逸脱されて著しく合理性を欠くと認められる場合に限られる」という,いわゆる職務行為基準説（職務義務違反説）であるとする）と比較して[62],次のように述べる。「民法709条の過失・違法性判断であるから,規制行政類似の緩和された『職務行為基準説』を取り得ないように思われる。また,本人に対する法定の善管注意義務に基づき債務不履行責任を肯定する場合は,なおさら,国家賠償法のような理論的な面での『緩和』はできないように思える[63]」とする。そして,まとめとして,任意後見監督人の責任判断基準を次のように述べる。「任意後見監督人は,任意後見制度の目的に照らして,単に財産の管理上の危険を防止するだけではなく,その用途・管理方法等について本人の具体的諸事情に照らした身上監護を明らかに反するような財産の管理・運用を防止する義務もある。その点を踏まえたうえで,①上記の目的に照らした法益侵害の危険性があるかどうか,②予見可能性,③結果回避可能性,④期待可能性の各判断要素を考慮して,当該具体的事案の諸事情を考慮して,職務懈怠とまでいえるかどうかを総合的に判断すべき」としている[64]。

---

(60)　西島・前掲注(51) 59頁。

(61)　西島・前掲注(51) 58頁。

(62)　家庭裁判所の監督責任がここで引き合いに出されるのは,「成年後見人の選任・監督は,裁判上の争訟とは異なり,成年被後見人の療養看護のための積極的な後見的役割を期待されている,行政行為に類する性質をもつもの」と解されるからだとする（西島・前掲注(51) 60-61頁）。

(63)　その理由は,民法709条と国賠法1条1項の趣旨が異なること,監督権限行使の環境,すなわち,家庭裁判所は人的・物的施設を備えた組織であり,一方で,任意後見監督人は個人である場合があること,を挙げる。ただし,後者については,家庭裁判所がかかえる後見事件の数の多さにより,監督が十分であるのかどうかについての疑義を指摘している（西島・前掲注(51)) 61頁）。

(64)　西島・前掲注(51) 62-63頁。

　b　裁　判　例

　大阪高裁判決で検討された義務は，以下の4つである。第1に，選任申立て時の義務として，法定後見と任意後見のいずれを選択するかについての義務が検討された。しかしながら，控訴審もいずれでも次のような理由で否定されている。すなわち，任意後見法10条2項に基づき，任意後見監督人は，本人の利益のため特に必要があると認めるときは，後見開始の審判を請求することができるものの，任意後見監督人の候補者にはそのような権限は与えられておらず，任意後見監督人の候補者に法定後見と任意後見のいずれを選択するかについての義務があると解すべき根拠はないとする。

　第2に，同じく，選任申立て時の義務として，不適当な任意後見契約の受任者の選任に関する書類を作成しない（あるいは関与しない）義務が検討された。本件は，任意後見監督人候補者として司法書士が関わった事件であったため，次のような義務が認められている。すなわち，任意後見契約の受任者選任にあたって，任意後見法4条1項但書3号ハは，任意後見契約の受任者が，不正な行為，著しい不行跡その他任意後見人の任務に適しない事由がある場合には，任意後見監督人を選任することができないと規定する。そして，司法書士法2条によれば，「司法書士は，常に品位を保持し，業務に関する法令及び実務に精通して，公正かつ誠実にその業務を行わなければならず」，司法書士の倫理上，「違法若しくは不正な行為を助長してはならず，又はこれらの行為を利用してはならず，依頼の趣旨がその目的又は手段若しくは方法において不正の疑いがある場合には，事件を受任してはならない」とされている。これらに照らすと，司法書士は，任意後見契約の受任者について，不正な行為，著しい不行跡その他任意後見人の任務に適しない事由があることを知りながら，当該受任者を任意後見人とする任意後見監督人選任申立てに関する書類を作成し，これに関与した場合には，不正行為が軽微で被害の回復もされ，今後不正な行為がされる可能性がないとみられるなどの特段の事情のない限り，これによって生じた本人の損害について賠償責任を負うものと考えられる」とする[65]。

---

　(65)　なお，本件においては，「Yは，財産関係の資料を確認したものの，収入が相当の多額になり，1ヶ月の差引収支も20万近いプラスであるにしては預金の額が少な

　第3に，任意後見監督人の職務として，「任意後見人の事務を監督すること，定期的に家庭裁判所に定期的に家庭裁判所に報告すること（神戸家庭裁判所では年に1回の報告が求められている。）などであり，いつでも任意後見人に対し，任意後見人の事務に関する報告を求め，任意後見人の事務又は本人の財産の状況を調査することができ（任意後見契約法7条1項，2項），善良な管理者の注意をもってその任務を遂行する義務を負う（同条4項，民法644条）」とする。さらに，監督の権限として，任意後見人に不正な行為，著しい不行跡等がある場合に解任請求できることが述べられている。大阪高裁判決では，その監督の方法としては，年1回の決められた報告をすること（今回の場合は，任意後見監督人として選任されてから3ヶ月ほどで被後見人が死亡したことを知った），後見人の財産管理の方法に疑問な点があっても，その使途についての後見人の説明自体が不合理なものでなければ，逆に言えば，「何らかの不正行為を行っていると疑うべき事情があったとも認められな」ければ，任意後見監督人としての義務違反があったとは言えないと判断している。加えて，後見人の説明に対して，裏付けをとる，あるいは資料の提出を求めるなどしなくても，あるいは利害関係人である家族・親族等と連絡がとれず，「事実関係の真否の確認や異なる観点からの検証作業を行うこと」をしなくても，任意後見監督人としての職務を遂行するにつき，法的な責任を負うべきほどの義務違反や職務懈怠があったとまでは認められないとしている。また，「任意後見人に対する監督の方法として，毎月収支の報告を求め，預金残高を確認するなどのことも考えられるが，そのような方法が法定され，又は家庭裁判所から求められているわけではなく，任意後見監督人がそのような方法を採らなかったからといって，任意後見監督人としての職務

　いことや，高齢者の一人分の食費としては多額であること以外には特に不審な点はなく」，任意後見人である訴外Bから，「前者については，Xが数年前にまとまった額の金員を持って出た，みずほ銀行からの10万円の定期的な出金は敷金の分割返還であるとの説明を受け，後者については，Aは外食が好きでほとんど毎日である，Bが一緒に食事をしているとの説明を受けていたものであって，YにおいてBに不正な行為等があったと認識し，又は容易にそのことを認識することができたということはできない」として，これらが損害賠償を負う根拠とはならない，と判断している。

を懈怠したものということはできない」と判断している。

　第4に，監督事務終了後の家庭裁判所への報告義務が検討された。任意後見監督人は，被後見人死亡後，神戸家庭裁判所に対して，任意後見監督事務の経過および任意後見監督の終了報告をしている。その際，支出に関する監督については，後見人に対して支出のメモや領収書の提出を求めており，そのような方法で監督を行ったことは適切な監督が実行されたと言えるとしている。また，収入に関する監督については，被後見人の死亡により実行されないままに終わったため，必ずしも十分な監督が行われたとはいい難いものの，「任意後見監督人としての任務終了の際の報告についてその職務を懈怠したとまでいうことはできない」としている。また，動産に関する確認については，事務職員に様子を確認させ，その報告を受けたこと，後見人から状況を聞いただけであったことが，必ずしも十分な報告であったとはいい難いが，「後見人による任意後見に関し何らかの不正行為を疑うべき事情があったとは認められず，また，任意後見監督人が上記のとおり動産については事務員に確認に行かせ，本件選任申立ての前ではあるものの控訴人の米国における連絡先に連絡を取ろうと試みている以上，動産及び不動産の確認に関し，任意後見監督人の任務終了の際の報告においてその職務を怠ったというべき事情があるとまで認めることはできない」と判断した。さらに，収入の割に預貯金が少ない点についても，後見人からの説明を受け，「これらの説明内容を疑うべき特段の事情があったとも認められない以上，被控訴人の任意後見監督人としての事務及び任意後見監督人の任務終了の際の報告において，職務懈怠があったとまで認めることはできない」としている。

③　成年後見監督人・任意後見監督人の責任の比較

　上記の裁判例・学説によれば，成年後見監督人は，善管注意義務を果たすため，後見人の後見事務の状況を把握すること，後見人が財産を狙っている可能性があることを把握し，すみやかに，後見人に対し事務の報告や財産目録の提出を求め，それらの調査を行うことが求められている。そして，これら監督義務を怠った場合には，善管注意義務違反により生じた損害について，賠償責任を負う，ということができよう[66]。

　一方，任意後見監督人は，①不適当な任意後見契約の受任者の選任に関する書類を作成しない（あるいは関与しない）義務，②任意後見人に対する事務監督，家庭裁判所への報告にあたっての善管注意義務，③監督終了後の家庭裁判所への報告義務があることが裁判で認められている。特に，②について，どの程度の義務があるかという点では，年１回の報告をすれば足り，後見人の財産管理に不審な点があっても，「何らかの不正行為を行っていると疑うべき事情があったとも認められな」ければ，任意後見監督人としての義務違反があったとは言えず，特に疑義を持った場合であっても，調査や資料の提出，利害関係人への連絡をしなくとも，義務違反・職務懈怠ではないと判断されている。③について，後見人の説明に不審な点があったとしても，説明を疑うべき事情，あるいは不正行為を疑うべき事情がなければ，適切な終了報告であるとしている。

　成年後見監督人と任意後見監督人を比較してみると，成年後見監督人は調査・報告という職務について，その職務を怠れば義務違反となり，任意後見監督人は，調査・報告という職務にあたって，不合理がなければすべて，すべて職務懈怠や職務違反にならないとされている。つまり，懈怠した，違反した，との判断は，後見監督人の（合理的な）行動の有無にあると言ってもよい。

　しかしながら，そもそも成年後見監督人および任意後見監督人は，その職務に対して合理的な行動が求められているのだろうか。言い換えれば，成年後見監督人や任意後見監督人が合理的な行動をすることが，後見制度において求められているのだろうか。ここで重要なのは，後見制度が何を求めているか，すなわち，後見制度の趣旨・目的である。

---

(66)　なお，前記評釈のうち，黒田は，「後見監督人は，いったん選任されれば，本人のために善管注意義務を負うのであり，専門職の後見監督人として選任されたY1は，その内容として，速やかに……後見事務の報告や財産目録の提出を求め，後見事務や財産状況の調査をすべきであったといえるのではないだろうか（Y1が，弁護士会で研修を受け，弁護士会から推薦されて選任された弁護士であることを考えると，Y1の不作為・任務懈怠ぶりには正直驚きを感じざるを得ない）」と述べている（黒田・前掲注(55) 133頁）。

④　後見制度の趣旨・目的

　ここで改めて後見制度の趣旨・目的について確認しておきたい。1999 年当時，従来の禁治産・準禁治産制度を改め，民法を改正するにあたり，新しい成年後見制度では，「高齢社会への対応及び知的障害者・精神障害者等の福祉の充実の観点から，自己決定の尊重，残存能力の活用，ノーマライゼーション等の新しい理念と従来の本人の保護の理念との調和」を主眼として，柔軟かつ弾力的に制度を利用できるよう議論が行われている[67]。そして，これらの理念を実現すべく，民法 858 条において，成年後見人が被後見人の身上に配慮する義務（身上配慮義務）の一般規定を置くこととなった[68]。同様の規定は，任意後見法 6 条にも置かれている。これらの規定からすれば，被後見人（本人）に対する身上配慮義務は，法文上は後見人の義務であるが，この義務を果たすべく後見の事務を行うのが後見人の職務であり，その後見人の職務を監督するのが後見監督人なのであるから，後見監督人が被後見人（本人）の身上配慮義務を果たさなくてよい，という論理にはならないであろう。加えて，制度改正時，後見監督人制度は，実際上はほとんど利用されておらず，後見監督の実効性が十分かくほされないことが問題となっていた[69]。そこで，後見監督人を選任するにあたっては，「本人との利益相反のおそれのない信頼性の高い個人または法人……が選任されることを手続的に担保するため」に，その要件や本人の意見など，家庭裁判所が考慮することを明文化することが検討され[70]，導入にあたっては監督制度の充実を図ったとされる。このように，後見制度は新しい 3 つの理念と従来の本人保護の理念との調和が目指され，本人（利用者）目線の制度設計を行い，そのための実効性ある制度が目指されたと言えよう。

　この視点から後見監督の本質について考慮してみると，後見監督人は単に財産の管理上の危険を防止するという合理的な行動を求められているという

(67)　法務省ウェブサイト「法務省民事局：民法の一部を改正する法律案等要綱の概要」（http://www.moj.go.jp/shingi1/shingi_990216-4.html）（2019 年 8 月 16 日最終アクセス），小林＝大門＝岩井・前掲注(1) 5-6 頁。

(68)　小林＝大門＝岩井・前掲注(1) 151 頁。

(69)　小林＝大門＝岩井・前掲注(1) 6 頁。

(70)　法務省・前掲注(67)。

よりもむしろ，財産の用途・管理方法等について，本人の具体的諸事情に照らし，その身上監護に明らかに反するような財産の管理・運用を防止する義務があると考えられよう。この義務は，本人の自己決定の尊重と本人保護という一見相反するようにみえるものの，本人（利用者）目線という点では一致している目的からも，導き出しうる結論であろう。そして終局的に，後見監督人自身の行動について，行動そのものが合理的であったかどうかではなく，たとえ，それが後見監督人自身にとって不合理な行動であったとしても，本人の意思を尊重し，本人の利益にかなうような行動であることが，制度の趣旨・目的にかなう行動であり，まっとうな職務の遂行であるということができよう。

⑤　後見監督人の職務と責任の所在

　上記で概観した後見制度の趣旨・目的を踏まえた上で，裁判例や学説をもとに，後見監督人の責任について改めて考えると，次のように言えよう。すなわち，後見監督人の職務は，後見監督人としての義務を履行するため，後見人の後見事務の状況を把握すること，後見人が財産を狙っている可能性があることを把握し，すみやかに，後見人に対し事務の報告や財産目録の提出を求め，それらの調査を行うことである。また，大阪地裁判決でも述べられたように，後見事務の監督の必要性及び程度は，被後見人の所有財産の多寡及び流動資産の割合，心身の状況，関係親族の有無，被後見人の財産管理及び身上監護を巡る親族間の紛争の有無，後見人の適格性，経済状態その他様々な事情により千差万別であることから，より具体的な義務の内容については，被後見人の財産，心身，関係親族，親族間の紛争，後見人の状況など，ありとあらゆる状況を加味して実施されることとなろう。

　また，義務違反・職務懈怠があったかどうかの判断基準として，行動そのものが合理的であったのかどうか，というよりもむしろ，学説での指摘どおり，①上記の目的に照らした法益侵害の危険性があるかどうか，②予見可能性，③結果回避可能性，④期待可能性の各判断要素を考慮すべきであり，当該具体的事案の諸事情を考慮して，職務懈怠とまでいえるかどうかを総合的に判断すべきであろう。

4　後見監督の課題

　これまで，学説・裁判例を通して，家庭裁判所（家事審判官）および成年
監督後見人・任意後見監督人の職務と責任について，考察してきた。以上
から明らかになったのは，以下の5点である。第1に，後見監督の職務の範
囲・詳細が不明確であることである。監督とはいっても，どのような職務を
担えばよいのか，どこまで担うのか，また，財産管理のみならず，身上監護
も監督する必要があるが，それはどのようにすれば監督といえるのか，不明
確である。このことは，次に指摘する責任の範囲との関連で，重要なポイン
トであると言える。第2に，職務の範囲・詳細が不明確であるが故に，その
責任もまた曖昧である。どの程度までの注意義務を負えば，監督責任が果た
されたといえるのかは，どのような者が後見監督人を担うのか，といった個
別的な問題となってしまい，普遍化・一般化した後見監督責任を問うことが，
裁判上非常に難しくなっている。第3に，仮に普遍化・一般化した後見監督
責任を確定できたとしても，現行の裁判における判断基準は，後見監督人自
身の行動の合理性であって，後見制度の趣旨・目的に必ずしも沿っていない
ことである。第4に，家庭裁判所（家事審判官）も，選任された成年後見監
督人・任意後見監督人も，同じ監督を行うはずであるのに，必ずしも同じ
論理で責任を負わないことである。これは，第2に指摘した点とも関わるが，
監督をする者がどういった立場の者であるかによって，監督責任が異なって
いる点である。第5に，こうした監督責任の曖昧さの存在は，後見制度への
信頼性へとつながらない可能性が大きいことである。

　以上のような事態は，ひとえに，後見制度導入時に想定された後見監督の
役割と現在の役割が大きく異なっていることに由来しているようにも思え
る。とはいえ，現実には制度は日々動いている。大阪地裁判決の判示によれ
ば，家庭裁判所の業務の多さにつき指摘があり，そのことが家庭裁判所（家
事審判官）の責任を免ずる根拠にもなっている[71]。しかし，本来的にそのよ

（71）　大阪地裁判決では，家庭裁判所（家事審判官）の責任について，次のように述べ
　　ている。「成年後見事件の急増に伴い，後見等監督処分事件が累積的に増加している
　　状況の下，あえて専門職の後見監督人を選任した事案に関しては，善良なる管理者
　　の注意をもって成年後見人の後見事務を監督する責務を有する後見監督人から，必

うな状況はおかしいのであって，家庭裁判所における後見監督が現状でも手一杯であるならば，法制定により，さらにパンクしてしまうことが予想できよう。そうなれば，後見制度の要である後見監督がおろそかとなり，ひいては利用者にとって不利益となろう。

5　後見監督の未来と後見監督人の「かかわり」のあり方

こうした状況を改善するために，一案ではあるが次のような方法が考えられよう。すなわち，家庭裁判所による直接的な後見監督は行わず，家庭裁判所による後見監督は間接的なものにとどめ，複数後見監督あるいは法人後見監督を必須とするという方法である[72]。複数人の後見監督人，あるいは法人の後見監督人を選任することは，法文上可能である。そこで，後見人に対する複数のチェックの眼を持たせることで，後見人による不正・悪用のほか，後見監督人による不正・悪用もチェックできるということである。なお，この制度を運用する場合には，家庭裁判所はより詳細に，どの者にどの職務を担わせるかの審判あるいは指導が必要であろう。

こうした体制が整ってこそ，本来の後見監督人の「かかわり」の意義が見出せる。すなわち，後見監督人には，財産の用途・管理方法等について，本人の具体的諸事情に照らし，その身上監護に明らかに反するような財産の管理・運用を防止する義務があると結論づけたが，終局的に，後見監督人自身の行動について，行動そのものが合理的であったかどうかではなく，たとえ，それが後見監督人自身にとって不合理な行動であったとしても，本人の意思を尊重し，本人の利益にかなうような行動をすることが求められている。そ

要に応じた後見事務の報告等されることが期待でき，後見監督人の報告等により不正行為等が疑われるような情報に接したときに，必要に応じて，前記監督権限を行使するものとしたとしても，それ自体は不合理とはいえない。そして，本件裁判所が不正行為等の兆候に格別接していない状況の下では，家事審判官らが能動的に調査等の権限を行使しなかったことをもって，甚だしく不当であるということはできない」としている。

(72) 法人後見監督については，制度導入にあたっての立法過程においても検討されていた（西森利樹「立法過程からみた法人後見の制度趣旨──成年後見小委員会審議を中心として──」横浜法学22巻2号（2013年）247頁）。

して，それらをまっとうに遂行できることが，制度本来の趣旨・目的にかなうことであり，これこそが後見監督人の「かかわり」のあり方ということができよう。

終章　契約者としての高齢者

第1節　高齢者が「契約者」となるために

1　契約の性質と意思能力

　本書では，3人に1人が高齢者となる超高齢社会における「契約」上の課題と，それにかかわる家族・親族，専門職の「かかわり」について，考察，検討してきた。高齢者が関わる契約は多岐にわたっており，それぞれの契約において様々な課題があることは認識しているが，特に本書では，意思能力が低下しつつあり，支援が必要となるような高齢者がかかわり，かつ，家族・親族との利害が対立するような契約である，介護契約と任意後見契約に焦点をあてた。

　この2つの契約において，高齢者が契約者となるためには，それぞれの契約の性質とその契約を締結するための意思能力の程度を検討する必要があり，それは1章と3章において検討できた。すなわち，任意後見契約は，従来のいわゆる「契約法理」になじむ契約であるものの，それでも，必要な意思能力は他の契約，例えば，取引行為といったような契約よりは高くなく，これは，任意後見制度の主旨，すなわち，任意後見制度自体が本人の意思を尊重する主旨で制定されたものであること，老いじたくをかなえる制度として導入されたこと，任意後見契約の内容が，ある程度限定的であることが挙げられよう。とはいうものの，裁判例の傾向としては，身分行為や遺言よりも，やや高い意思能力が求められていることも付言しておきたい。

　一方で，介護契約については，従来の「契約法理」からすると，その位置づけはかなり難しい。先に掲げた任意後見契約は，法体系的には民法に属するものであって，同じ法体系に属する取引行為や身分行為，遺言との比較は，「契約法理」という共通項の法概念の元で可能であったが，介護契約については，法体系的には社会保障法に属するものであって，共通項の法概念の元

に語ることが難しいからである。それは，そもそも介護契約の法的性質をどのように考えるか，という議論にもつながり，1章において，その学説の傾向をまとめたところである。介護契約をどのように捉えるかについては，民法的側面から論じるもの，一歩踏み込んで，消費者契約法的側面から論じるもの，行政法的側面から論じるもの，福祉契約論から論じるものとがあるが，本書では，これらの3つのアプローチから，次のような結論を得たところである。すなわち，介護契約は既存の契約類型や行政類型とは異なる側面があり，現行法上，契約と解さざるを得ないという点である。しかし，介護契約には特徴があり，利用者と事業者との間の消費者契約を上回る非対称性，利用者の生活や尊厳の維持の必要性，法律や運営基準による内容統制，措置という行政の権限から制度転換した利用者選択制のもとで運用されていることを挙げた。そして，これらの契約の性質・特徴を踏まえ，介護契約に必要な意思能力については，法律や運営基準による内容統制がはかられていること，そして，介護契約の内容の決定にあたり，ケアプランの作成という公的かつ専門的な関与があることから，種々の契約よりも（任意後見契約も含め）高くなくてよいという結論を得た。これは，裁判例も同様の傾向であり，ややもすると，本人の状態や症状を改善する介護契約の内容であれば，利用者本人の意思能力がかなり低くても，契約が成立するとしたものもあった。

2　法規制・法制度設計のあり方

　しかしながら，このような状況が必ずしも望ましいとは言えない。なぜなら，任意後見制度においても，介護保険制度においても，本人の意思の尊重（任意後見法6条）や尊厳の保持・能力に応じた自立（介護保険法1条）が謳われており，意思能力が低下した高齢者本人の意思に反する行為は，必ずしも望ましいものとは言えないからである。

　できる限り，高齢者本人の意思を尊重し，尊厳を保持し，能力に応じた自立を図るための法規制のあり方として，まず，位置づけの曖昧な，介護契約について，契約書の内容規制のあり方を2章で論じた。経年の契約書調査，アンケート調査，ならびに聞き取り調査を踏まえ，消費者契約法における不当条項について検討した上で，望ましい介護契約書のあり方として，次

のような提案をした。すなわち，第1に，いわゆる「3点セット」と呼ばれる，契約書，契約書別紙，重要事項説明書のそれぞれの役割を，権利義務関係の明確化，個別対応，説明のための書類といったように，明確にした上で作成することである。第2に，契約書の条項について，身元保証や事業者からの中途解約，身体拘束など，消費者に不利な条項を入れないことはもちろんだが，特に，債務の本旨であり，トラブルになりがちな，サービス内容の履行，その中断（キャンセル），料金について明確に定めることである。第3に，契約内容の説明について，社会福祉法に基づいた説明義務を果たすとともに，情報提供のあり方，例えば，事業者による情報開示，第三者評価，ケアマネジャーによる情報提供など情報の集積とICT化，ならびに，補足情報としてのFAQを作成することである。第4に，介護サービス提供に関するあらゆる情報について，事業者に任せきりにするのではなく，行政や福祉専門職もまた提供することを提案した。

　次に，任意後見契約における問題点の1つである，高齢者本人と家族・親族との対立と，その対立の解消へ向かうための専門職後見人等の「かかわり」について，4章と5章で論じた。4章では，2つの点を指摘した。すなわち，1つめに，任意後見制度の主たる目的であった，本人の意思の尊重が，家族・親族に利用され，家族・親族内で対立を発生させている実態である。2つめに，意思を尊重されると思った高齢者が制度を利用することによって，家族・親族を分断する結果を招くことである。前者について，専門職に対するアンケート調査を実施し，第三者の眼からみて，どのような対立が，高齢者本人と家族との間に生じているのか明らかにした。また，裁判例の分析を通じ，対立の要因は，財産管理や相続と医療・介護の方針，後見人の選任や後見の申立てであることがわかった。後者について，高齢者自身が任意後見制度を利用することによって，任意後見人に選任される家族・親族とそうでない家族・親族，すなわち「よそ者」にされる家族が存在することになるが，いずれにも一方の家族・親族に対して負担を増したりせず，また，排除もしない制度の構築が目指されるべきことを指摘した。そして，こうした高齢者と家族・親族の対立の中で，専門職がどのような「かかわり」をしていけばいいのかを論じたのが5章である。特に，専門職後見人，後見監督

人，後見監督の役割を担った家庭裁判所の３つの主体について，現在の法定の職務を確認した上で，次のような提案をしている。すなわち，専門職後見人の「かかわり」のあり方としては，現在の身上監護において，福祉的な視点，つまり全てを自分自身で行うというよりは，自分の職掌を把握した上で，できないことは「連携」や「つなぐ」といったことを意識することを目指し，"福祉的"身上監護を目指すことである。家庭裁判所および後見監督人の「かかわり」のあり方は，本来的には司法機関であるがゆえに，福祉的な視点を失いがちな家庭裁判所による直接的な監督は行わず，間接的なものにとどめ，複数人の後見監督人を付けることの法定化や法人後見監督を必須とする方法を提案している。複数の眼があることで不正を防ぐことができるばかりか，多様な考え方にもとづいてかかわることができるため，本人の利益にかなう行動について検討できやすいからである。制度本来の主旨に立ち返り，多くの人が関わり支えることで，真に高齢者本人の意思が尊重され，尊厳を保持できる，契約者としての高齢者を認めることになりうるのではないだろうか。

第２節　残された課題

　以上のように，高齢者本人が家族・親族，専門職といった他者とかかわりながら，自分らしい「老い」を全うするための法制度について検討してきたが，当然，時間と私の能力的な限界があり，残された課題は山積している。

　例えば，第１章においては，契約締結能力の判定について，本来であれば，日常生活自立支援事業における契約締結審査会等における判定の方法について検討する必要があった。しかしながら，資料収集の限界もあり，これは今後の課題とせざるを得ない。また，介護契約の契約当事者について，福祉サービスの契約当事者とその家族の地位についての検討も十分ではなかった。これはひとえに，能力の限界と言わざるを得ない。

　第２章においては，消費者契約法の適用の有無について，本書では主に不当条項について検討をしたが，そのほかの法の適用の有無についても，詳細に検討する必要があったように思われる。第３章においては，意思能力たる能力とは何かについて，より具体的に定義できたわけでもなく，検討が不十

分であった。また，意思能力と判断能力・事理弁識能力の違いなど，明確にするには至っていない。また，裁判例についても，日々たくさんの裁判例がアップデートされ，最新のものまでフォローできればよかったと思う[1]。

　第 4 章においては，家族・親族の対立について検討したにもかかわらず，自分自身のネットワーク・人脈の問題により，当事者たる家族・親族の声は未だ調査できていない。第 5 章においては，専門職による「かかわり」に注目するのであれば，現在トレンドである意思決定支援の議論に踏み込んでもよかったし，より実態的な「かかわり」のあり方について，さらなる調査・分析を行ってもよかったのではないかと思う。

　まだまだ課題を挙げれば際限ないが，ひとまず本書は 10 数年にわたる研究の一区切りである。本書を手にとってくださった皆様のご寛恕を賜り，今後の研究の課題としたい。

---

(1)　本書では検討できなかったが，任意後見契約において必要な意思能力についての裁判例である東京地裁平成 28 年 6 月 29 日判決（LEXDB25534448）および，その判例評釈である，根岸謙「任意後見契約締結時の意思能力──特にその有無の判断方法（東京地裁平成 28 年 6 月 29 日判決）」実践成年後見 82 号（2019 年）64-73 頁に接した。

巻末参考資料Ⅰ　東京都モデル契約書

訪問介護モデル契約書

　〇〇〇〇(以下、「利用者」といいます)と□□□□(以下、「事業者」といいます)は、事業者が利用者に対して行う訪問介護について、次のとおり契約します。

○ 第1条(契約の目的)
　　事業者は、利用者に対し、介護保険法令の趣旨にしたがって、利用者が可能な限りその居宅において、その有する能力に応じ自立した日常生活を営むことができるよう訪問介護を提供し、利用者は、事業者に対し、そのサービスに対する料金を支払います。

　※　この契約が、双務有償契約であることを明確に規定した。
　※　本来は民々の自由契約であるが、介護保険の趣旨に反するような内容に歯止めをかけるため、『介護保険法令の趣旨にしたがって、利用者が可能な限り…』という文言を入れ、訪問介護のあり方の枠組みを設けた。

○ 第2条(契約期間)
　1　この契約の契約期間は 平成　年　月　日 から利用者の要介護認定または要支援認定の有効期間満了日までとします。
　2　契約満了の2日前までに、利用者から事業者に対して、文書による契約終了の申し出がない場合、契約は自動更新されるものとします。

　※　要介護認定の更新時に計画の変更等が行われることも多く、個々の契約と要介護認定の有効期間を連動させたほうが利用者にとってわかりやすいと思われるので、契約期間と要介護認定の有効期間を連動させた。ただし、これを連動させず、お互いの合意の上で〇ヶ月という期間を設定することもひとつの方法と考えられる。
　※　自動更新しない場合の「文書による契約終了の申し出」については、事業者が、契約期間満了前に、あらかじめ定型の用紙を利用者または代理人に交付しておくなどの対応が必要と思われる。

○ 第3条(訪問介護計画)
　　事業者は、利用者の日常生活全般の状況および希望を踏まえて、「居宅サービス計画」に沿って「訪問介護計画」を作成します。事業者はこの「訪問介護計画」の内容を利用者およびその家族に説明します。

　※　運営基準第24条2項に定められているとおり「訪問介護計画」は「居宅サービス計画」に沿って作成されなければならないことを明示し、「居宅サービス計画」との関係を明確にした。また、「訪問介護計画」は具体的なサービス内容等を記載したものであり(運営基準第24条1項)、契約の要素であるので契約書には明確にその説明義務を課した。

○ 第4条(訪問介護の内容)
　1　利用者が提供を受ける訪問介護の内容は【契約書別紙】に定めたとおりです。事業者は、【契約書別紙】に定めた内容について、利用者およびその家族に説明します。
　2　事業者は、サービス従業者を利用者の居宅に派遣し、訪問介護計画に沿って【契約書別紙】に定めた内容の訪問介護を提供します。
　3　第2項のサービス従業者は、介護福祉士または訪問介護員養成研修1〜3級課程を修了した者です。
　4　訪問介護計画が利用者との合意をもって変更され、事業者が提供するサービスの内容または介護保険適用の範囲が変更となる場合は、利用者の了承を得て新たな内容の【契約書別紙】を作成し、それをもって訪問介護の内容とします。

※　第1項は、利用者が利用するサービスの具体的内容を明確にし、それに対する説明義務を規定した。【契約書別紙】については後掲(P8)の「【契約書別紙】例」参照
※　第3項はサービス従業者が一定の資格を持つ者であることを明記した。看護婦が訪問介護員となるかは今後要検討。
※　第4項はサービス内容の変更規定である。サービス内容の変更＝契約内容の変更であるので、本来であれば再度契約書を取り交わすべきであるが、ここでは本契約書はそのままとし、新たな【別紙】を作成することで、契約内容の変更を行うこととした。【契約書別紙】には、利用者の了承を取りつけた旨の一文を入れ、印鑑をもらう形式とする。
　　　＜ちなみに、ここでいう「変更」は1回限りの変更ではなく、その後の恒常的な「変更」を指す＞

○ 第5条(サービスの提供の記録)
　1　事業者は、訪問介護の実施ごとに、サービスの内容等をこの契約書と同時に交付する書式の記録票に記入し、サービスの終了時に利用者の確認を受けることとします。利用者の確認を受けた後、その控えを利用者に交付します。
　2　事業者は、サービス提供記録を作成することとし、この契約の終了後2年間保管します。
　3　利用者は、事業者の営業時間内にその事業所にて、当該利用者に関する第2項のサービス実施記録を閲覧できます。
　4　利用者は、当該利用者に関する第2項のサービス実施記録の複写物の交付を受けることができます。

※　第1項では、運営基準第19条の規定以上を求めているが(運営基準では確認や交付は不要)、保険給付の管理の上でも重要な事項であるため上記のような条文とした。
　・『本契約書と同時に交付する書式の記録簿に…』とは、高齢者である利用者への確認の意味で契約時に毎回の記録票の書式を交付しておくことで、サービス開始後にスムーズに記録票のやり取りができるためにこのように規定した。(もちろん説明も必須)
　・記録票の内容は、運営基準第19条のとおり、サービス提供の日時、内容、介護保険適用の有無、法定代理受領金額等を想定している。給付管理に関わってくるので、事業者毎にバラバラなものでなく、統一的な書式があると望ましいと考える。
※　第2項は、運営基準第39条2項の規定。
※　第3項、第4項は利用者が記録閲覧と複写物の交付を請求する権利を規定した。ただし、事業者の負担を考慮し、閲覧の時間と場所に一定の制限を設けた。
※　第4項の複写物に係る経費について、モデル契約書上は規定していないが、実費相当の費用負担を利用者に求める場合は但し書等でその旨を記載し、重要事項等でも説明する必要がある。

○ 第6条（料金）
　1　利用者は、サービスの対価として【契約書別紙】に定める利用単位毎の料金をもとに計算された月ごとの合計額を支払います。
　2　事業者は、当月の料金の合計額の請求書に明細を付して、翌月〇日までに利用者に送付します。
　3　利用者は、当月の料金の合計額を翌月〇日までに（＿＿＿＿＿＿＿＿＿＿＿の方法で）支払います。
　4　事業者は、利用者から料金の支払いを受けたときは、利用者に対し領収証を発行します。
　5　利用者は、居宅においてサービス従業者がサービスを実施のために使用する水道、ガス、電気、電話の費用を負担します。

> ※　料金に関しては、介護報酬の算定と合うように月単位の精算とした。
> ※　第3項については、支払い方法を空欄としたがここは事業者と利用者の合意により決定するところである。（口座自動振替、振込、現金支払…等）

○ 第7条（サービスの中止）
　1　利用者は、事業者に対して、サービス提供の24時間前までに通知をすることにより、料金を負担することなくサービス利用を中止することができます。
　2　利用者がサービス実施日の24時間前までに通知することなくサービスの中止を申し出た場合は、事業者は、利用者に対して【契約書別紙】に定める計算方法により、料金の全部または一部を請求することができます。この場合の料金は第6条に定める他の料金の支払いと合わせて請求します。

> ※　第1項の事前通知のリミットは、利用者にとっては遅い方が望ましく、事業者にとってはなるべく早い方が望ましいと、相反するところであるが、両者の妥協点として24時間前とした。
> ※　第2項では、キャンセル料金を第6条の他の料金とあわせて月単位で請求することを明示した。
> ※　キャンセル料の条件については事業者個々が決めることであり、免責事由等がある場合はその条件等を記載することになる。当然のことながらキャンセル料を請求しない事業者もあると思われるが、その場合はこの条項は不要となる。

○ 第8条（料金の変更）
　1　事業者は、利用者に対して、1ヶ月前までに文書で通知することにより利用単位毎の料金の変更（増額または減額）を申し入れることができます。
　2　利用者が料金の変更を承諾する場合、新たな料金に基づく【契約書別紙】を作成し、お互いに取り交わします。
　3　利用者は、料金の変更を承諾しない場合、事業者に対し、文書で通知することにより、この契約を解約することができます。

> ※　第1項の料金の増額については、実務上、各都道府県への届出時点でチェックが働くため、介護報酬の上限を超える単価に変更することはできない。
> ※　第2項は、料金の変更＝契約内容の変更であるので、双方の合意で料金が変更された場合、第4条3項に準じた手続が必要となるため設けた。
> ※　第3項は、事業者の一方的な料金値上げに対し、利用者の対抗手段として即時解約権があることを明示した。

○ 第9条（契約の終了）

1 利用者は事業者に対して、1週間の予告期間をおいて文書で通知をすることにより、この契約を解約することができます。ただし、利用者の病変、急な入院などやむを得ない事情がある場合は、予告期間が1週間以内の通知でもこの契約を解約することができます。

2 事業者はやむを得ない事情がある場合、利用者に対して、1ヶ月間の予告期間をおいて理由を示した文書で通知することにより、この契約を解約することができます。

3 次の事由に該当した場合は、利用者は文書で通知することにより、直ちにこの契約を解約することができます。
　① 事業者が正当な理由なくサービスを提供しない場合
　② 事業者が守秘義務に反した場合
　③ 事業者が利用者やその家族などに対して社会通念を逸脱する行為を行った場合
　④ 事業者が破産した場合

4 次の事由に該当した場合は、事業者は文書で通知することにより、直ちにこの契約を解約することができます。
　① 利用者のサービス利用料金の支払が○ヶ月以上遅延し、料金を支払うよう催告したにもかかわらず○日以内に支払われない場合
　② 利用者またはその家族が事業者やサービス従業者に対して、この契約を継続し難いほどの背信行為を行った場合

5 次の事由に該当した場合は、この契約は自動的に終了します。
　① 利用者が介護保険施設に入所した場合
　② 利用者の要介護認定区分が、非該当（自立）と認定された場合
　③ 利用者が死亡した場合

※ 第1項、第2項の「通知解約」の期間は利用者と事業者で差を設けた。「1週間」は事業者が次の訪問計画を立て直すことができる期間、「1ヶ月」は次の事業者を見つけられる妥当な期間を想定。

※ 文書での通知は高齢者にとって困難な場合も多いが、後日のトラブル防止の意味でも必要。実際の場面では、利用者から口頭で申し出を受けた場合、事業者は定型の書類を持参して記入してもらうなどの対応をする必要がある。

※ 第2項の『やむを得ない事情』としては、サービス従事者その他の経営資源が減退し、事業の縮小を余儀なくされた場合等が考えられる。（ヘルパーの退社、特定地域からの撤退、指定取消し等）

※ 第3項、第4項の「即時解約」の事由において、利用者と事業者で差を設けた。
　〈背景〉 利用者は要介護者であり、サービス提供の中断は日常の生活に大きな影響を与える場合もあるので、事業者側からの即時解約はよほどのことがないかぎり認められるべきではない。
　〈例示〉 社会通念を逸脱する行為
　　　　　　頻繁な遅刻、欠勤、利用者のものの無断使用、…等
　　　　　本契約を継続し難いほどの背信行為
　　　　　　サービス従事者に対する暴力、暴言、いやがらせ、サービス従事者の指示を度々無視し、サービス提供に著しく支障をきたす場合…等（痴呆によるものには配慮が必要）

※ 第4項1号の料金未納の期間については、利用者が要介護者であることに十分配慮し、一般の契約よりも長めに設定する必要がある。

※ 第5項は、自動終了規定。第2号については、介護保険適用サービスで、居宅サービス計画がある場合というこのモデル契約書の前提条件から外れるため終了事由としたが、利用者の希望によっては、当然内容を変更の上、新たな契約を締結することも考えられる。

・ 第3号については、権利義務関係が相続人に引き継がれるという解釈も成り立つので、利用者が死亡したときは契約が終了する旨を明確に規定した。

○ 第10条(秘密保持)

1　事業者および事業者の使用する者は、サービス提供をする上で知り得た利用者およびその家族に関する秘密を正当な理由なく第三者に漏らしません。この守秘義務は契約終了後も同様です。

2　事業者は、利用者から予め文書で同意を得ない限り、サービス担当者会議等において、利用者の個人情報を用いません。

3　事業者は、利用者の家族から予め文書で同意を得ない限り、サービス担当者会議等において、当該家族の個人情報を用いません。

※　第1項は守秘義務の規定である。
※　第2項、第3項は個人情報保護の規定で、運営基準第33条3項にて文書の同意を求めていることに合わせた。

○ 第11条(賠償責任)

事業者は、サービスの提供にともなって、事業者の責めに帰すべき事由により利用者の生命・身体・財産に損害を及ぼした場合は、利用者に対してその損害を賠償します。

※　この規定を明示することにより、利用者は、事故等の場合に損害賠償をしてもらえるという安心を得られる。
※　生命・身体・財産の損害以外(精神的苦痛等)は、民法等の一般法に従う

○ 第12条(緊急時の対応)

事業者は、現に訪問介護の提供を行っているときに利用者の病状の急変が生じた場合その他必要な場合は、速やかに主治の医師または歯科医師に連絡を取る等必要な措置を講じます。

※　病状急変の判断の問題、その他必要な場合とはどのような時か、などの課題は残るが、利用者の立場からは緊急時の対応を知りたいというニーズも強く、安心感を与える効果もあると考えられるので、運営基準第27条の規定を盛り込んだ。

○ 第13条(身分証携行義務)

サービス従業者は、常に身分証を携行し、初回訪問時および利用者または利用者の家族から提示を求められた時は、いつでも身分証を提示します。

※　現実的な防犯の観点や、職業倫理から必要と考え、必要運営基準第18条の規定を盛り込んだ。

○ 第14条(連携)

1　事業者は、訪問介護の提供にあたり、介護支援専門員および保健医療サービスまたは福祉サービスを提供する者との密接な連携に努めます。

2　事業者は、この契約書の写しを介護支援専門員に速やかに送付します。

3　事業者は、この契約の内容が変更された場合またはこの契約が終了した場合は、その内容を記した書面の写しを速やかに介護支援専門員に送付します。なお、第9条2項または4項に基づいて解約通知をする際は事前に介護支援専門員に連絡します。

※　連携のレベルは具体的に表現することは困難だが、利用者へのサービス提供にあたって必要なことであるので、運営基準どおり規定した。
※　第2項、第3項は事業者の介護支援専門員への連絡義務の規定。特に事業者側からの解約については居宅サービス計画の変更、新たな事業者の選定等の必要性からも事前に連絡することとした。介護支援専門員がいない場合(セルフプランの場合)は、これらの規定は省略する。

○ 第15条（相談・苦情対応）
　　　事業者は、利用者からの相談、苦情等に対応する窓口を設置し、訪問介護に関する利用者の要望、苦情等に対し、迅速に対応します。

※　苦情窓口の設置義務を明確化した。対応はケースごとに異なるので、単に『迅速に対応』することとした。具体的な窓口等は【契約書別紙】および重要事項説明書に記載することになると考える。

○ 第16条（本契約に定めのない事項）
　　1　利用者および事業者は、信義誠実をもってこの契約を履行するものとします。
　　2　この契約に定めのない事項については、介護保険法令その他諸法令の定めるところを尊重し、双方が誠意を持って協議のうえ定めます。

※　信義誠実の原則の規定であるが、第2項において介護保険の枠組みを尊重する旨を明示した。

○ 第17条（裁判管轄）
　　　この契約に関してやむを得ず訴訟となる場合は、利用者および事業者は、利用者の住所地を管轄する裁判所を第一審管轄裁判所とすることを予め合意します。

※　利用者保護の視点から、事業者側、利用者側どちらが訴訟を起した際にも利用者の住所地を第一審とする。

　上記の契約を証するため、本書2通を作成し、利用者、事業者が署名押印の上、1通ずつ
保有するものとします。

契約締結日　　　年　　月　　日

契約者氏名
　事業者
　　＜事業者名＞　　　　　　　（指定番号、指定都道府県名等）
　　＜住所＞
　　＜代表者名＞　　　　　印

　利用者
　　＜住所＞
　　＜氏名＞　　　　　　　印

　（代理人）
　　＜住所＞
　　＜氏名＞　　　　　　　印

※　契約当事者は、原則利用者本人とする。介護保険は、世帯給付ではなく、本人給付が原則なの
　で、家族等が署名をする場合でも、利用者本人の代理人という位置付けがよいと思われる。
　　代理人については、法定代理人または任意代理人だが、任意代理人の場合、例えば、同居の親
　族または2親等以内の親族とするなど、一定の範囲を設けることが望ましいと思われる。

※　1回限りの日時変更やメニュー変更について
　　・第4条第4項と、第8条第2項において「契約の変更」について触れているが、「ちょっと都合が
　　　悪くなったので1時間ずらして欲しい。」といった、1回限りの時間変更や、「今日は家族が食事
　　　を作っていってくれたので、調理はいいから食事介助だけして、時間が余ったら代わりに部屋
　　　の掃除をして。」といった、1回限りのメニュー変更は、現実的にはかなり頻繁に行われると考え
　　　られる。これを「契約内容の変更」と捉えると、その都度再契約や【契約書別紙】の再作成という
　　　ことになり、非現実的であるので、これらのケースはこの契約書で規定する「契約の変更」には
　　　当たらないと考える。
　　・また、こういった1回限りの変更の場合、様々なケースが想定されるため、契約書で規定するこ
　　　とは極めて困難であり、現場では口頭での合意で行われるのが自然ではないかと思われる。
　　・従って当モデル契約書（案）では、1回限りの日時変更やメニュー変更に関しては第16条の
　　　「協議」で定めるものと考える。
　　　（ただし、言うまでもないがお互いの合意が必要である）

【契約書別紙】　（例）

○ サービス提供責任者

氏名 ○○　○○　　連絡先 ****-****

○ 訪問介護の内容

提供するサービスの内容は下記のとおりです。

	曜日	時間帯	内容	介護保険適用
①	月曜日	11:00 ～ 11:50	調理・食事介助	○
②	火曜日	15:00 ～ 15:50	居室の掃除、清拭	○
③	水曜日	11:00 ～ 11:50	調理・食事介助	○
④	金曜日	11:00 ～ 11:50	調理・食事介助	○
⑤		15:00 ～ 15:50	入浴介助	○

○ 利用料

お支払いいただく料金の単価は下記のとおりです。

	基本料金（介護保険適用外の料金）	介護保険適用の場合の自己負担分
①③④	¥○○○○	¥○○○
②	¥○○○○	¥○○○
⑤	¥○○○○	¥○○○

※ 介護保険適用の場合でも、保険料の滞納等により、保険給付金が直接事業
者に支払われない場合があります。
その場合は一旦介護保険適用外の場合の料金を頂き、サービス提供証明
書を発行いたします。
サービス提供証明書を後日△△市の窓口に提出しますと、差額の払戻しを
受けることができます。

※ 身体介護と家事援助で介護報酬が異なるが、上記の場合のように身体介護と家事援助を
　組みあわせたサービスの場合の金額がどのようになるのかにより、料金が決まる。

○ キャンセル規定

お客様のご都合でサービスを中止する場合、下記のキャンセル料がかかります。

①	ご利用の24時間前までにご連絡いただいた場合	無料
②	ご利用の12時間前までにご連絡いただいた場合	当該基本料金の○○％
③	ご利用の12時間前までにご連絡がなかった場合	当該基本料金の○○％

○ その他

※ 交通費がかかる場合の金額、記録の複写物が有料の場合の金額等を記載

○ 相談、要望、苦情等の窓口

　訪問介護に関する相談、要望、苦情等はサービス提供責任者か下記窓口までお申し出下さい。

```
☆サービス相談窓口☆
　電話番号；○○−○○○○−○○○○　　担当部署；お客様サービス課
　(受付時間 月〜金曜日 ○:○○〜○:○○)
```

```
事業者
　＜事業者名＞　　　　　　　　　(指定番号、指定都道府県名等)
　＜住所＞
　＜代表者名＞　　　　　　　　印

上記内容の説明を受け、了承しました。

　　　年　月　日　　　＜利用者氏名＞　　　　　　　　印

　　　　　　　　　　(　＜代理人氏名＞　　　　　　印　)
```

訪問介護重要事項説明書（例）
＜　　年　　月　　日現在＞

1. 当社が提供するサービスについての相談窓口

電話　　　○○○○－○○○○（午前○時～午後○時まで）
担当
＊ ご不明な点は、なんでもおたずねください。

2. ○○○○ヘルパーステーション（名称）の概要

(1) 提供できるサービスの種類と地域

事業所名	
所在地	
介護保険指定番号 ・その他のサービス	訪問介護　　　　　　　　　　（東京都　　　　号） ・訪問入浴　　　　　　　　　　（東京都　　　　号） ・居宅介護支援　　　　　　　　（東京都　　　　号）
サービスを提供する 地域 ＊	

＊上記地域以外の方でもご希望の方はご相談ください。

(2) 同事業所の職員体制 ＜例＞

	資格	常勤	非常勤	業務内容	計
管理者		1名（　）			1名（　）
サービス提供責任者	介護福祉士	1名（　）			1名（　）
事務職員		○名（　）	○名（　）		○名（　）
従事者	介護福祉士	○名（　）	○名（　）		○名（　）
	1～2級修了者	○名（　）	○名（　）		○名（　）
	3級修了者	○名（　）	○名（　）		○名（　）
	その他	○名（　）	○名（　）		○名（　）

（　）内は男性再掲

(3) サービスの提供時間帯

	通常時間帯 8:00～18:00	早朝 6:00～8:00	夜間 18:00～22:00	深夜 22:00～6:00	備考
平日	○	○	○	○	
土・日・祭日	○	○	○	○	

＊ 時間帯により料金が異なります。

※ 営業をしない日は別途記入（例：1月1日から3日は休業等）

3. サービス内容

(1) 身体介護
- ・食事介助　……………
- ・入浴介助　……………
- ・排泄介助　……………
- ・清拭　……………………
- ・体位変換　……………
  - 等

> ※　具体的な内容についてできるだけわかりやすく
>   　記載する

(2) 家事援助
- ・買物　……………………
- ・調理　……………………
- ・掃除　……………………
- ・洗濯　……………………
  - 等

(3) その他のサービス
- ・介護相談　……………
  - 等

4. 利用料金

(1) 利用料

　　介護保険からの給付サービスを利用する場合は、原則として基本料金(料金表)の1割です。
ただし、介護保険の給付の範囲を超えたサービス利用は全額自己負担となります。

【　料金表　－基本料金・昼間－　】

	30分未満 (巡回型)	30分 〜　1時間	1時間 〜1時間30分	1時間30分以上 (30分増すごとに)
身体介護	2,100円	4,020円	5,840円	2,190円を追加
家事援助	−	1,590円	2,220円	830円を追加

- ＊　基本料金に対して、早朝(午前6時〜午前8時)・夜間(午後6時〜午後10時)帯は
  25％増し、深夜(午後10時〜午前6時)は50％増しとなります。
- ＊　上表の料金設定の基本となる時間は、実際のサービス提供時間ではなく、お客様
  の居宅サービス計画(ケアプラン)に定められた目安の時間を基準とします。
- ＊　やむを得ない事情で、かつ、お客様の同意を得て、2人で訪問した場合は、2人分
  の料金となります。

> ※　上記数値は仮単価の数値、実際には地域加算を加えて記載することになる

(2) 交通費

　　前記2の(1)のサービスを提供する地域にお住まいの方は無料です。
　　それ以外の地域の方は、介護支援専門員がおたずねするための交通費の実費が必要です。

（3）キャンセル料

　　　急なキャンセルの場合は、下記の料金を頂きます。キャンセルが必要となった場合は、至急ご連絡ください。（連絡先　電話○○○○－○○○○ ）

ご利用の24時間前までにご連絡いただいた場合	無料
ご利用の12時間前までにご連絡いただいた場合	当該基本料金の○○％
ご利用の12時間前までにご連絡がなかった場合	当該基本料金の○○％

（4）その他

　① お客さまの住まいで、サービスを提供するために使用する、水道、ガス、電気等の費用はお客さまのご負担になります。

　② 料金のお支払方法

　　　毎月、○○日までに前月分の請求をいたしますので、○○日以内にお支払いください。お支払いいただきますと、領収証を発行します。

　　　お支払方法は、銀行振込、現金集金、口座自動引き落としの3通りの中からご契約の際に選べます。

> ※　上記の他にあれば必要なものを記載する。
> 　　例；記録の謄写費 等

5. サービスの利用方法

（1）サービスの利用開始

　　まずは、お電話等でお申し込みください。当社職員がお伺いいたします。

　　訪問介護計画作成と同時に契約を結び、サービスの提供を開始します。

　　※ 居宅サービス計画の作成を依頼している場合は、事前に介護支援専門員とご相談ください。

（2）サービスの終了

　① お客様のご都合でサービスを終了する場合

　　　サービスの終了を希望する日の1週間前までに文書でお申し出下さい。

　② 当社の都合でサービスを終了する場合

　　　人員不足等やむを得ない事情により、サービスの提供を終了させていただく場合がございます。その場合は、終了1ヶ月前までに文書で通知いたします。

　③ 自動終了

　　　以下の場合は、双方の通知がなくても、自動的にサービスを終了いたします。

　　・お客様が介護保険施設に入所した場合

　　・介護保険給付でサービスを受けていたお客様の要介護認定区分が、非該当（自立）と認定された場合

　　　※ この場合、条件を変更して再度契約することができます。

　　・お客様がお亡くなりになった場合

　④ その他

　　・当社が正当な理由なくサービスを提供しない場合、守秘義務に反した場合、お客様やご家族などに対して社会通念を逸脱する行為を行った場合、または当社が破産した場合、お客様は文書で解約を通知することによって即座にサービスを終了することができます。

・お客様が、サービス利用料金の支払を〇ヶ月以上遅延し、料金を支払うよう催告したにもかかわらず〇日以内に支払わない場合、またはお客様やご家族などが当社や当社のサービス従業者に対して本契約を継続し難いほどの背信行為を行った場合は、文書で通知することにより、即座にサービスを終了させていただく場合がございます。

6. 当社の訪問介護サービスの特徴等

(1) 運営の方針

> ※　基本理念、サービスの質の向上の為の方策、事前の説明等について記載する

(2) サービス利用のために

事　項	有無	備　考
ホームヘルパーの変更の可否	〇×	変更を希望される方はお申し出ください
男性ヘルパーの有無	〇×	
従業員への研修の実施	〇×	年1回　〇〇を実施しています
サービスマニュアルの作成	〇×	
その他		

7. 緊急時の対応方法

　　　サービスの提供中に容体の変化等があった場合は、事前のうちあわせにより、主治医、救急隊、親族、居宅介護支援事業者等へ連絡をいたします。

主治医	主治医氏名	
	連絡先	
ご家族	氏名	
	連絡先	

8. サービス内容に関する苦情

① 当社お客さま相談・苦情担当

　　　担当　　お客さまサービス課　　　　　電話　　〇〇〇〇－〇〇〇〇

② その他
当社以外に、区市町村の相談・苦情窓口等に苦情を伝えることができます。

　　　区市町村名＿＿＿＿＿＿＿＿＿＿＿

　　　担当　　　　　　　　　　　　電話

9. 当社の概要

名称・法人種別	（株）○○サービス	
代表者役職・氏名		
本社所在地・電話番号		
定款の目的に定めた事業	1、○○○○○	
	2、○○○○○	
	3、○○○○○	
	4、○○○○○	
	5、○○○○○	
	6、その他これに付随する業務	
営業所数等	訪問介護	○ヵ所
	訪問入浴介護	○ヵ所
	居宅介護支援	○ヵ所

10. その他

－－－－－－－－　契約をする場合は以下の確認をすること　－－－－－－－－

平成　　年　　月　　日

　訪問介護の提供開始にあたり、利用者に対して契約書および本書面に基づいて重要な事項を説明しました。

事業者
　　　所在地
　　　名称　　　　　　　　　　　　　　　印

説明者　　所属
　　　　　氏名　　　　　　　　　　　印

　私は、契約書および本書面により、事業者から訪問介護についての重要事項の説明をうけました。

利用者　　住所
　　　　　氏名　　　　　　　　　　　印

（代理人）　住所
　　　　　　氏名　　　　　　　　　　印

※　本重要事項説明書と同時に「契約書」にも署名・押印し、それをもって契約開始となる

介護老人福祉施設モデル契約書（案）

> ＊　当モデル契約書は平成11年12月20日時点の案であり、今後変更することもあります。

○○○○（以下、「利用者」といいます）と□□□□（以下、「事業者」といいます）は、事業者が利用者に対して行う介護老人福祉施設サービスについて、次のとおり契約します。

○ 第1条（契約の目的）
　　事業者は、利用者に対し、介護保険法令の趣旨にしたがって、介護老人福祉施設サービスを提供し、利用者は、事業者に対し、そのサービスに対する料金を支払います。

> ※　この契約が、双務有償契約であることを明確に規定した。
> ※　本来は民々の自由契約であるが、介護保険の趣旨に反するような内容に歯止めをかけるため、『介護保険法令の趣旨にしたがって』という文言を入れ、施設サービスのあり方の枠組を設けた。

○ 第2条（契約期間）
　1　この契約の契約期間は 平成　　年　　月　　日 から利用者の要介護認定の有効期間満了日までとします。
　2　契約満了日の○日前までに、利用者から事業者に対して、文書により契約終了の申し出がない場合、かつ、利用者が要介護認定の更新で要介護者（要介護1～要介護5）と認定された場合、契約は更新されるものとします。

> ※　要介護認定の更新時に計画の変更等が行われることも多く、個々の契約と要介護認定の有効期間を連動させたほうが利用者にとってわかりやすいと思われるので、契約期間と要介護認定の有効期間を連動させた。ただし、これを連動させず、お互いの合意の上で○ヶ月という期間を設定することもひとつの方法と考えられる。
> ※　自動更新しない場合の「文書による契約終了の申し出」については、事業者が、契約期間満了前に利用者の意向を聞き、終了を望む場合は、あらかじめ定型の用紙を本人または代理人に交付するなどの対応が必要と思われる。

○ 第3条（施設サービス計画）
　　事業者は、次の各号に定める事項を介護支援専門員に行わせます。
　① 利用者について解決すべき課題を把握し、利用者の意向を踏まえた上で、介護福祉施設サービスの目標およびその達成時期、サービスの内容、サービスを提供する上での留意点等を盛り込んだ施設サービス計画を作成します。
　② 必要に応じて施設サービス計画を変更します。
　③ 施設サービス計画の作成および変更に際してはその内容を利用者に説明します。

> ※　施設サービス計画の作成・変更は、介護支援専門員の業務であるため、『事業者は … 介護支援専門員に行わせます。』という表現方法とし、各号はできるだけシンプルに規定した。

○ 第4条(介護老人福祉施設サービスの内容)
　1　事業者は、施設サービス計画に沿って、利用者に対し居室、食事、介護サービス、その他介護保険法令の定める必要な援助を提供します。また、施設サービス計画が作成されるまでの期間も、利用者の希望、状態等に応じて、適切なサービスを提供します。
　2　利用者が、利用できるサービスの種類は【契約書別紙】のとおりです。事業者は、【契約書別紙】に定めた内容について、利用者およびその家族に説明します。
　3　事業者は、サービス提供にあたり、利用者または他の入所者等の生命または身体を保護するため緊急やむを得ない場合を除き、車いすやベッドに胴や四肢を縛る、上肢を縛る、ミトン型の手袋をつける、腰ベルトやY字型抑制帯をつける、介護衣(つなぎ)を着せる、車いすテーブルをつける、ベッド柵を4本つける、居室の外から鍵を掛ける、向精神薬を過度に使用する等の方法による身体的拘束を行いません。

> ※　施設サービスの場合、各介護サービスや機能回復訓練を行う曜日、時間、担当者等は流動的であり、それを【契約書別紙】に記載することは困難であるので、第1項では、施設サービス計画に沿って施設サービスを提供する旨を規定し、包括的な規定とした。
> ※　実質的なメニュー一覧のようなものも必要であるので、第2項で【契約書別紙】に記載する旨を規定し、その説明義務を課した。
> ※　第3項は運営基準第12条4項の規定をもとに設定。身体的拘束が何を指すか、利用者にわかりにくいので、()内のような例示をした。

○ 第5条(要介護認定の申請に係る援助)
　1　事業者は、利用者が要介護認定の更新申請を円滑に行えるよう利用者を援助します。
　2　事業者は、利用者が希望する場合は、要介護認定の申請を利用者に代わって行います。

> ※　運営基準第7条より。代行申請については、特に規定がないが、運営基準第16条で行政手続の代行を行う旨が規定されているので、当然行うものと考えられる。
> ※　第2項の代行申請に係る経費について、モデル契約書上は規定していないが、実費相当の費用負担を利用者に求める場合は但し書等でその旨を記載し、重要事項等でも説明する必要がある。

○ 第6条(サービスの提供の記録)
　1　事業者は、介護老人福祉施設サービスの提供に関する記録を作成することとし、これをこの契約終了後2年間保管します。
　2　利用者は、○時から○時の間に事務室にて、当該利用者に関する第1項のサービス実施記録を閲覧できます。
　3　利用者は、当該利用者に関する第1項のサービス実施記録の複写物の交付を受けることができます。

> ※　第1項は、運営基準第37条2項の規定。
> ※　第2項、第3項は利用者が記録閲覧と複写物の交付を請求する権利を規定した。ただし、事業者の負担を考慮し、閲覧の時間と場所に一定の制限を設けた。
> ※　第3項の複写物に係る経費について、モデル契約書上は規定していないが、実費相当の費用負担を利用者に求める場合は但し書等でその旨を記載し、重要事項等でも説明する必要がある。

○ 第7条(料金)
　1　利用者は、サービスの対価として【契約書別紙】に定める利用単位毎の料金をもとに計算された月ごとの合計額を支払います。
　2　事業者は、当月の料金の合計額の請求書に明細を付して、翌月○日までに利用者に通知します。
　3　利用者は、当月の料金の合計額を翌月○日までに(＿＿＿＿＿＿＿＿の方法で)支払います。
　4　事業者は、利用者から料金の支払いを受けたときは、利用者に対し領収証を発行します。

> ※　料金に関しては、介護報酬の算定と合うように月単位の精算とした。
> ※　第3項については、支払い方法を空欄としたがここは事業者と利用者の合意により決定するところである。（口座自動振替、振込、現金支払…等）

○　第8条（契約の終了）
　　1　利用者は、事業者に対して（〇日間の予告期間をおいて）文書で通知することにより、この契約を解約することができます。
　　2　次の事由に該当した場合、事業者は、利用者に対して、30日間の予告期間をおいて文書で通知することにより、この契約を解約することができます。
　　　① 利用者のサービス利用料金の支払が正当な理由なく〇ヶ月以上遅延し、料金を支払うよう催告したにもかかわらず〇日間以内に支払われない場合
　　　② 利用者が病院または診療所に入院し、明らかに3ヶ月以内に退院できる見込がない場合または入院後3ヶ月経過しても退院できないことが明らかになった場合
　　　③ 利用者が、事業者やサービス従業者または他の入所者に対して、この契約を継続し難いほどの背信行為を行った場合
　　　④ やむを得ない事情により施設を閉鎖または縮小する場合
　　3　利用者が要介護認定の更新で非該当（自立）または要支援と認定された場合、所定の期間の経過をもってこの契約は終了します。
　　4　次の事由に該当した場合は、この契約は自動的に終了します。
　　　① 利用者が他の介護保険施設に入所した場合
　　　② 利用者が死亡した場合

> ※　第1項は利用者の意志で解約する場合の規定。当然のことながら利用者が退所を希望した場合、事業者にそれを禁じる権利はない。むしろ利用者が退所を希望し、受入先が決まっていない場合は、第9条に基づき必要な援助を行う必要がある。
> ※　第2項は事業者側からの解約規定。施設サービスの場合、受入先の問題もあり、よほどのことがないかぎり、施設側からの解約は認められるべきでない。また、予告期間は利用者の次の受入先を確保する必要があることから最低30日間は必要と考える。
> ※　第3項については、実際の運用として、どのようなかたちが取られるのか不明。恐らく認定後一定期間の猶予期間があり、介護報酬も何らかのかたちで支払われると思われるので、暫定的にこのような規定とした。
> ※　契約終了日までに利用者が退所しなかった場合は、（やむを得ない場合にしろ故意にしろ）契約書で規定する範囲外の問題として対処せざるを得ない。

○　第9条（退所時の援助）
　　　　事業者は、契約が終了し利用者が退所する際には、利用者およびその家族の希望、利用者が退所後に置かれることとなる環境等を勘案し、円滑な退所のために必要な援助を行います。

> ※　運営基準第6条第7項より規定。退所理由の如何にかかわらず（第8条第2項の場合でも）事業者は利用者の退所時には必要な援助を行うべきである。

○　第10条（秘密保持）
　　1　事業者および事業者の使用する者は、サービス提供をする上で知り得た利用者およびその家族に関する秘密を正当な理由なく第三者に漏らしません。この守秘義務は契約終了後も同様です。
　　2　事業者は、利用者から予め文書で同意を得ない限り、居宅介護支援事業者等に対し、利用者の個人情報を提供しません。

> ※　第1項は守秘義務の規定である。
> ※　第2項は個人情報保護の規定で、運営基準第30条3項にて文書の同意を求めていることに合わせた。

○ 第11条(賠償責任)
　　　事業者は、サービスの提供にともなって、事業者の責めに帰すべき事由により利用者の生命・身体・財産に損害を及ぼした場合は、利用者に対してその損害を賠償します。

> ※　第1項は事業者側の損害賠償規定。この規定を明示することにより、利用者は、事故等の場合に損害賠償をしてもらえるという安心を得られる。
> ※　生命・身体・財産の損害以外(精神的苦痛等)は、民法等の一般法に従う

○ 第12条(連絡義務)
　　　事業者は、利用者の健康状態が急変した場合は、あらかじめ届けられた連絡先に可能な限り速やかに連絡するとともに医師に連絡を取る等必要な処置を行います。

> ※　事故その他で利用者の状態が急変した場合に必要な処置を講じるのは当然であるが、それとともに家族等への連絡義務も規定した。

○ 第13条(相談・苦情対応)
　　　事業者は、利用者からの相談、苦情等に対応する窓口を設置し、施設の設備またはサービスに関する利用者の要望、苦情等に対し、迅速に対応します。

> ※　苦情窓口の設置義務を明確化した。対応はケースごとに異なるので、単に『迅速に対応』することとした。具体的な窓口等は【契約書別紙】および重要事項説明書に記載することになると考える。

○ 第14条(本契約に定めのない事項)
　　1　利用者および事業者は、信義誠実をもってこの契約を履行するものとします。
　　2　この契約に定めのない事項については、介護保険法令その他諸法令の定めるところを尊重し、双方が誠意を持って協議のうえ定めます。

> ※　信義誠実の原則の規定であるが、第2項において介護保険の枠組みを尊重する旨を明示した。

○ 第15条(裁判管轄)
　　　この契約に関してやむを得ず訴訟となる場合は、利用者および事業者は、利用者の住所地を管轄する裁判所を第一審管轄裁判所とすることを予め合意します。

> ※　実際は利用者の住所地＝施設の住所地がほとんどと想定される。

上記の契約を証するため、本書2通を作成し、利用者、事業者が署名押印の上、1通ずつ
保有するものとします。

契約締結日　　　年　　月　　日

契約者氏名
　　事業者
　　　　＜事業者名＞　　　　　　　（指定番号、指定都道府県名等）
　　　　＜住所＞
　　　　＜代表者名＞　　　　　　　印

　　利用者
　　　　＜住所＞
　　　　＜氏名＞　　　　　　　　　印

　　（代理人）
　　　　＜住所＞
　　　　＜氏名＞　　　　　　　　　印

※　契約当事者は、原則利用者本人とする。介護保険は、世帯給付ではなく、本人給付が原則なの
　　で、家族等が署名をする場合でも、利用者本人の代理人という位置付けがよいと思われる。
　　代理人については、法定代理人または任意代理人だが、任意代理人の場合、例えば、同居の親
　　族または2親等以内の親族とするなど、一定の範囲を設けることが望ましいと思われる。
※　事業者側の代表者は、理事長もしくは施設長となる。

※　身元引受人・保証人等の規定を盛込むことも検討したが、それによって身寄りのない高齢者の権利
　　が侵害される可能性もあるため、モデル契約書には規定しなかった。

※　現在の入所者についてはこのモデル契約書の以下の点を修正して使用することになる。

○ 第2条1項
　　「この契約の契約期間は 平成　　年　　月　　日から…」
　　　→「この契約の契約期間は平成12年4月1日から…」

○ 第2条2項
　　「契約満了日の○日前までに、利用者から事業者に対して、文書により契約終了の申し出が
　　ない場合、かつ、利用者が要介護認定の更新で要介護者（要介護1～要介護5）と認定され
　　た場合、契約は更新されるものとします。」
　　　→ 上記の条文の後ろに「ただし、要介護認定で自立または要支援と認定された場合
　　　　でも、平成17年3月31日までは契約を更新することができます。」と付け加える。

○ 第8条3項
　　「利用者が要介護認定の更新で自立または要支援と認定された場合、所定の期間の経過を
　　もってこの契約は終了します。」
　　　→ 上記の条文の後ろに「ただし、平成17年3月31日までは本条項は適用されません。」
　　　　と付け加える。

【契約書別紙】　（例）

○ 担当者（生活相談員または介護支援専門員等）

氏名 ○○ ○○　　内線 ＊＊＊＊

○ サービスの内容

居室
　　基本的には定員4名の居室になります。

食事
　　朝食 ○:○○～○:○○
　　昼食 ○:○○～○:○○
　　夕食 ○:○○～○:○○
　　　　原則、2階の食堂にておとりいただきます。

入浴
　　週に最低2回入浴していただけます。
　　ただし、状態に応じ、特別浴または清拭となる場合があります。

介護
　　施設サービス計画に沿って下記の介護をおこないます。
　　　　着替え、排泄、食事等の介助
　　　　おむつ交換、体位変換、シーツ交換、施設内の移動の付添い…等

機能訓練
　　○階の訓練室にて機能訓練を行います。

生活相談
　　常勤の生活相談員に、介護以外の日常生活に関することも含め相談できます。

健康管理
　　当施設では、年間○回健康診断を行います。日程については別途ご連絡します。
　　また、毎週○、○曜日の○:○○から○:○○まで診療室にて診察や健康相談サービスを
　　受けることができます。

特別食の提供
　　当施設では通常のメニューの他に特別食をご用意しております。メニューは毎月変わります
　　ので、詳しくは職員にお尋ねください。ご利用の際は前日までにお申し出下さい。
　　料金は別途かかります。

理美容サービス
　　当施設では月に2回、毎月第1、第3木曜日に理容サービスを実施しております。
　　料金は別途かかります。

行政手続代行
　　行政手続の代行を施設にて受け付けます。ご希望の際は職員にお申し出下さい。
　　ただし、手続に係る経費はその都度お支払いいただきます。

日常費用支払代行
　　　介護以外の日常生活にかかる諸費用に関する支払代行を申し込むことができます。
　　　サービスご利用に際しては別途「日常費用支払代行契約書」の締結が必要となります。

所持品の保管
　　　居室のスペースに置くことのできない所持品を保管室にて預かります。
　　　ただし、預けることのできる所持品の種類や体積に制限があります。詳しくは「所持品保管
　　　サービスご利用の手引き」をご覧ください。

レクリエーション
　　　当施設では、年間〇回の入居者交流会等の行事を行います。
　　　行事によっては別途参加費がかかるものもございます。詳しくは毎月の月間予定表をご覧
　　　ください。

〇 料金

①基本料金

・施設利用料

	1日あたりの 自己負担分
要介護度1	￥〇〇〇
要介護度2	￥〇〇〇
要介護度3	￥〇〇〇
要介護度4	￥〇〇〇
要介護度5	￥〇〇〇

（平成11年3月31日以前より入所の方）

	1日あたりの 自己負担分
要支援者等・要介護度1	￥〇〇〇
要介護度2・要介護度3	￥〇〇〇
要介護度4・要介護度5	￥〇〇〇

　　　＊ ただし、入所後30日に限り、上記料金に￥〇〇割増となります。

・食費

　　　1日あたり　￥〇〇〇

・管理費

　　　1日あたり　￥〇〇〇

> ※ 旧措置者は料金体系が異なるため併記した。
>   実際は入所者に合わせて2パターンの別紙を
>   用意し、使い分ける等の工夫が必要となろう。
> ※ 食費、管理費は管理上月額のほうが扱いや
>   すいが、基本的には日額となると考えられる。
> ※ その他の料金は施設によりメニューも異なると
>   思われので、各施設で工夫して表示すること
>   が必要となる。

②その他

　　　特別食、行事参加費、理美容費、… 等は別途料金がかかります。

> ※ 申請代行、行政手続代行の経費等があればあわせて記載する必要がある。

　＊ 入所期間中に入院、または自宅に外泊した期間の取扱いについては、介護保険給付の扱いに
　　応じた料金となりますのでご了承ください。

○ 緊急時の対応

体調の変化等、緊急の場合は下記に定める緊急連絡先に連絡します。

緊急連絡先	
氏名	
住所	
電話番号	
続柄	

○ 相談、要望、苦情等の窓口

当施設のサービスに関する相談、要望、苦情等はサービス提供責任者か下記窓口までお申し出下さい。

☆サービス相談窓口☆
　電話番号；○○－○○○○－○○○○　　担当部署；お客様サービス課
　（受付時間 月～金曜日 ○：○○～○：○○）

事業者
　＜事業者名＞　　　　　　　　　　（指定番号、指定都道府県名等）
　＜住所＞
　＜代表者名＞　　　　　　　　　　　印

上記内容の説明を受け、了承しました。

　　　　　年　月　日　　　　＜利用者氏名＞　　　　　　　　　印

　　　　　　　　　　　　（　＜代理人氏名＞　　　　　　　　　印　）

介護老人福祉施設重要事項説明書(例)
＜　年　月　日現在＞

1. 当施設が提供するサービスについての相談窓口

　　　電話　　　○○○○－○○○○（午前○時～午後○時まで）
　　　担当
　　　＊ ご不明な点は、なんでもおたずねください。

2. 特別養護老人ホーム ○○○園(名称)の概要

(1) 提供できるサービスの種類

施設名称	
所在地	
介護保険指定番号	介護老人福祉施設　　　　　　（東京都　　　　号）

(2) 同施設の職員体制 ＜例＞

	資格	常勤	非常勤	業務内容	計
管理者		1名( )			1名( )
医師			○名( )		○名( )
生活相談員		1名( )			1名( )
栄養士		1名( )			1名( )
機能訓練指導員	理学療法士	1名(1)			1名(1)
介護支援専門員	看護婦	1名( )			1名( )
事務職員		○名( )	○名( )		○名( )
介護・看護職員	看護婦(士)	○名( )	○名( )		○名( )
	准看護婦(士)	○名( )	○名( )		○名( )
	介護福祉士	○名( )	○名( )		○名( )
	1～2級修了者	○名( )	○名( )		○名( )
	3級修了者	○名( )	○名( )		○名( )
	その他	○名( )	○名( )		○名( )

　　　( )内は男性再掲

(3) 同施設の設備の概要

定員		○○名	静養室	○室 ○床
居室	4人部屋	○○室　　（1室○○㎡）	医務室	1室
	個室	○室　　（1室○○㎡）	食堂	1室
浴室		一般浴槽と特殊浴槽があります。	機能訓練室	1室
			談話室	○室

3. サービス内容

① 施設サービス計画の立案
② 食事
③ 入浴
④ 介護
⑤ 機能訓練
⑥ 生活相談
⑦ 健康管理
⑧ 特別食の提供
⑨ 理美容サービス
⑩ 行政手続代行
⑪ 日常費用支払代行
⑫ 所持品保管
⑬ レクリエーション

等

> ※　具体的な内容についてできるだけわかりやすく
>   記載する
> ※　施設サービス計画の立案は利用者にわかりに
>   くいので、「計画」の例などを記載する等の工夫
>   が必要と考えられる。

4. 利用料金

（1）基本料金

① 施設利用料

（平成11年4月1日以降に入所する方）

	1日あたりの 自己負担分
要介護度1	¥〇〇〇
要介護度2	¥〇〇〇
要介護度3	¥〇〇〇
要介護度4	¥〇〇〇
要介護度5	¥〇〇〇

（平成11年3月31日以前より入所の方）

	1日あたりの 自己負担分
要支援	¥〇〇〇
要介護度1	
要介護度2	¥〇〇〇
要介護度3	
要介護度4	¥〇〇〇
要介護度5	

* ただし、入所後30日に限り、上記料金に¥〇〇割増となります。
* 自立・要支援と判定された方で、入所を希望される場合、別途相談に応じます。
* 入所期間中に入院、または自宅に外泊した期間の取扱いについては、介護保険給付の扱いに
  応じた料金となりますのでご了承ください。　　※ 介護報酬体系の決定待ち

② 食費
1日あたり　¥〇〇〇
③ 管理費
1日あたり　¥〇〇〇

(2) その他の料金

① 個室利用料

　　1ヶ月あたり　¥○○○○

② 特別食

　　1食あたり　　¥○○○～¥○○○（メニューによって異なります。）

③ 理美容費

④ 行政手続代行費

> ※　金額を記載する。複雑な料金体系の場合、さらに
> 　別紙を用意する等の対応が必要である。

⑤ その他

　　上記の他レクリエーション費用、買物サービスの費用、所持品預かり・保管
　　などは自己負担になります。
　　日常費用支払代行については別途資料をご覧ください。

(3) 基本料金の減免措置

> ※　所得に応じた減免措置その他、自己負担に関する制度について解説する。

(4) 支払方法

　　毎月、○○日までに前月分の請求をいたしますので、○○日以内にお支払いください。
　　お支払いいただきますと、領収証を発行します。
　　お支払方法は、銀行振込、現金集金、口座自動引き落としの3通りの中からご契約の
　　際に選べます。

5. 入退所の手続き

(1) 入所手続き

まずは、お電話等でお申し込みください。居室に空きがあればご入所いただけます。
入所と同時に契約を結び、サービスの提供を開始します。
※ 居宅サービス計画の作成を依頼している場合は、事前に介護支援専門員とご相談ください。

(2) 退所手続き

① お客様のご都合で退所される場合

　　退所を希望する日の○日前までにお申し出下さい。

② 自動終了

　　以下の場合は、双方の通知がなくても、自動的にサービスを終了いたします。

・お客様が他の介護保険施設に入所した場合
・介護保険給付でサービスを受けていたお客様の要介護認定区分が、非該当（自立）
　または要支援と認定された場合
　　※ この場合、所定の期間の経過をもって退所していただくことになります。
・お客様がお亡くなりになった場合

③ その他

- ・お客様が、サービス利用料金の支払を〇ヶ月以上遅延し、料金を支払うよう催告したにもかかわらず〇日以内に支払わない場合、またはお客様やご家族などが当施設や当施設の従業者に対して本契約を継続し難いほどの背信行為を行った場合は、退所していただく場合がございます。この場合、契約終了〇〇日前までに文書で通知いたします。
- ・お客様が病院または診療所に入院し、明らかに3ヶ月以内に退院できる見込がない場合または入院後3ヶ月経過しても退院できないことが明らかになった場合、文書で通知のうえ、契約を終了させていただく場合がございます。尚、この場合、退院後に再度入所を希望される場合は、お申し出下さい。
- ・やむを得ない事情により、当施設を閉鎖または縮小する場合、契約を終了し、退所していただく場合がございます。この場合、契約終了〇〇日前までに文書で通知いたします。

6. 当施設のサービスの特徴等

(1) 運営の方針

> ※　基本理念、サービスの質の向上の為の方策、事前の説明等について記載する

(2) サービス利用のために

事　項	有無	備　考
男性介護職員の有無	〇×	
従業員への研修の実施	〇×	年1回　〇〇を実施しています
サービスマニュアルの作成	〇×	
身体的拘束		
その他		

(3) 施設利用に当たっての留意事項

- ・面会　　　　　　………
- ・外出、外泊　　　………
- ・飲酒、喫煙　　　………
- ・設備、器具の利用　………
- ・金銭、貴重品の管理　………
- ・所持品の持ち込み　………
- ・施設外での受診　………
- ・宗教活動　　　………
- ・ペット　　　　………

7. 緊急時の対応方法

　　　ご利用者に容体の変化等があった場合は、医師に連絡する等必要な処置を講ずるほか、
　　ご家族の方に速やかに連絡いたします。

緊急連絡先		
	氏名	
	住所	
	電話番号	
	続柄	

8. 非常災害対策

　　　・防災時の対応　　　…………………
　　　・防災設備　　　　　…………………
　　　・防災訓練　　　　　…………………
　　　・防火責任者　　　…………………　○○ ○○

9. サービス内容に関する相談・苦情

　　　① 当施設ご利用者相談・苦情担当

　　　　　担当　　お客様サービス課　　　　　電話　　○○○○ー○○○○

　　　② その他
　　　　　当施設以外に、区市町村の相談・苦情窓口等でも受け付けています。

　　　　　区市町村名＿＿＿＿＿＿＿＿＿＿＿

　　　　　担当　　　　　　　　　　　　　電話

10. 当社の概要

　　　名称・法人種別　　　　　社会福祉法人　○○会
　　　代表者役職・氏名　　　　理事長　○○○○
　　　本部所在地・電話番号
　　　定款の目的に定めた事業　　1、○○○○○
　　　　　　　　　　　　　　　　2、○○○○○
　　　　　　　　　　　　　　　　3、○○○○○
　　　　　　　　　　　　　　　　4、○○○○○
　　　　　　　　　　　　　　　　5、○○○○○
　　　　　　　　　　　　　　　　6、○○○○○
　　　　　　　　　　　　　　　　7、○○○○○
　　　　　　　　　　　　　　　　8、その他これに付随する業務

施設・拠点等	特別養護老人ホーム	○ヵ所
	短期入所生活介護	○ヵ所
	通所介護	○ヵ所
	訪問介護	○ヵ所
	訪問看護	○ヵ所
	在宅介護支援センター	○ヵ所
	（うち居宅介護支援事業者	○ヵ所）

11. その他

–––––––––　契約をする場合は以下の確認をすること　–––––––––

平成　　年　月　　日

　介護老人福祉施設入所にあたり、利用者に対して契約書および本書面に基づいて重要な事項を説明しました。

事業者
所在地
名称　　　　　　　　　　　　　　印

説明者　　所属
氏名　　　　　　　　　　　印

　私は、契約書および本書面により、事業者から介護老人福祉施設についての重要事項の説明を受けました。

利用者　　住所
氏名　　　　　　　　　　　印

（代理人）　住所
氏名　　　　　　　　　　　印

※　本重要事項説明書と同時に「契約書」にも署名・押印し、それをもって契約開始となる

巻末参考資料Ⅱ　アンケート調査票

**後見等業務における
本人・家族・親族間の対立と
専門家のかかわりに関するアンケート**

このたびは、アンケートへのご協力ありがとうございます。本アンケートは、専門職の皆様が、日頃の後見(保佐、補助も含む)に関する業務において、本人・家族・親族間の対立に遭遇された際、皆様の対処や心境についてお伺いするものです。皆様におかれましては、守秘義務があることは存じ上げております。つきましては、**本アンケートに回答される際には守秘義務に反しないよう、個人情報に触れることなく、できるだけ一般化してお答えください。**本アンケートは研究室内の安全な場所に保管の上、3年後に溶解処理いたします。アンケート結果は、順次論文・リーフレット等でご紹介しますが、その際は匿名性を保持するなど細心の注意を払って参ります。本アンケートは個々の活動について評価をするものではありません。あらかじめご了承いただければ幸いに存じます。尚、本アンケートに関するお問い合わせは、下記までよろしくお願いいたします。

お問い合わせ先

南山大学総合政策学部　准教授　三輪　まどか

電話　0561-89-2000 (内線3581) Email　miwam@nanzan-u.ac.jp

1. あなたの年齢に該当するものにチェック (レ点) を入れてください。
　□20代　□30代　□40代　□50代　□60代　□70代

2. あなたの性別に該当するものにチェック (レ点) を入れてください。
　□男性　□女性

3. あなたがお持ちの資格に該当するものにチェック (レ点) を入れてください
(当てはまるものをいくつでも)。
　□社会福祉士　□精神保健福祉士　□弁護士　□司法書士　□行政書士
　□税理士　□その他

4. あなたの後見人としての経験年数ないし申立代理人業務を始めてからの年数を
ご記入ください。
　(　　) 年

5. これまでの後見人としての活動 (申立を含む) の中で、本人が生存中に、
本人と家族・親族、あるいは家族・親族間での対立に遭遇した経験がありますか。
該当する□にチェック (レ点) を入れてください。
(ここでの対立とは、後見の申立や介護方針をめぐる意見の相違や財産をめぐる争いなどを指します。)
　□はい　□いいえ

6. 5で「はい」と答えた方に伺います。
その内容について、ケース（被後見人）ごとに、あなたが関わった期間を矢印（←→）で示し、
対立があった場面（シーン）を三角印（△）で示してください。三角印が複数ある場合には、
左から順に番号を振ってください。

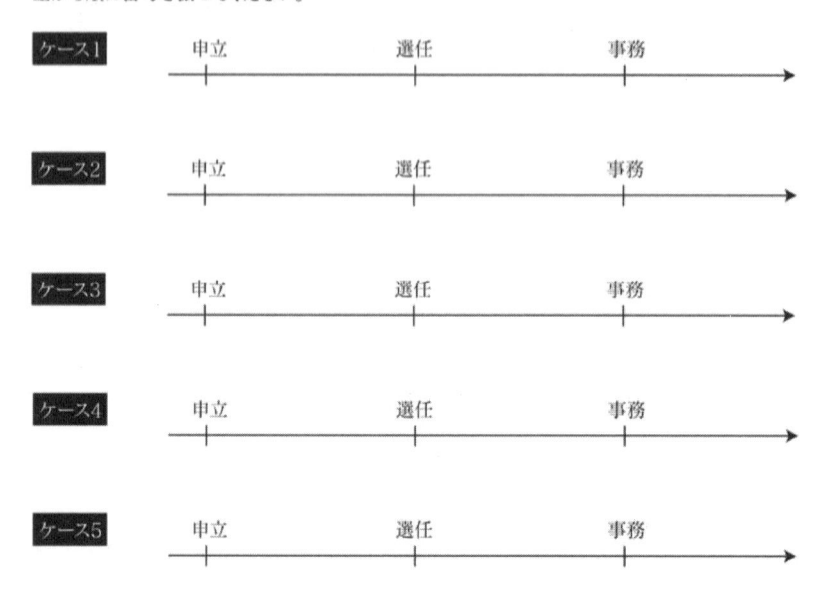

※ケースが5つを超える場合には、新しいアンケート用紙をご利用ください。
　また後の設問で、「対立したシーン（△）」についての問いかけがあります。
　6つ以上△がついた場合、6つめ以降の設問については、
　新しいアンケート用紙にご記入ください。

例）以下に記入例をご提示します。ご参考ください。

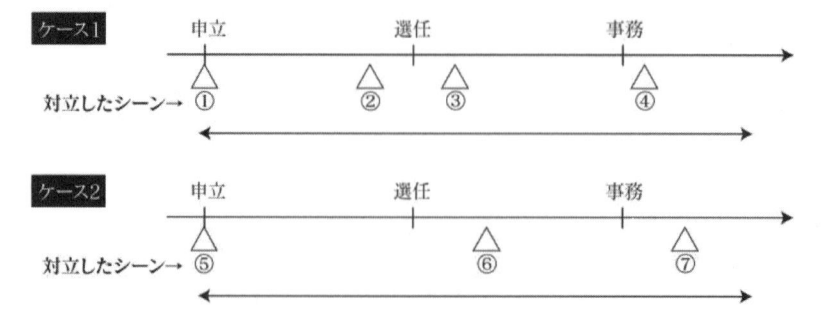

7. 以下では、ケースにおける対立シーン（場面）別にお答えください。

```
ケース（ ）：シーン（ ）　→　（ ）内は、設問6で示したケース数字とシーン数字をご記入
※シーンの数が事例数となります。　　　　ください。本アンケートでは5つの事例まで記入できますが、
　　　　　　　　　　　　　　　　　　　　6つ以上ある場合は、新しいアンケート用紙をお使いください。
```

ケース（ ）：シーン（ ）

その対立は、どなたとの対立でしたか。本人との間柄をご記入ください。

8. その対立の内容は、どのようなものでしたか。
　　Ⅰ・Ⅱのそれぞれについて、当てはまるものすべてに〇を付けてください。

Ⅰ　大分類
(a) 法定後見関連（ 申立 ・ 選任 ・ 事務 ・ 費用負担 ・ 同意権、代理権の範囲 ・ その他 ）
　　その他の場合（　　　　　　　　　　　　　　　　　　　）

(b) 任意後見関連（ 契約締結 ・ 受任者 ・ 監督人選任 ・ 事務 ・ 費用負担 ・ その他 ）
　　その他の場合（　　　　　　　　　　　　　　　　　　　）

Ⅱ　小分類
(a) 身上監護関連（ ケアプラン ・ 病院/事業所選び ・ サービス内容 ・ 料金負担 ・ 医療行為 ・ その他 ）
　　その他の場合（　　　　　　　　　　　　　　　　　　　）

(b) 財産管理関連（ 遺産分割 ・ 使い込みの回収／調査 ・ 不動産売買 ・ 横領 ・ その他）
　　その他の場合（　　　　　　　　　　　　　　　　　　　）

9. その対立の原因は、あなたからみて、どこにあるとお考えですか。
　　該当する□にチェック（レ点）を入れてください。

□ 本人・家族・親族の財産の多さや少なさ
□ 本人・家族・親族の親密さや疎遠さ
□ 本人・家族・親族の制度・法律の熟知や無知
□ 本人・家族・親族の特性
□ その他（　　　　　　　　　　　　　　　　　　　）

10. その対立に関して、あなたは誰かに相談・支援・協力を仰ぎましたか。
　　該当する□にチェック（レ点）を入れてください。
　　　　□ 仰いだ　□ 仰いでいない

▶「仰いだ」とお答えの方は、次ページ設問11へ⇒

▶「仰いでいない」とお答えの方は、次ページ設問12へ⇒

11. 相談・支援・協力を仰いだ方に伺います。それは誰ですか。
　　当てはまるものすべてに○を付けてください。

(a) 同職種 (弁護士 ・ 司法書士 ・ 行政書士 ・ 税理士 ・ 社会福祉士 ・精神保健福祉士 ・ その他)
　　その他の場合(　　　　　　　　　　　　　　　　　　)

(b) 他職種 (弁護士 ・ 司法書士 ・ 行政書士 ・ 税理士 ・ 社会福祉士 ・精神保健福祉士 ・ その他)
　　その他の場合(　　　　　　　　　　　　　　　　　　)

(c) 行政等 (家庭裁判所 ・ 市町村 ・地域包括支援センター ・ 社会福祉協議会 ・ 監督人
　　・その他)
　　その他の場合(　　　　　　　　　　　　　　　　　　)

12. その対立は、解消 (終了) あるいは緩和しましたか。
　　該当する□にチェック (レ点) を入れてください。

　□　　はい　□　　いいえ

▶「はい」とお答えの方は設問13へ⇒

▶「いいえ」とお答えの方は設問15へ⇒

13. 対立が解消あるいは緩和したと答えた方に伺います。
　　解消あるいは緩和した理由はどんなことだとお考えですか。ご自由にお書きください。

14. 対立が解消あるいは緩和したと答えた方に伺います。
　　対立の解消あるいは緩和に、ご自身が果たした役割があるとすれば何だとお考えですか。
　　ご自由にお書きください。

15. その対立があることによって、あなたが業務を遂行するにあたり、最も困難と感じたことは
　　何ですか。ご自由にお書きください。

16 . その対立によって招かれた困難を克服するために、あなたはどういった法律・制度・サービス
　　・ネットワーク等があればいいとお考えですか。ご自由にお書きください。

事 項 索 引

〈著者紹介〉

三輪まどか（みわ まどか）

　熊本県で生まれ，主に宮崎県で育つ

1997 年　千葉大学法経学部法学科卒業。その後，不動産系流通会社勤務などを経て，

2002 年　熊本大学大学院法学研究科法律学専攻修士課程修了（修士（法学））

2007 年　横浜国立大学大学院国際社会科学研究科国際経済法学専攻博士課程修了，
　　　　　博士（国際経済法学）

2008 年　大分大学福祉科学研究センター講師

2009 年　宮崎産業経営大学法学部専任講師

現　在　南山大学総合政策学部准教授

主要著書

『トピック社会保障法 2019〔第 13 版〕』（信山社／不磨書房，2019 年）（共著）

『変わる福祉社会の論点〔第 2 版〕』（信山社，2019 年）（共編著）

『レクチャー　ジェンダー法（α シリーズ）』（法律文化社，2012 年）（共著）

［南山大学学術叢書］

❀ ❀ ❀

契約者としての高齢者

2019（令和元）年 12 月 5 日　第 1 版第 1 刷発行

5695:P272　¥6500E-012:040-010

著　者　三　輪　まどか

発行者　今井　貴・稲葉文子

発行所　株式会社 **信山社**
編集第 2 部

〒113-0033　東京都文京区本郷 6-2-9-102
Tel 03-3818-1019　Fax 03-3818-0344
info@shinzansha.co.jp

笠間才木支店　〒309-1611 茨城県笠間市笠間 515-3
Tel 0296-71-9081　Fax 0296-71-9082

笠間来栖支店　〒309-1625 茨城県笠間市来栖 2345-1
Tel 0296-71-0215　Fax 0296-72-5410

出版契約 No.2019-5695-6-01011　Printed in Japan

©三輪まどか, 2019　　印刷・製本／ワイズ書籍（Y）・牧製本
装丁・画 ca37「生命律—慈愛」
ISBN978-4-7972-5695-6 C3332　分類328.650 契約法

JCOPY　《社》出版者著作権管理機構 委託出版物》
本書の無断複写は著作権法上での例外を除き禁じられています。複写される場合は，
そのつど事前に，(社)出版者著作権管理機構(電話03-3513-6969, FAX03-3513-6979,
e-mail: info@jcopy.or.jp)の許諾を得てください。

変わる福祉社会の論点（第2版）

増田幸弘・三輪まどか・根岸忠 編著

トピック社会保障法 （2019第13版）

本沢巳代子・新田秀樹 編著

家族法と社会保障法の交錯
本澤巳代子先生還暦記念

古橋エツ子・床谷文雄・新田秀樹 編

信山社